U0864001

教育部人文社会科学研究专项任务项目 （中国特色社会主义理论体系研究）
“全面依法治国背景下推进弱有所扶研究”（20JD710048）资助

补偿法律制度基本原则研究

韩世强 / 著
By Han Shiqiang

法律出版社
LAW PRESS · CHINA
北京

图书在版编目（CIP）数据

补偿法律制度基本原则研究 / 韩世强著. -- 北京 : 法律出版社, 2024. -- ISBN 978 -7 -5197 -9751 -5

Ⅰ. D921.64

中国国家版本馆 CIP 数据核字第 2024EG5132 号

补偿法律制度基本原则研究

BUCHANG FALÜ ZHIDU JIBEN YUANZE YANJIU

韩世强 著

策划编辑 陈　睿
责任编辑 陈　睿
装帧设计 汪奇峰

出版发行 法律出版社
编辑统筹 法律出版社
责任校对 晁明慧
责任印制 胡晓雅
经　　销 新华书店

开本 710 毫米×1000 毫米　1/16
印张 14.75　　**字数** 220 千
版本 2024 年 11 月第 1 版
印次 2024 年 11 月第 1 次印刷
印刷 北京虎彩文化传播有限公司

地址:北京市丰台区莲花池西里 7 号(100073)
网址:www.lawpress.com.cn
投稿邮箱:info@lawpress.com.cn
举报盗版邮箱:jbwq@lawpress.com.cn

销售电话:010 -83938349
客服电话:010 -83938350
咨询电话:010 -63939796

版权所有·侵权必究

书号:ISBN 978 -7 -5197 -9751 -5　　**定价**:68.00 元

凡购买本社图书,如有印装错误,我社负责退换。电话:010 -83938349

目录

CHAPTER 01

第一章

绪　论

第一节　问题提出与研究进路

一、补偿法律制度的实践挑战：从分散立法到秩序同构

我国的补偿法律制度体系，是以分散立法模式来构建的，至今未出台专门的“国家补偿法”。从客观上看，整体的补偿法律制度建设，目前还面临着两大现实挑战：一是制度体系较为凌乱，二是存在某些制度缺位。

首先，我国补偿法律制度的结构体系较为凌乱。概观既有的补偿立法，截至 2024 年 6 月，据“北大法宝”法律法规数据库检索统计，涉及补偿规定的法律法规及各类法律文件，全国性的有 338 部、地方性的达 11,626 部。[①] 尽管采集数据的精准度还有待进一步印证，但足以粗略地说明，我国的补偿法律制度规范数量十分庞大，已经覆盖社会生

① 载北大法宝，https://www.pkulaw.com/law?way=listCrumbs，访问日期：2024 年 6 月 6 日。说明：本书所有法律法规统计数据，除特别指出外，均源自“北大法宝”检索。

活的方方面面。并且还值得肯定的是，随着福利社会理念的深度渗透以及风险社会的到来，补偿法律制度涉足的领域将越来越广泛。问题在于，如此庞大的补偿法律制度体系应当基于何种价值指引立场和权威统领依据来形成呢？该重大追问，目前为止尚无任何确切定论。就补偿法律制度的推进实践看，据笔者不完全归纳，现行实定法中的不同补偿条款，“各自为政”地规定的补偿法律制度具体原则，至少有“依法补偿原则”①、“公平合理补偿原则”②、“公平补偿原则”③、“合理补偿原则”④、“适当补偿原则”⑤、“相应补偿原则”⑥、“按损害程度补偿原则”⑦、“按现值补偿原则”⑧、“给予补偿原则”⑨等。尽管很难逐一澄清不同补偿法律制度具体原则之间的相互关系，但有一点是完全可以肯定的，即由于缺乏补偿法律制度基本原则意义上的权威统领原则予以价值统领，补偿法律制度具体原则及其内含补偿标准、补偿范围，并没有秩序同构的明确权威统领依据予以严格框定，随意设置的空间较大⑩，整体的补偿制度体系显得有些庞杂，甚至潜伏着一定程度的价值冲突风险。

其次，我国补偿法律制度体系面临某些领域的制度缺位。尚未确立补偿法律制度基本原则意义上的权威统领原则，导致整体的补偿法律制度建设在较长历史时期里都是按照“头痛医头、脚痛医脚”的方式被动地开展，难以从根本上形成高度体现补偿法律制度自身发展规律的运行逻辑及周延性秩序功能成效，客观上较容易引发某些领域的制

① “依法补偿原则”可见《宪法》第 10 条第 3 款、第 13 条第 3 款规定等。

② “公平合理补偿原则”可见《土地管理法》第 48 条第 1 款规定等。

③ “公平补偿原则”可见 2011 年《国有土地上房屋征收与补偿条例》第 2 条规定等。

④ “合理补偿原则”可见 2009 年《矿产资源法》第 36 条规定等。

⑤ “适当补偿原则”可见《防洪法》第 45 条第 2 款规定等。

⑥ “相应补偿原则”可见《公路法》第 31 条规定等。

⑦ “按损害程度补偿原则”可见《公路法》第 45 条规定等。

⑧ “按现值补偿原则”可见《占用农业灌溉水源、灌排工程设施补偿办法》第 9 条规定等。

⑨ “给予补偿原则”可见《民法典》第 245 条规定等。

⑩ 参见沈开举主编：《行政补偿法研究》，法律出版社 2004 年版，第 169 页。

度缺位。例如,见义勇为损害补偿、志愿者服务损害补偿以及大量的衡平补偿等,至今没有建立完善的法律制度规范。另外,补偿法律制度权威统领原则的缺失,还会引发一定程度的制度错位。

毋庸置疑,补偿法律制度在实践中面临的“制度体系较为凌乱”和“存在某些制度缺位”,不仅给法治现代化背景下的“法秩序统一”带来了较大挑战,而且还可能导致一定程度的补偿不公,引发“钉子户”等情况。本书的立论起点,就是针对既有补偿法律制度面临“制度凌乱”和“制度缺位”及其引发补偿不公风险的现实挑战,在深度剖析底层原因基础上,通过确立补偿法律制度基本原则探寻“秩序同构”彻底的解决方案。

二、补偿法律制度的体系化建设及其宪法统合需要

公法意义上的补偿,是国家责任的重要实现方式。当下,最为紧迫的任务是如何有效应对实践中的制度体系较为凌乱和某些制度领域缺位。首先,从制度体系较为凌乱的消解看,随着社会主义市场经济的日趋成熟,以保护公民财产权、人身权等基本权利为核心使命的补偿法律制度体系,必须对接市场规则的同构性需要,进而驶入协调贯通的建设轨道,此乃“以私有财产权为中枢支柱的市场经济秩序得以展开的重要基轴”①;其次,从某些制度领域缺位的愈合看,随着现代福利型社会和风险社会的到来,补偿触及的领域不断拓展,补偿范围呈现出了无限扩张的态势,对传统意义上以征收征用补偿为主要规制领域的制度体系提出了严峻挑战,必须前瞻性地探索兜底补偿制度。

以上两方面,前者“制度体系较为凌乱的消解”需要确立权威统领依据,后者“某些制度领域缺位的愈合”则需要塑造兜底规制条款。显然,无论是统领依据的确立还是兜底条款的塑造,都必须归依于补偿

---

① 林来梵:《从宪法规范到规范宪法——规范宪法学的一种前言》,商务印书馆 2017 年版,第 216 页。

法律制度基本原则这一实现载体。换言之,补偿法律制度基本原则作为整体补偿制度建设的支撑主轴,必须得到规范确立,否则,补偿法律制度的建设无异于脱缰之马,很难避免前述的碎片化困境及其引发的补偿不公。

那么,应如何构建权威统领依据和兜底规制条款意义上的补偿法律制度基本原则?近年来,学者们多角度地展开了深入探讨,主要形成了"单独立法说""合并立法说""宪法统领说"等理论观点。

单独立法说主张,应当制定独立的"国家补偿法",借以明确补偿法律制度基本原则。该观点的核心理据在于,补偿不同于国家赔偿,应当如日本学者田中二郎所主张的那样,"有必要采用一个以公平负担原则为核心的统一法理论体系"①,自成一体地设计补偿法律制度的基本框架。补偿立法的单独成体,优点是可以据此促成补偿法律制度的有序化和体系化。然而,单独立法说的不足之处也是非常明显的,由于补偿涉足的领域非常复杂,在归纳、筛选、整合众多分散立法的基础上,单独成体地制定统一的"国家补偿法",其立法成本和技术难度都会超乎想象,在补偿理论研究不够发达以及补偿法律制度体系仍不是十分健全的情况下,时机未免不成熟。

合并立法说主张,补偿立法的"合并"模式主要有两种:一是并入模式,即倾向于将"补偿"立法纳入"国家赔偿"立法中,通过《国家赔偿法》的完善来确立补偿法律制度基本原则。② 显然,该模式可以充分依托和利用《国家赔偿法》的现有立法基础从而大大减少立法难度,但其缺陷同样不可轻视,正如学者所言,该"并入立法"模式人为赋予了补偿相对国家赔偿的附属身份,"会大大削弱补偿法律制度的特色和地位"③,无法充分发挥补偿法律制度对基本权利的应有保障功能。二是整合模式,即提出以"国家责任法"的统摄路径,整合国家赔偿、补

---

① 袁定波:《专家建议制定国家补偿法》,载《法制日报》2005 年 11 月 14 日,第 3 版。

② 参见姜明安:《行政补偿制度研究》,载《法学杂志》2001 年第 5 期。

③ 参见马怀德主编:《完善国家赔偿立法基本问题研究》,北京大学出版社 2008 年版,第 361、477、479 页。

偿、社会救助与社会保障等国家责任制度,借以促使相互之间的关系从“杂乱、无序、交叉、冲突”走向“一体化”发展轨道。[①] 该模式的最大优点,就是能够根本性消除传统分割而治又有些混淆不清的国家责任制度困境。但现实难题是,由于国家赔偿、补偿、救助与社会保障等国家责任制度均有自身功能,如何能充分发挥个性优势又相互同频共振? 不言而喻,短期来看,制定统一的国家责任法典仍然过于理想化。

在单独立法说和合并立法说之外,宪法统领说则提出了可以共同应对两者不足的优化方案,主张通过宪法“补偿条款”的完善,确立补偿法律制度基本原则意义上的宪法统领原则,进而指引补偿法律制度建设的体系化发展。[②] 秉持宪法统领说的理据主要有两方面:一是相较其他任何途径确立的补偿统领原则,宪法规范意义上的补偿法律制度基本原则,具有最高的权威效力,易于彻底理顺实定法层面不同补偿原则的混乱龃龉关系;二是宪法确立的补偿法律制度基本原则规范效力范围,可以兜底涵盖全局性的补偿射程,既能触及补偿全域,又能从容应对未来制度挑战而将各种新的补偿需求囊括其中。宪法统领说的如上主张,获得了各界公认,本书也表示赞同。“宪法统领”模式的最大优点,在于建立了价值明晰、内容完整的宪法原则规范,在立法技术操作和社会时机把握上,相较前述的“单独立法”或“合并立法”模式,都更易于付诸实施。但是,鉴于宪法的基本法属性和高度稳定性需要,确立宪法层面的补偿法律制度基本原则,仍然应当建立在举国共识的社会事实基础和成熟可靠的制度经验基础之上。由此,构造宪法统领依据意义的补偿法律制度基本原则,并借以推动补偿法律制度的体系化建设,重中之重的任务是对其事实逻辑、价值逻辑和理论逻辑等证立条件进行深入论证。

综上所述,对于补偿法律制度的体系化建设而言,通过宪法权威规范确立统领依据意义上的补偿法律制度基本原则,可以有效避免前

---

① 参见陶凯元:《法治中国背景下国家责任论纲》,载《中国法学》2016 年第 6 期。

② 参见黄晟:《中国国家补偿制度立法模式的构想》,载《湖南农业大学学报(社会科学版)》2014 年第 6 期。

述实践中的“制度体系较为凌乱”和“某些制度领域缺位”两大客观困境。

三、补偿权利保障与“宪法补偿条款”的功能发挥

确立以财产权、人身权为主要内容的补偿权保障制度,构成了近现代各国宪法的核心使命之一。

财产权保障的宪法意义,不仅在于为人格的独立形成与发展铺筑物理前提,而且更是以私有财产权为中枢支柱的市场经济秩序得以展开的重要基轴。围绕着这一意旨,西方财产权宪法保障的纵向进程,经历了从封建社会的无保障到近代社会的“神圣性”保障再到现代社会的“制约性”保障。在封建社会时期,土地所有权与对人的统治权共同构成了封建领有权,领主对其领地以及在领地中居住的农奴均享有支配权,因而农奴仅仅具有极少的私人财产权,并无普适和完整意义上的财产权主体资格。随着近代国家的诞生,国家统治权与土地所有权分离,农民从对领主的隶属关系中解放出来,开始成为财产权的平等主体。在早期资产阶级革命的推动下,出现了旨在反对封建经济桎梏的自由主义思想。例如,自然法学派的代表洛克就旗帜鲜明地主张,生命权、自由权和财产权都是人与生俱来的权利。[①] 同时,也逐渐形成了自由法治理念的制度及秩序基础。例如,1789 年法国《人权宣言》就明确规定,财产所有权属于“神圣不可侵犯的权利”。不过,早期资本主义毫无限制的自由竞争经济,不可避免地催生了资本垄断和贫富分化的社会矛盾,导致近代以来的劳工运动及社会主义革命此起彼伏。在这一背景下,一方面,1917 年俄国十月革命胜利,废除了资本主义私有制,建立了土地等生产资料公有制和生活资料私有财产权受保障的法律制度;另一方面,倒逼资产阶级新政权推进公共福利改革,强调私人财产权的社会义务属性,推动近代国家向现代国家转型。例如,德国就在 1919 年《魏玛宪法》第 153 条第 3 款规定了财产权行使

---

① 参见[英]洛克:《政府论》(下篇),瞿菊农、叶启芳译,商务印书馆 1982 年版,第 53 页。

必须符合公共利益需要的"伴随义务",开辟了现代财产权"制约性"保障制度的新史程,并在第二次世界大战(以下简称"二战")后的多年里不断完善。①

经过上述纵向演绎过程,世界上多数国家都确立了相对完善的财产权宪法保障制度。更值得注意的是,现代宪法对于私人财产权的保障,还形成了体系严密的"三层次"规范结构。第一层是不可侵犯条款(或保障条款),旨在正面肯定财产权的保障;第二层是制约条款(或限制条款),旨在基于公共利益需要而一定程度地限制财产权的行使和实现;第三层就是本书重点研究的补偿条款,又称"救济条款",旨在反击和制衡公共利益对公民基本权利的限制,即对财产权限制的合理制衡或者补救,既是针对第一层次不可侵犯条款的实施条款,又是针对第二层次制约条款的再制约条款(故有"制约的制约条款"之称)。第一层和第二层是财产权实现的一般前提和限制条件,分别构成了财产权保障的正题与反题;第三层则发挥着维护不可侵犯条款和制衡(缓冲)制约条款的双重角色,构成了财产权保障的合题。② 不难看出,"三层次"规范结构不仅牢固构筑了公民个体财产权保障的双重防护网,而且为公共事业的进步提供了制度支撑,是现代宪法征收补偿条款中成熟而完善的结构形态。

除财产权保障的补偿外,在德国、日本等国家的实践演绎中,补偿法律制度触及的权益范围,随着公共利益扩展逐渐从私人财产权范畴延伸到了对人身权的保障。在德国,自 1953 年 12 月 19 日联邦最高

① "二战"后多年来,西方资本主义国家的财产权宪法保障制度,一直延续了"制约性"保障模式。1949 年的《德国基本法》第 14 条规定的内容,事实上沿袭了《魏玛宪法》的财产权保障条款,至今未变。1791 年《美国宪法修正案》第 5 条规定的财产权宪法保障条款,同样深刻体现了"制约性"保障模式,尽管被司法判例赋予了丰富的内涵,但条文规范及其内涵的本质一直未变。1946 年《日本国宪法》第 29 条规定的财产权宪法保障条款,同时受到德国法和美国法的影响,无疑同样也延续了"制约性"保障模式。总体而言,其他主要西方国家也都几乎如此。

② 参见石肖雪:《以财产权保障条款为依托的损失补偿机理——功利主义与自由主义的辩证统一》,载《浙江学刊》2017 年第 1 期;林来梵:《从宪法规范到规范宪法——规范宪法学的一种前言》,商务印书馆 2017 年版,第 218 页。

法院针对“预防接种”作出支持“非财产性权利的损失补偿”判决后，便开启了公权力非违法侵害人身权予以补偿的制度历程。“二战”后，《德国基本法》第 2 条第 2 款明确规定，对于生命和健康权的保护程度不得少于财产权①，为人身权侵害补偿建立了宪法规范依据。

现代立宪主义国家，绝大多数都通过“三层次”规范结构在宪法层面确立了权威而明确的补偿法律制度基本原则，使整体的补偿法律制度建设，能够在宪法统领原则指引下最终达成高度的体系化贯通。例如，法国 1789 年《人权宣言》第 17 条规定了“公正补偿原则”，1791 年《美国宪法修正案》第 5 条、1949 年《德国基本法》第 14 条、1988 年《巴西联邦共和国宪法》第 153 条均规定了“公平补偿原则”，1946 年《日本国宪法》第 29 条、1987 年《大韩民国宪法》第 23 条都规定了“正当补偿原则”，1814 年《荷兰王国宪法》第 14 条规定了“充分补偿原则”等。由此不难发现，在宪法层面确立内容完整、价值明晰的补偿法律制度基本原则，对于世界各国宪法补偿法律制度的完善而言，都可以合理地参考借鉴。

从我国的补偿法治实践看，本书认为，唯有在宪法层面确立补偿法律制度基本原则意义的权威统领原则，才能根本性地促进补偿法律制度的体系化进程。首先，宪法确立的补偿法律制度基本原则规范，其独特的依据统领功能具有不可替代性。最新颁布或修正的《民法典》《外商投资法》《土地管理法》，都不谋而合地确立了相同的“公平合理补偿原则”②，并且均在第 1 条明确规定了“根据宪法，制定本法”。这也就意味着，这三部立法所规定的具体补偿原则，都应当得到宪法统领依据的积极回应，否则，势必会造成宪法因脱离部门法的真实发展需要而丧失其应有“实践品格”。③ 但是，对于该宪法回应任务

① 《德国基本法》第 2 条第 2 款明确规定了“人人有生命与身体之不可侵犯权”。

② 《民法典》第 117 条、《外商投资法》第 20 条、《土地管理法》第 48 条均规定了“公平合理补偿原则”，并且三部立法第 1 条都一致规定，“根据宪法，制定本法”。由此说明，三部法确立的“公平合理补偿原则”应当源于《宪法》，其他任何立法都不足以替代宪法对具体补偿原则的依据指引功能。

③ 参见张翔：《财产权的社会义务》，载《中国社会科学》2012 年第 9 期。

的如数完成,无论是“单独立法说”指向的“国家补偿法”,还是“合并立法说”指向的《国家赔偿法》,均无法形成更不能替代宪法权威规范独有的“最高位阶”统领角色。同时还应当看到,这三部立法的“补偿条款”,代表了我国补偿制度建设的新发展方向,而且第 1 条均规定“根据宪法,制定本法”,已经清晰提出了“上位法”的依据供给要求,即都应当在“宪法补偿条款”中确立体现共性制度经验的“公平合理补偿原则”。其次,现代社会条件下的补偿法律制度,旨在最大化保障公民的财产权、人身权等基本权利;而补偿面向以财产权、人身权为核心的基本权利,必须通过宪法规范确立才足以获得“基本权利”当有的保护强度。这是因为,基本权利的“基本”之处,就体现在“保护的法部门只能是最具有权威性的宪法”[①]。据此,补偿必须涉及的财产权、人身权等基本权利,如果没有宪法确立的补偿法律制度基本原则规范予以权威性保障和兜底性涵盖,加上具体补偿立法固有的局部性和滞后性,客观上较难避免前述的制度“缺位”风险。在这个意义上,作为保障公民基本权利的补偿法律制度基本原则,交由宪法以外的任何部门法来规定都有失妥当。从我国宪法补偿制度的演绎进程看,同样立足国情历经了递进式的完善过程。2004 年修正的《宪法》,首次设置了“宪法补偿条款”,使现代宪法征收补偿条款的“三层次”规范结构得到了初步确立。《宪法》第 13 条第 1 款规定:“公民的合法的私有财产不受侵犯。”该部分内容,明晰了公民私有财产权保障的一般前提,构成了“三层次”规范结构中第一层次的不可侵犯条款。《宪法》第 13 条第 3 款规定的“对公民的私有财产实行征收或者征用”,则构成了“三层次”规范结构中第二层次的制约条款,即征收条款,从宪法层面确立了合理限制公民私人财产权的规范基础。同时,《宪法》第 13 条第 3 款规定的“依照法律规定……给予补偿”,则构成了“三层次”规范结构中第三层次的补偿条款,即救济条款,从宪法层面确立了我国补偿制度的规范基础。不难看出,2004 年《宪法修正案》增加了补偿

① 吕世伦、任岳鹏:《“以人为本”的法体系研究》,载《法学家》2006 年第 1 期。

条款，结束了之前宪法规范层面只有财产权不可侵犯条款和限制条款的“二层次结构”状态[①]，紧追中国特色社会主义现代化建设步伐而确立了私有财产保障的“三层次”规范结构。同时，我国《宪法》第33条第3款规定的“国家尊重和保障人权”、第37条第1款规定的“人身自由不受侵犯”、第38条规定的“人格尊严不受侵犯”等，通过体系解释同样可以清晰导出，公民的人身权受到宪法的严格保障。也就是说，中国公民的人身权遭受公权力非违法侵害时，同样应当予以补偿。

然而，同时也必须清楚地看到，现行《宪法》确立的私人财产权保障“三层次”规范结构中，“补偿条款”仍然显得不算十分完整。如前所述，《宪法》第13条第3款规定的“依照法律规定……给予补偿”，构成了中国财产权宪法保障制度的“补偿条款”，看似从宪法层面正式确立了补偿法律制度的“应当补偿”指引，但并没有就“如何补偿”作出具体规定。需要高度重视的是，宪法“补偿条款”对“如何补偿”内容的模糊化，不可避免地会导致“三层次”规范结构中“补偿条款”的局部失灵。[②] 因为，在“三层次”规范结构中，第三层次补偿条款需要扮演维护不可侵犯条款和制衡制约条款的双重角色，其发生机理是代表捍卫私人权利的公民个体抗衡代表公共利益的权力机关。对于私权主体的利益保障而言，抗衡公共利益行使机关合法侵害的最好武器就是“法律”，如果宪法在补偿问题上缺乏明确、公允的价值导向，再加上我国整体的补偿法律制度一直延续分散立法模式，较易引发不同补偿规定之间的价值冲突，并可能最终导致一定程度的补偿不公或补偿遗漏。

综上所述，我国的“宪法补偿条款”，应当立足于当下社会主义现代化进程的伟大实践，在合理参考世界共性法治文明的基础上，于宪

---

① 我国先后颁布了1954年《宪法》、1975年《宪法》、1978年《宪法》、1982年《宪法》，而现行《宪法》是以“1982年《宪法》”为基础不断修正完善而来的。1982年《宪法》施行至今，又经过了1988年、1993年、1999年、2004年、2018年五次修正案。2004年《宪法修正案》首次增加了财产征用征收的补偿条款内容，之前一直只有财产权保障条款和限制条款。

② 参见石肖雪：《以财产权保障条款为依托的损失补偿机理——功利主义与自由主义的辩证统一》，载《浙江学刊》2017年第1期。

法层面进一步完善保障基本权利的“三层次”规范结构，就“如何补偿”的原则立场作出明晰规定，借以形成统领整体补偿制度贯通协调建设的补偿法律制度基本原则，确立补偿法律制度建设的权威统领依据。

四、宪法确立的补偿法律制度基本原则及其中国方案

如前所述，通过宪法权威规范来确立补偿法律制度基本原则条款，既是私人财产权、人身权等基本权利赋予宪法权威保障的制度强度需要，又是推动整体补偿制度建设体系化发展的最佳路径选择，同时更是补偿法律制度具体原则走向价值聚焦的便捷实现通道。关键在于，我国应当如何在宪法层面确立补偿法律制度基本原则意义上的宪法统领原则？对此，学者们同样进行了不同维度的深入探索。

以司坡森[①]为代表的早期研究者认为，我国补偿实践中最为尖锐的问题并非不予补偿，而是缺少公平合理的补偿标准和补偿范围。所以，应当在宪法层面确立补偿法律制度基本原则，借以明晰补偿标准和补偿范围的基本价值立场。此类观点，意识到了在宪法层面确立补偿法律制度基本原则的迫切性，但并未进一步就如何确立宪法统领依据意义的补偿法律制度基本原则给出答案。

刘华等研究者主张，针对宪法“补偿条款”的持续完善需要，应当在修改《宪法》第 13 条第 3 款的基础上，确立“公平补偿原则”。[②] 此类观点，同样意识到了在宪法层面确立补偿法律制度基本原则的迫切性，并且还明确提出了应当将“公平补偿原则”上升至宪法规范意义上的补偿法律制度基本原则。客观而言，该类观点直指解决问题层面的探索颇值得赞赏，但是未经深入论证而釜底抽薪地提出“公平补偿原则”应当上升至宪法层面的补偿法律制度基本原则，未免有些牵强和武断。应当看到，正如前文所述，确立宪法层面的补偿法律制度基本

---

① 参见司坡森：《论补偿》，中国政法大学 2004 年博士学位论文，第 43 页。

② 参见刘华：《我国军事征用补偿制度的检审与完善——一个宪法学的视角》，载《苏州大学学报（哲学社会科学版）》2017 年第 5 期。

原则,显然严格受限于事实逻辑、价值逻辑、理论逻辑等证立条件的制约。借此,“公平补偿原则”上升至补偿法律制度基本原则的价值立场是什么?有何理论依据和事实依据?如何赋予其规范意涵以及构成要素?等等,这些关键问题均未逐一澄清,显然难以获得足够的说服力。

本书的出发点,就是深入论证如何在宪法规范层面确立权威统领依据和兜底条款意义上的补偿法律制度基本原则。本书认为,在宪法规范层面确立权威统领依据和兜底条款意义上的补偿法律制度基本原则,需要扎根于中国土壤,并胎生于中国特色社会主义的制度经验。从中国的补偿法律制度建设实践看,尽管宪法层面的推进较为缓慢,但具体补偿立法的完善步伐从未停歇。中华人民共和国成立至今,具体补偿立法大致经历了“国有化”导向的初创期、“秩序化”导向的发展期和“人本化”导向的完善期三个演绎史程。前两阶段,都秉持了“秩序”前提的工具主义立法思维,未能很好地体现补偿法律制度本身独立性的逻辑价值,使前述制度体系较为凌乱和某些制度领域缺位;最后一阶段,起始于党的十八大,自此补偿立法开始从“秩序”偏好转向权利保障取向,淬炼于具体补偿制度的公平合理补偿原则,逐渐形成了具体补偿原则的共同聚焦中心,具体补偿原则自发走向价值统合的聚焦趋势越来越明显。但是,具体补偿法律制度呈现出来的聚焦趋势,很大程度上是立法技术层面的自发耦合,并无共同的“上位法”统领。从现代法治国家立场出发,推进补偿法律制度的体系化建设,不能仅仅归依于自发耦合的立法技术推动,必须驶入具有内在恒定价值支撑的法定化运行轨道。因此,确立统领依据和兜底条款意义上的补偿法律制度基本原则,势在必行。

如前所述,确立统领依据和兜底条款意义上的补偿法律制度基本原则,最佳切入路径是,以弥合宪法规范体系中的“补偿条款”漏洞为展开中心,即以完善“如何补偿”内容的宪法规范体系为立足起点,致力于在宪法层面构建内容完整、价值明晰的补偿法律制度基本原则。

本书的最终目标,就是试图将淬炼于具体补偿制度经验且有“最大公约数"特质的公平合理补偿原则,上升至宪法权威规范意义上的补偿法律制度基本原则,借以形成整体补偿法律制度体系化建设的统领依据和兜底条款。在这一思路下,本书将在全面梳理我国实定法的基础上,紧紧围绕着淬炼于具体补偿法律制度立法且高度契合共性需要的公平合理补偿原则,系统论述其上升至补偿法律制度基本原则的事实逻辑、价值逻辑和理论逻辑,并进一步阐释其规范意涵及构成要素,最终在宪法规范层面构造足以充分发挥统领依据功能与兜底条款效用的本土化补偿法律制度基本原则。

第二节 研究现状、术语说明和概念界定

一、研究现状

(一)补偿法律制度基本原则的价值导向研究

补偿法律制度基本原则的价值导向,是确立补偿法律制度基本原则及其具体化标准和范围的核心基础。也就是说,该价值导向既是确立补偿法律制度基本原则的核心遵循,又是明晰补偿标准和补偿范围的内在根据。易言之,价值导向的框定,构成了宪法确立补偿统领原则的中枢基轴。那么,确立具有宪法统领依据意义的补偿法律制度基本原则应当遵循何种价值原则?如前所述,补偿法律制度的本质,旨在最大化促成公共利益与私人利益的动态平衡。由此出发,足以最大化促成公共利益与私人利益动态平衡的价值立场,即为确立补偿法律制度基本原则的基本参照。引发的进一步问题是,何种价值指引才能最大化促成公共利益与私人利益的动态平衡?该问题的厘清,牵涉政治背景、经济基础和文化传统等方方面面的影响,特定国家以及同一国家的特定阶段,考量因素差异甚大,因而一直是学界争论焦点。

从全球范围内补偿法律制度的演进历史及发展趋势看,对于确立补偿法律制度基本原则而言,正在形成一些具有较大影响力的价值导向。肇始于法国的补偿思想,基于私人财产权的神圣不可侵犯性而在

1789 年《人权宣言》中确立了“公正补偿原则”；德国从 1794 年《普鲁士一般邦法》到 1919 年《魏玛宪法》再到 1949 年《德国基本法》，基于平衡公共利益与私人利益这一核心价值导向，分别确立了“完全补偿原则”、“适当补偿原则”和“公平补偿原则”[①]。此外，美国 1791 年《美国宪法修正案》第 5 条规定的“公平补偿原则”、1946《日本国宪法》和 1987 年《大韩民国宪法》规定的“正当补偿原则”、1814 年《荷兰王国宪法》规定的“充分补偿原则”等，无一例外都是围绕着动态平衡公共利益与私人利益这一核心价值导向来确立的。以上列举说明，促进公共利益与私人利益的动态平衡，正在成为现代立宪主义国家宪法确立补偿法律制度基本原则的价值导向。在利益平衡的权利内容上，随着人类发展对公共利益需求的不断拓展，公权力合法干预私人利益的权益范围逐渐从财产权延伸到了人身权，如德国联邦最高法院于 1953 年的“预防接种”判决中就正式确立了人身权损害补偿制度。在利益平衡的价值基准上，纵观世界各国的补偿制度思想史，经过二百多年的反复印证，无论是 19 世纪的奥托·迈耶还是 20 世纪的毛雷尔以及现代众多学者，都一致主张，在财产权和人身权保障中，特别牺牲构成了补偿最为基础的价值原则。[②] 也就是说，起因于公共利益需要而造成私人利益特别牺牲的就应当予以补偿。然而，何为特别牺牲？迄今为止一直是学界争论焦点。此外，还有学者从人权保障视角探讨了补偿的价值导向。美国学者路易斯·亨金（L. Henkin）提出了公共利益与私人利益平衡的宏观框架，认为“人权是……已经得到普遍接受的唯一的政治与道德观念”[③]，针对私人利益与公共利益之间的价值调适，应当围绕人权保障这一内在基础展开。相比路易斯·亨金的宏观论断，英国思想家 A. 米尔恩则提出了更具有操作性的标准，在他看

---

① 张梓太、吴卫星：《行政补偿理论分析》，载《法学》2003 年第 8 期。

② Vgl. Franz Mayer und Ferdinand Otto Kopp, Allgemeines Verwaltungsrecht, 5 Auflage, Boorberg, 1985, S. 499f.

③ ［美］路易斯·亨金：《权利的时代》，信春鹰、吴玉章、李林译，知识出版社 1997 年版，“前言”。

来,保障最低限度的人权,无论社会背景差异多大,都对所有共同体具有一致的普遍适用性。[①] 对于“保障最低限度人权”中的“最低限度”意涵,日本学者大须贺明还进一步作出了阐释,认为是“保障国民能过像人那样的生活”。上述学者的人权思想,实质性地延续了传统意义上经典的生存权保障理论,即国家对公民负有最低限度的生存条件给付义务。对于生存权保障的原则标准,联合国人权公约明确要求达到“相当生活水准”[②]。现代立宪主义国家大多于宪法中作出了类似联合国的规定。例如,日本宪法表述为“所有国民均享有维持健康且文化性的最低限度生活的权利”。随着人权理论的发展,“相当生活水准”代表何种程度的生活状态,成为近现代学者们争论的焦点。通常认为,“相当生活水准”并非单纯动物性活下来意义上的最低生存资料,而是足以维持“人的尊严”的“经济性和文化性的生活”。迄今为止,保障人人“有尊严的生活”,一直是世界各国普遍认同的生存权保障标准,在德国甚至概括性地构成了公民权利体系的最高价值立场,是不容许凭借任何理由及任何行为侵犯“基本权利之实质内容”。[③] 然而,如前所述,现代社会场景下“有尊严的生活”,除传统生存权指向的最低生存资料外,还至少包含且不限于地位、荣誉及尊重等个人发展能力的成分。仅就这个意义而言,保障人人“有尊严的生活”,其标准与范围,已经大大超越了“底线生存”范畴。那么,超越“底线生存”范畴的“有尊严的生活”是什么权利保障标准?迄今为止,该问题始终未得到完美回答,构成了挑战传统人权理论的现实之困。

国内研究者普遍认为,补偿的基本价值立场,就是针对起因于公共利益的私人利益特别牺牲者予以矫正性救济。那么,面对包罗万象的特别牺牲,如何明晰其可操作的程度标准?对此,学者们一致主张,

---

① 参见[美]A. 米尔恩:《人的权利与人的多样性——人权哲学》,夏勇、张志铭译,中国大百科全书出版社 1995 年版,第 153 页。

② 《经济、社会及文化权利国际公约》第 11 条第 1 款和联合国《世界人权宣言》第 25 条。

③ “权利实质说”源自《德国基本法》第 19 条第 2 款的规定,任何情况下都不能触及基本权利的实质。

应当从财产权和人身权两类权益补偿分别展开。对于财产权补偿,大多数学者认为,通常情况下应当秉持“市场价值标准”,特殊情形下辅之以替代标准,其中,刘连泰教授还对主观价值标准给予了进一步探讨[①],杜仪方教授、阚英教授、金伟峰教授等对补偿标准的内涵及计算提出了不同见解[②];对于人身权损害补偿,姜明安教授主张坚持“及时、有效、充分”的补偿标准。[③] 另外,针对中国实定法已经涵盖了衡平补偿的制度现况,有学者还基于衡平补偿提出了“弱势不利性”的补偿标准。[④] 该标准秉持结果责任原则,区别于特别牺牲补偿的结果严重性与对象特定性要求,主张凡因公共利益造成了私人利益的非违法侵害,无论侵害程度如何以及侵害行为是否具有特定性,只要行为结果已经导致被害人不能维持正常生活而陷入“弱势不利性”状态,国家应当一概予以补偿。由此不难看出,国内学者针对特别牺牲的程度标准研究取得了积极进展,但补偿法律制度基本原则应当秉持何种明晰的标准立场,仍然尚未得到系统解答。

总之,国内外研究者都一致认识到,补偿法律制度基本原则的价值导向,旨在弥合公权力非违法侵犯导致私人利益的特别牺牲或具有国家归责性公共事件导致私人主体遭遇的“弱势不利性”。然而,补偿法律制度基本原则应当秉持何种价值立场的特别牺牲或“弱势不利性”以及怎样弥合特别牺牲或“弱势不利性”?至今仍然是各国普遍面临的未解难题。鉴于此,本书拟紧扣补偿旨在促成“公共利益与私

---

① 参见刘连泰:《征收补偿中的主观价值》,载《法学家》2020 年第 2 期。

② 参见杜仪方:《何为禽流感中扑杀行为的“合理”补偿——兼论风险规制与行政补偿标准的新发展》,载《行政法学研究》2016 年第 3 期;阚英:《论我国的行政补偿标准》,载《政法论丛》2006 年第 1 期;金伟峰、姜裕富:《行政补偿范围的经济分析》,载《浙江大学学报(人文社会科学版)》2006 年第 2 期。

③ “充分、及时、有效的补偿”是根据《疫苗管理法》第 56 条、《外商投资法》第 20 条等实定法规定发展而来的一项补偿原则,旨在强调人身权损害补偿的特殊内涵。“及时、有效、充分”原则作为人身权损害补偿的基础原则,在理论上获得了广泛认同。学理论述部分可参见姜明安:《行政补偿制度研究》,载《法学杂志》2001 年第 5 期。

④ 参见李祎恒:《不动产财产权征收之衡平补偿研究》,南京大学 2013 年博士学位论文,第 118 页。

人利益最大化平衡”的内在本质，基于特别牺牲补偿和衡平补偿的补偿范围以及与之相对应的补偿标准，确立足以支撑其共性需要的价值立场，由此明晰补偿法律制度基本原则应当蕴含的可操作性价值指引。

（二）补偿法律制度基本原则的制度实践研究

补偿法律制度的演绎实践，是宪法确立补偿法律制度基本原则的经验基础。现代立宪主义国家几乎都是通过宪法确立补偿法律制度基本原则的方式，构造了补偿法律制度体系化建设的统领依据。从中国的补偿法治推进现状看，如何通过宪法权威规范确立价值明晰、内容完整的补偿法律制度基本原则，迫切需要立足社会主义现代化建设的伟大实践和举世瞩目成功经验基础，在充分吸纳世界法治文明成果的基础上，提出体现“中国智慧”的先进方案。

从全球范围来看，如前所述，现代立宪主义国家大都以宪法确立的补偿法律制度基本原则为中心，推动整体补偿法律制度的体系化建设。例如，堪称补偿思想鼻祖的法国，在公平负担理论思想和早期自由主义思想影响下，1789 年于《人权宣言》第 17 条就明确规定了，私人财产用于公共需要应……公正和预先补偿。《人权宣言》于 1791 年被列为欧洲最早成文宪法《法国宪法》的序言。① 至此，“公正补偿原则”被法国宪法确立为补偿法律制度基本原则，并以此为主轴推动了具体补偿立法的不断完善及判例法的发展。再如，1791 年《美国宪法修正案》第 5 条规定的“公平补偿原则”，至今已沿袭了二百多年，一直对美国的补偿立法及司法判例发挥引领作用。类似情况，还如 1949 年《德国基本法》第 14 条规定的“公平补偿原则”、1946 年《日本国宪法》第 29 条规定的“正当补偿原则”、1814 年《荷兰王国宪法》第 14 条规定的“充分补偿原则”、1987 年《大韩民国宪法》第 23 条规定的“正当补偿原则”、1988 年《巴西联邦共和国宪法》第 153 条规定的“公平

---

① 参见张莉：《法国土地征收公益性审查机制及其对中国的启示》，载《行政法学研究》2009 年第 1 期。

补偿原则”等,均构成了各国补偿制度体系化建设的核心指导原则。

任何新制度的形成与变迁,都离不开深厚的理论铺垫、特定的社会环境和成熟的制度经验。显然,补偿法律制度基本原则的塑造更是如此。以德国为例,在特别牺牲理论[1]和“社会国”思想[2]的洗礼下,补偿法律制度基本原则经历了从“完全补偿原则”到“适当补偿原则”再到“公平补偿原则”的适时性转换,甚至还发展出了针对战争受害者、犯罪受害者等社会不利群体给以实质平等对待的衡平补偿制度。与此同时,德国的补偿法律制度基本原则,其制度演绎过程客观上还是特定理论思想与具体补偿制度共同作用的结果。正如著名学者萧勒所指出的,德国的“社会国”原则思想,源于应对早期自由资本主义引发的贫富分化、市场失灵等社会矛盾,旨在促进社会平衡、扶助弱者及保护并合理限制个人权利,进而达到追求社会公正、弥合“社会阶层裂痕”之效果。[3] 需要注意的是,在德国,补偿法律制度基本原则的制度变迁,还与迎合强烈的社会需要高度关联。例如,德意志帝国时代,在反对专制特权、维护私人利益的“自由法治国”思想影响下,主要面向不动产的“古典征收”[4]制度,顺理成章地促成了“完全补偿原则”;而魏玛共和国时期,为了应对自由资本主义危机以及面向动产、不动产以及广泛私人权利的“扩展征收”[5],不得不推行“适当补偿原则”;“二战”后,因追求实质公平以及同等对待公共利益与私人利益的现代征收补偿制度[6]而最终选择了“公平补偿原则”。近年来,德国联邦最高

---

① 参见翁岳生编:《行政法》(下),中国法制出版社 2009 年版,第 1728 页;王锴:《我国国家公法责任体系的构建》,载《清华法学》2015 年第 3 期。

② 参见张志铭、李若兰:《迈向社会法治国:德国学说及启示》,载《国家检察官学院学报》2015 年第 1 期。

③ 参见张志铭、李若兰:《迈向社会法治国:德国学说及启示》,载《国家检察官学院学报》2015 年第 1 期。

④ Scheuner, Neuere Entwicklung des Rechtsstaats, 1960, S. 506f.

⑤ Vgl. Hartmu Maurer, Allgemeines Verwaltungsrecht, 18Aufl, C. H. Beck, Miinchen, 2011, S. 754f.

⑥ 参见王锴:《我国国家公法责任体系的构建》,载《清华法学》2015 年第 3 期。

法院进一步发展出了基于“财产权内涵和边界的确定”所生之“调和制度”①,也是面向立法及政策所生的补偿需要,而对公平补偿原则予以了具体化内涵的拓展性丰富。

从中国的补偿法律制度建设实践看,自党的十八大以来,制度建设迈入了一个崭新阶段,尤其是《民法典》《外商投资法》《土地管理法》在“补偿条款”中确立的具体补偿原则,代表了中国补偿立法的最新成就,其突出亮点在于,都史无前例地共同规定了“公平合理补偿原则”。尽管不能单凭具体补偿立法的文本解释武断推导出“公平合理补偿原则”足以上升至补偿法律制度基本原则,但代表中国重要法域的《民法典》《外商投资法》《土地管理法》等不约而同地向“公平合理补偿原则”聚焦,至少说明了一个制度事实和社会事实,中国补偿立法贯通协调发展的需求越来越强烈。这也预示着,中国宪法“补偿条款”的完善正在面临着挑战,确立宪法权威规范意义上足以发挥统领价值和兜底效用的补偿法律制度基本原则已经刻不容缓。不过,作为补偿法律制度基本原则的宪法统领原则,由于其国家根本大法的特殊属性,必然是制度经验、价值立场、学理依据等多重元素合力共振的演绎产物。我国的补偿立法及其演绎实践遵循了何种制度经验、价值立场和理论依据?这些问题在学术探讨上还不够深入,至今为止尚未达成统一结论。本书试图从事实逻辑、价值逻辑和理论逻辑等维度的立体视角展开,系统论述我国在宪法层面确立补偿法律制度基本原则的证成机理,努力推导出体现我国具体补偿制度共性价值的“公平合理补偿原则”,应当上升至补偿法律制度基本原则意义上的宪法统领原则。

① 所谓调和制度,主要针对公权力合法行为导致个别私有财产权主体偏离正常发展轨道而陷入危困状态的偶然后果,出于纠偏目的开展的补救措施,该补救措施即视为例外导致私有财产权主体特别牺牲的“调和”,通常称为“具有调和义务的内涵和边界之界定”。参见陈征:《征收补偿制度与财产权社会义务调和制度》,载《浙江社会科学》2019年第11期。

二、术语说明和概念界定

(一)国家补偿、国家赔偿、社会救助与国家责任

关于国家补偿的概念,传统学说通常表述为,是国家对起因于公权力非违法行为所造成私人利益特别牺牲的救济举措。[①] 也就是说,传统理论强调补偿是国家对非违法公权力导致私人利益损害之弥补。值得注意的是,对于公权力非违法行为的界定,理论探讨层面,已经逐渐从公权力直接侵害行为,拓展到了公务受益补偿、衡平补偿等间接关联的公权力行为以及可归责国家的事实行为。当然,面对补偿涉域的无限性,也有学者从补偿的起因要件、权利内容、形式归属等不同角度切入,试图对补偿的类型进行概括性归纳。例如,以补偿的起因要件为中心,将补偿简洁地区分为特别牺牲补偿和衡平补偿[②];以权利内容为中心,将补偿区分为财产权损害补偿和人身权损害补偿;从形式归属角度出发,将补偿区分为征收征用补偿、公益牺牲补偿和衡平补偿三类等。实践中,补偿涉域往往并非局限于某一理论归纳类型,如特别牺牲补偿就纵横交错地存在于财产权损害补偿和人身权损害补偿、征收征用补偿和公益牺牲补偿等补偿类型中。

为了更全面地揭示补偿的内涵,本书更倾向于对补偿进行如下定义,即国家对公权力非违法行为或国家可归责性事实行为导致私人利益损害的公正弥合。做此定义,旨在较好地容纳前述“起因要件”“权利内容”“形式归属”等不同视角的补偿意涵。应当看到,“公权力非违法行为或国家可归责性事实行为”这一原因要件的界定,已经把补偿的辐射半径全纳性地扩延至所有社会关系领域,尤其是较好地避免了传统理论对特别牺牲补偿和衡平补偿的“分割定义”弊端而进行了

---

① 参见司坡森:《论补偿》,中国政法大学2004年博士学位论文,第1~2页。

② 参见台湾行政法学会主编:《行政法争议问题研究》(下),台北,五南图书出版股份有限公司2000年版,第1204、1212页;姚天冲:《国家补偿法律制度专论》,东北大学出版社2008年版,第81~83页。

概括性阐释。其中,“国家对公权力非违法行为导致私人利益损害的公正弥合”,继承了传统补偿理论的成分,主要揭示了特别牺牲补偿的构成意涵;而“国家对国家可归责性事实行为导致私人利益损害的公正弥合”,则充分揭示了衡平补偿的基本特征。从现代补偿法律制度的基本趋势看,只有同时囊括了特别牺牲补偿和衡平补偿的定义,方能代表补偿的全貌。

从宽泛意义上看,国家补偿、国家赔偿、社会救助都属于国家责任体系的范畴概念。通常认为,国家责任是指公民权益遭受公权力非违法侵害或国家可归责性特定事件陷入生活危困之际,国家给予的损害赔偿、社会救助和平等保障等责任。如若置于国家治理现代化的观察立场审视,国家责任体系的制度完善方向,就是不断加强国家补偿、国家赔偿、社会救助、社会保险等不同制度之间的衔接与整合。其中,补偿责任是国家责任之一尊,其基本的伦理道德基础是充分保障人权,终极目标是最大化促进社会公平正义,在国家责任体系中具有不可替代性(见表1-1)。

表1-1　国家补偿、国家赔偿、社会救助等国家责任概念比较

<table>
<tr><th colspan="2">制度模式</th><th>价值立场</th><th>履行标准</th><th>构成要素</th><th>给付来源</th></tr>
<tr><td colspan="2">国家赔偿</td><td>对等原则</td><td>全面损失标准</td><td>公权力违法侵害</td><td>税收</td></tr>
<tr><td colspan="2">社会救助</td><td>援助原则</td><td>最低生活保障标准</td><td>低于法定收入,无须审查贫困原因</td><td>税收</td></tr>
<tr><td colspan="2">国家补偿</td><td rowspan="2">公平正义原则</td><td>市场价值标准</td><td>公权力非违法侵害,审查是否符合法定原因和损害程度</td><td>税收</td></tr>
<tr><td>特别牺牲补偿</td><td>衡平补偿</td><td>接近社会共同体成员平均标准</td><td>公权力非违法侵害或国家可归责性特定事件导致的损害,审查是否属于法定保障的权利</td><td>税收+社会资金</td></tr>
</table>

首先,补偿责任与国家赔偿责任有所不同。通常认为,补偿责任

和国家赔偿责任共同构成了公法责任体系的两大支柱，尽管补偿和国家赔偿在风险责任应对、社会平衡推动等运行实践中出现了“交错融合”现象[①]；但两者的责任性质仍然有明显差异，前者起因于合法侵害或者至少是“非违法侵害”[②]，而后者则源于违法的过错纠正。由此至少说明，补偿责任和国家赔偿责任不可能演绎至“一方完全吞并另一方”的极端境地，推动两者的贯通及协调发展方为上策。

其次，补偿责任也不同于社会救助责任。一是两者的起因条件不同。社会救助并没有对于公权力侵害的任何要求，它不问原因，只要受助者达到社会救助标准即可享受。而补偿的起因条件则不同，必然源于公权力非违法行为或法定原因导致私人利益的损害。经典的补偿构成理论认为，构成补偿须符合“公权力行为合法”、“造成特别牺牲”以及“公权力行为与特别牺牲之间具有因果关系”三方面要件。随着补偿范围的不断拓展，衡平补偿、公务受益补偿等新型补偿逐渐被纳入实定法规定中，许多“行为性质不明的损害”同样可能是补偿的考量面向，如有学者针对衡平补偿提出的“一般＋特别”构成要素[③]，并非要求衡平补偿一定起因于直接的公权力合法侵害行为。尽管如此，无论何种类型的补偿，必须是国家公共利益的起因性，具体的实现方式，既可能是直接的公权力合法侵害行为，也可能是影响结果意义上的事实行为。二是两者的客观要件不同。社会救助责任的客观要件是，救助对象的实际状况尚未达到最低生活保障标准，国家负有履

---

① 参见王锴：《从赔偿与补偿的界限看我国〈国家赔偿法〉的修改方向》，载《河南省政法管理干部学院学报》2005年第4期。

② 参见司坡森：《论补偿》，中国政法大学2004年博士学位论文，第1～2页。

③ 衡平补偿的“一般＋特别”要件说，同样是在传统征收补偿构成要素学说基础上发展而来的，旨在对衡平补偿的基本特征进行学理概括，主张构成衡平补偿需符合一般要件＋特别要件。其中，一般要件包括五项，即“公权力合法行为所致或受公权力合法行为结果的影响所致”“不动产财产权益价值减损”“公共利益与私人不利益的平衡”“需有明确的衡平补偿条款存在”“向行使公权力的机关申请”；特别要件包括三项可选择要件，满足三项中的任意一项或多项均构成衡平补偿，三项可选择要件为“个人生活的困苦状况”“信赖利益保护”“实质平等原则的违背”。总体上看，衡平补偿并非一定要求有明确的公权力合法侵害行为。参见李祎恒：《不动产财产权征收之衡平补偿研究》，南京大学2013年博士学位论文，第108～120页。

行维持公民基本生存保障的给付义务；而补偿责任的客观要件是，受害人遭遇了特别牺牲或未平等获得接近共同体成员平均水准的法定化权利，国家负有愈合特别牺牲或填补个人原有权利水平为上限、接近共同体成员平均权利水平水准为参照的给付义务①，进而最大化促成公平正义和社会平衡。

值得注意的是，随着结果责任理论、社会连带理论的兴起及其制度演绎，国家赔偿与补偿在特定领域突破了“违法”与“合法”区分的界线而出现融合趋势，同时补偿中的衡平补偿与社会救助在某些领域甚至处于交错重叠状态。② 对于国家赔偿与补偿的“交错融合”问题，由于两者均属于国家责任体系的核心支柱，客观而言，在法理以及制度层面均无须也无法硬性作出机械化的位次排序，充分遵从受害人的选择权方为上策。如在法国，就没有生硬地划分国家赔偿与补偿之间的主从角色，而是完全赋予了受害人自主申请国家赔偿和补偿的权利。对于补偿中的衡平补偿与社会救助在某些领域存在交错重叠的情况，因衡平补偿一定程度上是履行“国家策动的作为或不作为之担保义务”③，其基本功能主要在于填补现代福利社会和风险社会中通过社会救助、社会保险等传统权利保障模式难以为继的国家责任“漏洞”。④ 因此，当社会救助和衡平补偿发生重叠时，应当优先考虑属于传统权利范畴的社会救助。⑤

综上所述，补偿责任具有区别于其他国家责任的独特价值，对于现代福利型社会和风险社会而言，补偿责任的构建与履行，是整体社会协调发展不可或缺的制度内容。

---

① 参见娄宇：《论社会补偿权》，载《法学》2021 年第 2 期。

② 参见娄宇：《论社会补偿权》，载《法学》2021 年第 2 期；林嘉、张韵：《突发公共卫生事件社会补偿制度的构建》，载《中国人民大学学报》2020 年第 5 期。

③ Eichenhofer, Sozialrecht, Tübingen: Mohr Siebeck, 2003, Rz. 418ff.

④ Vgl. Zacher, Entwicklung einer dogmatik des Sozialrechts, in Abhandlung zum Sozialrecht Ⅱ, 2008, Baden-Baden: Nomos, S. 339f; Bogs, Grundfrage des Rechts der Sozialen Sicherheit und seiner Reform, 1955, S. 117f.

⑤ 参见娄宇：《论社会补偿权》，载《法学》2021 年第 2 期。

(二)补偿法律制度基本原则与宪法上的补偿统领原则

所谓补偿法律制度基本原则,是指贯穿国家整体补偿制度制定、实施等所有过程的核心统领原则。补偿法律制度基本原则是补偿法律制度建设的基础价值原则,对具体补偿立法及政策的体系化构建,具有依据指引和兜底效用的功能。很多情况下,学者们[①]将补偿法律制度基本原则理解为"行政补偿的基本原则"。从理论上讲,补偿与行政补偿并非完全相同,以我国的补偿实践为例,除了行政补偿外,刑事补偿同样得到了实质性推进。[②] 由此,补偿法律制度基本原则包含但不限于行政补偿的基本原则,面向一切公权力非违法侵害行为或国家可归责性事实行为。

而所谓宪法上的补偿统领原则,其理论渊源是财产权宪法保障思想,特指前述保障私人财产权"三层次"宪法规范结构中第三层"补偿条款"所蕴含的原则。所以,宪法上的补偿统领原则,是指宪法规范明确规定或通过宪法解释确立的补偿法律制度基本原则。如前所述,大多数现代立宪主义国家在宪法中确立的补偿法律制度基本原则,其担当角色主要是补偿法律制度建设的统领原则。换言之,通过宪法确立补偿法律制度基本原则的制度目标,就是塑造补偿法律制度体系化发展的统领依据。由此不难发现,宪法确立的补偿法律制度基本原则,代表的就是补偿法律制度建设的统领原则。根据凯尔森[③]的法效力规范理论,国家整体法律秩序由逻辑严密的法律等级体系构成,任何一个规范的效力,都源自"另一个更高的规范",逐级向上的顶端是宪法。所以,宪法规范意义上的补偿法律制度基本原则,处于补偿法律制度

---

① 参见郑全新:《论我国实定法行政补偿的基本原则》,载《国家行政学院学报》2014年第2期。

② 如中国司法实践中,1999年的"乌鲁木齐市爆炸案"和2001年的"第二棉纺厂爆炸案",刑事被害人都获得了补偿。也有学者明确提出,中国的刑事被害人社会救助制度,实质上应当定性为补偿。参见陈彬:《由救助走向补偿——论刑事被害人救济路径的选择》,载《中国法学》2009年第2期。

③ [美]凯尔森:《法与国家的一般理论》,沈宗灵译,中国大百科全书出版社1996年版,第125页。

等级体系的最高端，实际上是整体补偿法律制度建设的终极性效力渊源，对法律秩序形成和法律制度完善发挥全局性的统领作用。值得注意的是，补偿法律制度基本原则并非一定出自宪法，但只有宪法权威规范意义上的补偿法律制度基本原则，才能充分发挥终极性统领依据和全域性兜底条款的制度功能。

总之，宪法确立的补偿法律制度基本原则，是补偿法律制度建设的权威统领原则，对具体补偿立法具有依据指引功能。补偿法律制度基本原则与宪法确立的补偿统领原则并非必然相同，尚未被宪法明确规定或不足以通过宪法解释确立的补偿法律制度基本原则，不具有宪法权威规范的统领效力。换言之，在特别法明确规定了补偿法律制度基本原则的情形下，尽管具体立法均需要遵从该补偿法律制度基本原则，但与宪法规定冲突时，仍然必须遵从宪法的规定。

目前而言，我国宪法没有确立价值明晰、内容完整的补偿法律制度基本原则，然而《民法典》《土地管理法》《外商投资法》等均对宪法确立补偿法律制度基本原则提出了强烈的依据供给拷问，如此情形下，应当即刻弥补这一制度缺憾。

第二节 研究方法与基本框架

一、研究方法

（一）理论建构

平等对待人人的基本权利保障思想，不仅是国家责任的共性价值立场[①]，也是中国人民实现美好生活的核心理论遵循。所以，补偿法律制度基本原则作为补偿责任实现的统领依据和兜底条款，必须以促进基本权利的充分实现为终极要旨。借此，本书以人权保障理论为道德基础，再分别植入体现补偿秩序归旨的公平正义理论、体现补偿本质

---

① 参见陶凯元：《法治中国背景下国家责任论纲》，载《中国法学》2016 年第 6 期。

要义的特别牺牲理论和体现国情性法理基础的本土化“社会国”理论，架设了宪法确立补偿法律制度基本原则的立体化理论支撑体系。

（二）事实分析和规范分析

作为宪法权威规范意义上的补偿法律制度基本原则，必须有坚不可摧的事实基础和制度基础。在事实基础方面，本书从化解人民日益增长的美好生活需要和不平衡不充分的发展之间的我国现阶段社会主要矛盾出发，立足于充分实现公民基本权利的目标，以最大化消解补偿立法混乱和弥补补偿立法缺位为切入主线，探讨在宪法层面确立补偿统领原则的迫切性及推进路径；在制度基础方面，本书通过对实定法的梳理，推导出具体补偿制度的共性原则，然后再以《宪法》第13条第3款的“征用征收补偿条款”为基础，结合其他宪法基本权利条款及若干具体化补偿立法的体系分析，将体现具体补偿制度“最大公约数”的公平合理补偿原则，上升至宪法规范意义上的补偿法律制度基本原则，借此努力填充补偿法律制度建设的宪法统领依据不足。

（三）对比分析

在域外的补偿法律制度演绎中，呈现出了不同特色的样本。德国确立的特别牺牲补偿和衡平补偿，可为补偿的类型化构建及其制度完善提供参考。而由美国司法判例发展出来的市场价值补偿标准、法国司法判例发展出来的立法补偿等，同样从不同侧面展现了现代补偿法律制度。本书结合我国的国情和制度资源两个基本面，大胆吸纳共性文明成果，立足中国特色社会主义伟大实践深入探讨如何确立补偿法律制度基本原则意义上的宪法统领原则。

二、基本框架

（一）基本命题

宪法规范意义上的“补偿条款”，通常以“三层次”规范结构的形式，扮演着集“权利保障条款”和“反击权利限制条款”于一身的双重规范角色，对补偿法律制度走向独立性价值发挥着中枢基轴的作用。因而，确立宪法规范意义上的补偿法律制度基本原则，是现代立宪主义国家推动补偿法律制度体系化建设的基础性统领依据。我国补偿法律制度的完善，同样应当在宪法权威规范层面确立统领依据和兜底条款意义的补偿法律制度基本原则，借以推动补偿法律制度的体系化贯通。

当下，我国补偿制度面临的突出问题是"制度体系较为凌乱"和"某些制度领域缺位"。前者如各类具体补偿立法各自为政地确立了"公平合理补偿原则""依法依规定补偿原则""公平补偿原则""合理补偿原则""适当补偿原则""相应补偿原则""按损害程度补偿原则""给予补偿原则"等①，表现得不太协调和不太统一，甚至隐藏着一定程度的矛盾冲突风险；后者如实践中频频涌现的见义勇为受害补偿、志愿服务受害补偿、刑事被害人补偿等领域，相关规定尚未制定完善。本书的切入点，就是致力于消解中国补偿立法面临的制度体系较为凌乱和某些制度领域缺位困局。

本书基于我国补偿制度的现状，再适度借鉴世界范围内补偿法治文明发展的共性经验，提出基本命题：确立宪法规范意义上的补偿法律制度基本原则，借以有效统领补偿法律制度的体系化建设，是根本性应对当下制度体系较为凌乱和某些制度领域缺位的最佳路径选择。首先，从制度体系较为凌乱的消解来看，随着社会主义市场经济日趋成熟，以保护私人财产权、人身权等基本权利为核心使命的补偿立法及政策，必须对接市场规则进而驶入体系化建设轨道；而补偿法律制度的体系化贯通，必须归依于具有最高权威性的统领依据。其次，从某些制度领域缺位的弥补看，随着现代福利型社会和风险时代的到来，前述见义勇为受害补偿、志愿服务受害补偿、刑事被害人补偿以及生态效益补偿、无因管理补偿、实施新技术损害补偿、国家可归责性突

---

① 《土地管理法》第48条规定了"公平合理补偿原则"、《人民警察法》第34条第2款规定了"依规定补偿原则"、《国有土地上房屋征收与补偿条例》第2条规定了"公平补偿原则"、2009年《矿产资源法》第36条规定了"合理补偿原则"、《防洪法》第45条规定了"适当补偿原则"、《公路法》第31条及第45条分别规定了"相应补偿原则"和"按照损坏程度给予补偿原则"、《占用农业灌溉水源、灌排工程设施补偿办法》第9条和《民法典》第245条都只规定了"按现值补偿原则"或"给予补偿原则"。

发事件损害补偿等新的补偿领域不断拓展,补偿范围呈无限扩张态势,对传统意义上以征收征用补偿为主的立法设计提出了严峻挑战,必须在宪法层面前瞻性地建立具有最广涵盖性的兜底补偿条款。毋庸置疑,以上两方面,无论是最高权威性的统领依据塑造,还是最广涵盖性的兜底条款确立,都只有通过宪法规范确立的概括性统领原则,才能真正担当如此重大的规范使命。

如何确立宪法统领规范意义上的补偿法律制度基本原则?本书围绕两条主线来展开:一是基于事实逻辑、价值逻辑和理论逻辑等多维视角致力于补偿法律制度基本原则的立体化证立;二是在阐发补偿法律制度基本原则的规范意涵基础上,再以补偿范围和补偿标准两大核心支柱为中枢基轴致力于其构成要素的阐发。

主线一:宪法层面确立补偿法律制度基本原则规范的事实逻辑、价值逻辑和理论逻辑。事实逻辑包括制度事实和社会事实。在制度事实方面,本书认为,应当将淬炼于我国具体补偿立法且有“最大公约数”特质的公平合理补偿原则上升至补偿法律制度基本原则的地位。在社会事实方面,本书提出,将具有“最大公约数”特质的公平合理补偿原则上升至补偿法律制度基本原则,是实现全域覆盖目标、推进共同富裕和“弱有所扶”战略的共同需要。在价值逻辑方面,本书认为,宪法确立补偿法律制度基本原则意义上的公平合理补偿原则,秉持功利主义与自由主义相调和、坚持分配正义与矫正正义相统一的价值立场。一方面,坚持功利主义与自由主义的调和,可以促成公共利益与私人利益的最大化平衡;另一方面,坚持分配正义与矫正正义的统一,可以最佳度达成效率与公平的双向优化。就世界范围内的制度发展趋势看,以公平正义为核心价值意涵的“概括性公平补偿原则”,其“补偿不多不少”的权衡基准,严格阻止过度偏向绝对化功利主义和绝对化自由主义以及只注重以分配正义促进效率和以矫正正义促进公平的任何一端,十分有利于促成公共利益和私人利益间的协调平衡、效率和公平的合理兼顾,与现代法治国家视域的补偿法律制度体系高度吻合。由此导致,“概括性公平补偿原则”的价值意涵,正在成为各国宪法上确立补偿法律制度基本原则的“最大公约数”，现代立宪主义国家大多以此为核心价值基础，并结合自身的制度传统，构造了契合个性化国情需要的补偿法律制度基本原则规范。从这个意义上看，我国也应当遵循规律，在宪法层面将具有“最大公约数”特质的公平合理补偿原则确立为补偿法律制度基本原则，从某种程度讲，“公平合理补偿原则”与“概括性公平补偿原则”之间是个性与共性、特殊与普遍的构成关系。在理论逻辑方面，确立补偿法律制度基本原则的本质要义，就是最大化促进公共利益与私人利益的平衡。围绕着这一“本质要义”，本书提出，在宪法规范层面确立权威统领原则意义的公平合理补偿原则，人权保障理论为其奠定了制度价值的道德基础，特别牺牲理论为其构造了制度体系的核心原理，公平正义理论为其明晰了制度效用的目标指向，本土化的“社会国”理论为其拓展了制度创新的国情依托。

主线二：宪法层面确立补偿法律制度基本原则的规范意涵及构成要素界定。从文义上看，公平合理补偿原则的规范结构，兼有“公平补偿”与“合理补偿”的双重内容。由此，对于公平合理补偿原则宪法规范意涵的明晰，首先要阐释“公平补偿”与“合理补偿”的各自意义表达，然后以此为基础，继续勾勒出两者间的构成关系，最终将具有“最大公约数”特质的公平合理补偿原则确立为补偿法律制度基本原则。本书通过制度经验和判例实践的对比梳理，立体推导出作为公平合理补偿原则构成内容的“公平补偿”，主要包括三方面的基本内涵：一是“公平补偿”的核心要义，是优先坚持“市场价值标准”的补偿立场；二是“公平补偿”的本质，是促成公共利益与私人利益的平衡协调，必须以优化整体公共利益与避免私人利益遭受“二次侵害”为双向努力目标；三是“公平补偿”的目标诉求，是追求实质平等，通常遵循“市场价值标准”，同时在“市场价值标准”空缺状态下或者造成重大不公时免于适用。而“合理补偿”，主要意涵有两方面的内容：一是“合理补偿”秉持“多因素综合权衡”的标准立场；二是多因素综合权衡是实现直接性、结果性、兜底性的权衡，即直接基于“多因素的综合”而高效率地给出权衡结果,权衡过程中除了考虑市场价值要素外,还要兜底性地涵盖一切权利保障领域。对于"公平补偿"与"合理补偿"之间的内在结构关系,坚持"公平补偿"为主导、"合理补偿"为补充的构成机理,具体是在穷尽"公平补偿"基础上再施之以"合理补偿","公平补偿"具有优先适用属性,而"合理补偿"发挥的是兜底补漏功能。公平合理补偿原则的构成要素,包括价值明晰的补偿范围和补偿标准,其中,补偿范围包括特别牺牲补偿和衡平补偿,而补偿标准则是财产权补偿标准、人身权补偿标准和衡平补偿标准的统一。

本书通过上述努力,拟形成最终结论:在宪法规范层面确立的补偿法律制度基本原则意义上的公平合理补偿原则,是足以代表整体补偿法律制度的统领性原则和兜底性原则,完全能够有效地推动补偿法律制度的体系化建设。

(二)基本思路

本书的基本思路,是以财产权、人身权等基本权利的宪法保障原理及其应然性制度结构为立论基础,紧扣我国整体补偿法律制度的建设现状,从最为突出的"制度体系较为凌乱"和"某些制度领域缺位"问题切入,致力于本土化地确立宪法权威规范意义的补偿法律制度基本原则,借以有效构造补偿法律制度体系化建设的宪法统领依据和兜底条款。

本书的整体框架结构,分为五个部分递次展开。第一部分旨在提出问题。第二部分从问题切入展开制度梳理及底层论证,揭示我国本土性补偿法律制度形态的最新发展趋势,为在宪法层面确立补偿法律制度基本原则明定"中国方案"。第三部分着重论述基于"中国方案",在宪法层面将公平合理补偿原则确立为统领依据和兜底条款意义上的补偿法律制度基本原则,其遵循的事实逻辑、价值逻辑和理论逻辑实现。第四部分是在前述公平合理补偿原则作为宪法上待定补偿法律制度基本原则的预设框架下,赋予其具有统领功能和兜底效用的具体化规范内涵和构成要素。第五部分提出结论,本书总结性主张,在宪法层面确立价值明显、内容完整的补偿法律制度基本原则,是塑造补偿法律制度统领依据的最佳选择路径。在宪法层面确立补偿法律制度基本原则的努力方向,就是立足现行的宪法“补偿条款”,植入高度契合宪法精神且具有“最大公约数”特质的公平合理补偿原则。同时,本书还就补偿法律制度基本原则尚未涉及的领域,提出了未来的研究展望。

CHAPTER 02
第 二 章

补偿法律制度基本原则的制度规范梳理与功能定位

补偿法律制度健全完善的本质旨意,就在于最大化促进私人利益与公共利益的平衡与协调。就此而言,从补偿法律制度体系的构成逻辑角度看,宪法确立的补偿法律制度基本原则规范,体现了私人利益与公共利益平衡协调的“最大公约数”,是整体补偿法律制度体系建设的核心枢纽。所以,一切“宪法补偿条款”中的补偿法律制度基本原则规范,往往都构成了特定国家或某一国家特定时期整体补偿法律制度建设的权威统领依据,在引领补偿法律制度的体系化进程中发挥决定性作用。我国的补偿法律制度建设,也应当遵循补偿法治发展的规律,探索在宪法层面确立价值明晰、内容完整的补偿法律制度基本原则规范,进而在构造“统领依据”和“兜底条款”的基础上,有效应对实践中“制度体系较为凌乱”和“某些制度领域缺位”的双重叠加困境。

第一节 补偿法律制度基本原则的制度规范比较及其启示

法治文明是世界公共资源,交融互通是法治现代化的源头活水。一方面,他山之石,可以攻玉。我国补偿法律制度建设的发展历史,相对而言不算长,无论基于理论研究还是实践探索,都很有必要从世界上承载了悠久岁月洗礼的补偿法律制度中吸收一些共性经验及借鉴要素;另一方面,我国作为后发崛起的最大发展中国家,面对当今世界"东升西降"大变局的新时代演绎脉络,更应该在清晰透视西方资本主义发达国家补偿法律制度建设遭遇"本源性困境"的现实挑战基础上,紧扣中国特色社会主义道路的伟大实践和举世瞩目成就,积极贡献补偿法律制度建设的"中国方案"。因此,本书选择了补偿思想溯源地的法国、建立了现代补偿法律制度的美国、堪称社会补偿全民覆盖的德国以及输入式补偿法律制度的经典代表国家日本为观察对象,着重就补偿法律制度的体系化建设及其统领原则展开全景式考察,以期"攫取"共性参考、面对共性挑战及提出中国特色的应对策略。

一、法、美、德、日的制度规范梳理

(一)法国

公法意义的补偿思想肇端于法国,就制度形态看,在1789年法国大革命前是以国王"特权状"形式存在的。[①] 到了大革命时期,自由主义思潮兴起,主张私人财产神圣不可侵犯。在早期自由主义思想影响下,突出强调私有财产权的绝对性,1789年《人权宣言》第2条明确规定,自由、财产、安全与反抗压迫……是人的自然和不可超越的权利。

---

① 在法国大革命前,国王是全国土地事实上的主人,私人仅有用益物权,国王认为必要的时候,就会以"特权状"形式收回土地并予以补偿,补偿标准及程序由权力机关自主决定。

同时,为了更好地保障私人财产权,财产权实现的公共秩序必不可少,进而《人权宣言》第17条明确规定,私人财产用于公共需要,应当遵循"公正和预先补偿"的条件。[①] 1791年,《人权宣言》列为欧洲最早成文宪法《法国宪法》的序言。[②] 1799年,法国再次根据《人权宣言》精神颁布了第一部因公共利益受损的补偿立法,初步创建了法国具体化的"损失补偿"[③]法律制度。

法国早期的立法史表明,补偿法律制度从开始之初就纳入了宪法规制范围。不过,从《人权宣言》第17条规定的"基于公正和预先补偿"来看,到底何为"公正补偿"并没有具体明确下来。所以,《法国宪法》序言中体现的"公正补偿"精神,仅仅为一种原则指引,何种情形的补偿应坚持何种公正标准,则留给具体的立法者来回答,由此开创了以宪法原则为统领、通过各类具体立法不断完善的规范体系构建模式。

再从司法推进层面看,一直以来,司法判例和学说在法国的补偿法律制度演进中都发挥着重要作用。较为典型的是1873年的"勃朗哥案"和1938年的"小花牛奶公司案"。

案例1:勃朗哥案。[④] 该案为法国确立损失补偿无过错责任原则奠定了基础。案情大致为:1873年,原告勃朗哥的女儿被国有烟草公司职员工作期间驾车撞伤而请求损失索赔,由此将国有烟草公司所在地的龙德省省长告上法庭。法庭裁决认为,国家雇员执行公务期间所生之损害责任关系,不属于纯私人的责任关系,同时这种责任具有相对性,往往随着公权力与私权利之间的平衡情形不断变化,因此该案不应当适用民事法典中的规范依据。"勃朗哥案"1924年被法国最高

---

① 1789年法国《人权宣言》第17条中文表述为:"财产是不可侵犯与神圣的权利,除非合法认定的公共需要对它明白地提出要求,同时基于公正和预先补偿的条件,任何人的财产皆不可受到剥夺。"参见朱福惠、邵自红主编:《世界各国宪法文本汇编(欧洲卷)》,厦门大学出版社2013年版,第236页。

② 参见林娟娟:《行政补偿制度重构研究》,上海大学2007年硕士学位论文,第4~5页。

③ 杨永华:《行政补偿的法律性质探究》,载《行政论坛》2006年第6期。

④ 参见肖峋:《中华人民共和国国家赔偿法的理论与实用指南》,中国民主法制出版社1994年版,第62页。

行政法院最终以判例形式确认赔偿责任由国家承担，由此建立了“无过错责任为特征的损失补偿制度”[①]，实现了国家无过错赔偿责任原则与民事过错赔偿责任原则相分离的国家责任承担方式。从案情可知，原告方受损起因于合法公务行为，法院之所以作出了“赔偿”判决而非直接标明“补偿判决”，是由于法国在国家责任实现方式的表达上，并未对“赔偿”与“补偿”作严格区分。但从本质上讲，该案应当属于公务合法侵害所生的补偿责任关系。所以，“勃朗哥案”的判例经验，很大程度上为法国确立补偿无过错责任原则迈出了关键一步。

案例2：小花牛奶公司案。该案创设了国家立法补偿制度[②]及“公共负担平等原则”[③]。案情大致为：1934年，法国出于促进牛奶工业的转型升级而大力发展天然奶，因此出台了禁止人工奶制品生产的法律，作为人工奶制品生产的小花牛奶公司被迫停业。1938年，小花牛奶公司向法院提起诉讼主张国家赔偿，法院最终作出了支持小花牛奶公司的裁判。法院判决遵循的法理依据就是“公共负担平等原则”，认为立法活动代表了公众利益，立法所生损失应当由受益公众平等分担，操作方式上，由代表公众意志的国家来付诸实现。后来，法国最高行政法院以“小花牛奶公司案”为基础确立了具有普遍效力的“立法补偿原则”。自此以后，立法补偿原则一直被法国最高行政法院沿用。从客观上看，从“小花牛奶公司案”支持判决到普遍性立法补偿原则的确立，始终都坚持了一个基本的法理依据，即过多负担公共利益而特别牺牲的不利弱势者应当得到公平补偿。因而可以说，“小花牛奶公司案”及其导生之立

---

① 林莉红：《中国行政救济理论与实务》，武汉大学出版社2000年版，第22页。

② 参见王名扬：《法国行政法》，中国政法大学出版社1988年版，第738页。

③ “公共负担平等原则”源于《人权宣言》中的“个人公共负担平等”思想，这是卢梭社会平等思想在共同体建构中的原则体现。“公共负担平等”成为法国国家赔偿法的重要理论，该理论要点在于：国家公务活动的目的是公共利益（卢梭称之为“公意”），人民同等享受公务活动的利益结果，并同等分担公务活动的费用；如果公务活动造成了个人的特定损害，实际上使得个人承受了公共负担份额之外的额外负担；这种额外的负担应由全体社会成员分担，而不能由个人完全承受，这才符合公平与正义的要求；全体社会成员分担的基本方式就是国家用纳税额进行赔偿。上述理论思想，构成了整个法国补偿法的理论基础。参见房绍坤、毕可志编著：《国家赔偿法学》，北京大学出版社2004年版，第86页。

法补偿原则，很大程度上开辟了法国补偿法律制度构建的发展路向。

上述两个案例传达了一个共同信息，法国的司法判例和学说有力地推动了国家补偿法律制度的完善，甚至促成了立法补偿的产生。不过，值得注意的是，法国《人权宣言》确立的“公正补偿原则”自1791年列入《法国宪法》序言后，长达二百多年时间，始终“仅作为法国历部宪法的序言”形式存在，并没有完全满足司法裁判适用的需要。可喜的是，迫于宪法上补偿法律制度基本原则干预不足的压力，法国宪法委员会最终于1994年通过“裁决”方式承认了宪法序言中的《人权宣言》作为法国宪法组成部分而具有“法律效力”①。至此，《人权宣言》确立的“公正补偿原则”，客观上兼有了立法指导和司法裁判的“双重约束效力”，在应对补偿立法的滞后性危机方面取得了关键性成果，尤其是宪法上“公正补偿原则”的直接裁判效力，足以让具体化补偿立法的任何缺憾都能及时得到兜底性填充。

综上所述，法国作为补偿思想的开山鼻祖，其补偿法律制度经历了从国王“特权状”到“宪法序言”再到具体化立法的不同形式，在世界范围内对补偿立法及司法的建立健全发挥了重要作用。就法国补偿立法及司法本身而言，其突出亮点在于建立了立法、判例“多元推动”的补偿法律制度演进模式，具体表现如下：一是以序言方式确立了“公正补偿”的宪法原则，既约束立法活动，又约束司法裁判，客观上为补偿“制度真空”的兜底性愈合提供了经验样本；二是开创了“立法补偿”的先河，即为立法或者制度实施所产生的大面积社会不利群体如何获得公平性矫正提供了制度经验，进而一定程度上为补偿法律制度宪法规范的完善提供了可参照的经验；三是开辟了通过司法判例与立法协同推动补偿法律制度完善的路径方法，为补偿法律制度的探索提供了一种思考方向。总之，法国确立了宪法原则价值指引、司法判例协同推动的补偿立法的“多维化”构建模式，较好地为“如何构建补偿法律制度基本原则宪法规范”提供了参考资料。但是，法国近年来频频爆发的“黄背心”骚乱事件透

① 参见郑贤君：《宪法“人格尊严”条款的规范地位之辨》，载《中国法学》2012年第2期。

露出，国家竞争力不断衰退、财政状况每况愈下甚至濒临崩溃与“福利要多发、活要少干”的社会矛盾愈演愈烈，如何刺激经济发展是法国推行包括补偿法律制度等制度改革的核心。

（二）美国

美国的补偿法律制度建设，一直以宪法确立的“公平补偿原则”为中心来展开。1791 年，美国基于保障私权利和限制公权力一次性通过了号称“人权法案”的《美国宪法修正案》，其中第 5 条规定，不给予公平补偿不得将私有财产充作公用。该宪法修正案，确立了宪法权威统领依据意义的“公平补偿原则”，对美国面向不利群体的“积极补偿”制度建设产生了深远影响。

在 1791 年《美国宪法修正案》确立“公平补偿原则”后，美国政府循此强力推进了面向不利群体的补偿制度建设①，并长期将之法定化为一项政府的必须作为义务。“补偿法律制度”主要针对少数民族或黑人等弱势人群，他们因美国历史性种族歧视长时间处于落后或竞争力低下的不利状态，美国政府基于平衡社会关系而向这些处于不利地位的弱势人群提供包括就业机会、升学指标、政府合同、政府津贴、奖助学金和住房等②在内的方方面面补偿，旨在使他们获得尽可能公平的竞争机会与社会待遇。迄今为止，美国实施补偿法律制度一直较为彻底。1965 年，时任总统约翰逊签署了政府性文件《平等的雇佣机会》，要求大力推行“肯定性行动”，积极消除黑人以及少数民族遭遇的教育和就业歧视。1977 年，美国颁布《公共工程雇佣法》，明确要求“联邦合同就业名额应给少数民族成员预留 10%”。1990 年，时任总统布什颁布法令，计划向贫民增加 70% 的住房建设资金，至 1991 年就有 36 万幢“贫民购得起的住房”建成并交付使用。③ 总体上看，美国在教育、住

① 参见［美］波斯纳：《法理学问题》，苏力译，中国政法大学出版社 1994 年版，第 2 页。

② 参见王希：《原则与妥协——美国宪法的精神与实践》，北京大学出版社 2000 年版，第 56 页。

③ 参见张峰：《国外利益公共补偿的实践及其借鉴》，载《现代经济探讨》2008 年第 2 期。

房、医疗、就业等必须性社会保障领域的补偿法律制度立法很有借鉴价值。

在教育方面，1965年，美国《初等和中等教育法》颁布，确立了闻名全球的教育补偿制度。① 该法案第1条明确规定，为曾经被剥夺教育机会的贫困儿童提供资助。② 1965年《初等和中等教育法》颁布后至2015年，共计至少修改了17次，针对处境不利儿童的教育补偿，也经历了"机会均等的补偿"—"基于特殊教育需求的补偿"—"满足高标准教育需要的补偿"—"每个儿童接受高标准教育补偿"—"每个儿童获得成功的教育补偿"这样一个标准螺旋式递升过程③，促使教育补偿制度以"公正补偿原则"为中心不断自觉契合社会发展变化的新需要。据统计，2011～2015年，推行教育补偿任务的特许公立学校就读学生比例提高了62%。④ 且经追踪调查后还发现，"低收入家庭和

① 参见李娟：《美国弱势群体补偿教育政策形成与变迁研究》，华东师范大学2016年博士学位论文，第142～143页。

② 李娟：《美国弱势群体补偿教育政策形成与变迁研究》，华东师范大学2016年博士学位论文，第69页。

③ 1965年《初等和中等教育法》颁布后，先后历经了1966年、1967年、1968年、1969年、1972年、1974年、1977年、1978年、1981年、1984年、1988年、1992年、1994年、1995年、1998年、2002年和2015年至少17次修正，最短的修正周期为1年，最长的修正周期为13年。弱势不利群体教育发展的需要，是不断对相关法案进行修正的客观原因。总体上看，资助目标呈逐步提高的发展趋势，不管手段如何变化，这一不变规律似乎始终延续至今。在1965年至1994年的前30年里，1965年《初等和中等教育法》、1981年《教育整合与改进法》和1994年《改革美国学校法》最具有代表性，从三部法案的第1条看，1965年的《初等和中等教育法》旨在以补偿举措促进处境不利儿童受教育机会均等，1981年的《教育整合与改进法》则致力于补偿处境不利儿童的特殊教育需求，1994年《改革美国学校法》更是为实现处境不利儿童满足高标准教育而提供补偿。2001年，时任总统布什签署《不让一个儿童掉队法》后宣布，"确保每一个孩子在美国都能接受一流的教育"，把补偿对象从"某类"提高到"每一个"，补偿法律制度之目标则是达到"一流教育质量"；2015年，时任总统奥巴马签署的《让每一个学生成功法》取代了2001年《不让一个儿童掉队法》，进一步将补偿教育的目标从"高标准"上移至"如何让每一个学生成功"。李娟：《美国弱势群体补偿教育政策形成与变迁研究》，华东师范大学2016年博士学位论文，第142～143页。

④ 参见侯定凯：《特朗普政府的教育政策走向》，载搜狐网2017年2月10日，https://www.sohu.com/a/125938771_387177。

少数族裔家庭孩子取得的进步尤其明显”①。近年来,时任总统特朗普同样拟推行“联邦教育券计划”来增加不利儿童对就读学校的选择权。② 足见,美国面向弱势学生群体实施补偿教育的前行车轮一直未曾停歇过。

在就业方面,1964 年,时任总统约翰逊签署的《经济机会法案》,规定了“青年计划”“社区行动计划”“农村贫困地区的特殊计划”“就业和投资激励计划”等内容,积极实施面向穷人、失业者等处境不利群体提供受教育机会、就业机会及资源占有机会的补偿。其中,第 1 条“青年计划”条款就明确规定:“为 16 至 21 岁的男女青年提供教育机会或职业培训计划,增加他们的公民责任和雇佣能力。”③从客观上看,“青年计划”就是着眼于美国地位不利青年“起码发展权”实现的促进补偿。

在住房方面,④1974 年,美国颁布的《住房和社区发展法案》明确规定,应确保社会弱势不利群体获得“社区发展和整体补助款计划”资助。同时,美国联邦住房和城市发展部专门设置有住房平等机会办公室,该机构负责针对不同弱势人群提供足以保持公平的多样性住房计划,并直接向“购买和租赁住房时遭受歧视的公民发放补偿资金”,补偿经费主要来源于“非营利性组织补助资金”和“州及以下地方政府的辅助执法金”。

---

① 在美国,特许公立学校接受处境不利学生的教育补偿任务,虽然不同地区特许学校的发展水平存在差异,但其办学质量近些年整体上在稳步提升。2015 年斯坦福大学教育结果研究中心(Center for Research on Education Outcomes,CREDO)发布的对 21 个州、41 个城市的特许学校 2005 ~2006 学年至 2011 ~2012 学年办学情况的调查报告显示,这些学校的学生在数学和阅读方面取得的进步要大于传统的公立学校,那里就读的低收入家庭和少数族裔家庭孩子取得的进步尤其明显。See National Alliance for Public Charter Schools (November 2015) A Growing Movement: America's Largest Charter School Communities (10th annual edition); Center for Research on Education Outcomes(2015) Urban Charter School Study Report on 41 Regions.

② 参见侯定凯:《特朗普政府的教育政策走向》,载搜狐网 2017 年 2 月 10 日,https://www.sohu.com/a/125938771_387177。

③ 李娟:《美国弱势群体补偿教育政策形成与变迁研究》,华东师范大学 2016 年博士学位论文,第 54 ~55 页。

④ 史嵩宇:《美国弱势群体权利保护的经验与启示》,载《行政管理改革》2016 年第 4 期。

在医疗方面,美国主要施行商业保险模式,但政府对低收入者、低收入家庭儿童等弱势人群提供联邦医助(Medicaid),补偿经费源于联邦政府和州政府的共同资助。1997年,美国推行"儿童保健"(SCHIP)计划,专门为极度困难家庭儿童发放医疗补偿金。2010年,时任总统奥巴马签署了《平价医疗保险法案》,改变和扩大了医疗补助项目,该法案规定,"联邦医助"覆盖65岁以下,收入在贫困线1.5倍以下的人口;对收入在贫困线4倍以下的人提供补助以购买医疗保险。当时据美国的国会预算办公室初步推算,《平价医疗保险法案》实施后,到2019年会减少未保险人口3600万,非老年人的参保率将飙升到94%。

综上,美国补偿制度的亮点,主要在于针对弱势不利群体从外化形式上推出了较为完善的补偿法律制度体系。通过前述梳理不难看出,美国的弱势不利群体补偿法律制度之所以一直有序向前发展,很大程度上得益于"宪法统领原则"的强力指引和"具体立法持续优化"两方面的推动。在宪法原则指引方面,1791年《美国宪法修正案》确立的"公平补偿原则",一直从未随意更改,由此为整体补偿立法的体系化建设提供了强大而持续的推动力;在具体立法优化方面,其确立的"公平补偿原则",天然性蕴含了"不利矫正"的公平正义理念①,并且还与时俱进地丰富了其规范意涵,最终演绎出了教育、就业、住房、医疗等民生保障领域精致而完美的弱势不利群体补偿法律制度体系。

① 事实上,1791年《美国宪法修正案》规定的"不给予公平补偿不得将私有财产充作公用",可以从两个角度来判断其内涵属性。一是依据考察角度。1787年《西北法令》第2条规定:"倘在公共紧急状态下,为了维护共同利益而必须征用任何人之财产或其某项服务时,则应给予充分之补偿。"这是1791年规定"公平补偿原则"之前,有关"补偿立法"最为直接和最为明确的规范依据。而该条已经明确规定,补偿包含"财产或服务",这就意味着,国家责任意义上的补偿,包含了"财产"以外的"服务"。二是补偿属性角度。对于1791年《美国宪法修正案》规定的"不给予公平补偿不得将私有财产充作公用",对其认真分析不难发现,"财产充作公用"是引发"公平补偿"的原因,而"财产充作公用"一般在国家职权行使主体与私人主体之间的博弈妥协中完成,在此过程中,国家职权行使主体与作为受害人的私人主体之间,事实上形成了公权力强势主体绝对凌驾于弱势受害人的非对称性地位关系,因而,这里的"公平补偿"天然地蕴含了"补偿法律制度"的成分。

但是,2020 年新冠疫情导致美国全球“最高死亡率”[①]、“美国贫困人口数量创历史新高甚至大量知识分子返贫”[②]等客观现象,暴露出美国形式完美的补偿法律制度并未实质性保障好国民的生命健康权和平等的生活福利权的本质。

（三）德国

德国补偿制度的历史也十分悠久,17、18 世纪开明专制时期,自然法思想及社会契约观念开始萌芽,加上深受 1789 年法国大革命和早期资产阶级自由主义思想的影响,此阶段逐步兴起了“自由法治国家”理念,特别强化对私有财产权的保护,主张国家对于个人财产权的剥夺或限制只能限于特殊公益,且得事先予以补偿。[③] 从 18 世纪末开始,受自由主义思潮影响,早期德国在宪法层面及具体立法中逐渐确立了完全补偿原则,如通过 1794 年《普鲁士一般邦法》和 1874 年《普鲁士土地征收法》确立的“全额补偿原则”[④],就是在遵循“自由主义法治国”理念和“财产权绝对保障”制度基础上形成的完全补偿。该两部立法,构成了德国古典征收时期宪法补偿制度的规范基础,并就此确立了早期德国作为补偿法律制度基本原则的完全补偿原则。[⑤] 随后,经历了 1919 年的《魏玛宪法》和 1949 年的《德国基本法》,德国宪法规范意义上的补偿法律制度基本原则,实现了从“完全补偿原则”到“适当补偿原则”再到“公平补偿原则”的适时性转变。尽管补偿法律制度基本原则的规范称谓和规范意涵都随势易改,但是,以宪法确立

---

① YZM:《官方数据:因疫情助推,美国 2020 年超 330 万人死亡,历史最高》,载腾讯网 2021 年 4 月 2 日,https://new. qq. com/rain/a/20210402A03BYB00。

② 鞠辉:《美国贫困人口数量创历史新高、大量知识分子返贫》,载中国新闻网 2010 年 9 月 18 日,http://www. xinfajia. net/8131. html。

③ 参见陈新民:《宪法基本权利之基本理论》(上),台北,元照出版有限公司 2002 年版,第 389 页。

④ 德国历史上,1794 年《普鲁士一般邦法》第 9 条规定,补偿包括“通常价值”和“特别价值”,明显倾向于私人利益一端,确立了包括一切价值在内的完全补偿。1874 年《普鲁士土地征收法》第 1 条、第 8 条分别规定,“土地征收实行全额补偿”“征收应补偿被征土地及其附属物和孳息的全额”。该规定更是将完全补偿明确法定化。

⑤ 参见张梓太、吴卫星:《行政补偿理论分析》,载《法学》2003 年第 8 期。

补偿法律制度基本原则来统领具体补偿制度建设的演绎格局却一直未变。

在宪法确立补偿法律制度基本原则的统领下，德国从魏玛时期开始，遵循“社会国”原则逐渐推行了全覆盖弱势不利群体的社会补偿。《德国社会保障法法典》由“预防措施”“社会补偿”“社会资助”“社会救济”几大部分组成，主要规定了“社会保险”“社会补偿”“社会救济”“社会补贴”等内容。其中，“社会补偿”面向“特殊损害补偿”或“其他原因按供养法规定原则补偿”，补偿对象包括“战争受害者”“因做出重大社会贡献而遭遇特别牺牲者”“恐怖袭击及暴力犯罪受害者”等，本质上是“抚平历史缺憾”以及弥补“社会不利群体”的公平矫正措施，补偿资金直接从联邦财政中划拨；“社会救济”面向一切“生活不能自理的困难者”，是一种恩抚救助性质的低水平社会保障；“社会补贴”主要面向“有子女家庭”和“特殊困难家庭”，补贴依据是子女多少及家庭收入状况，低收入家庭的补贴标准相对较高，有明显向“弱势家庭”倾斜的价值导向。不难看出，《德国社会保障法法典》规定的“社会补偿”、“社会救济”和“社会补贴”，实质上都具有“补偿法律制度”的属性。值得注意的是，德国的“补偿法律制度”惠及全民，真正凸显了“共享”发展成果的国家治理模式。从整体上看，德国补偿法律制度的独到之处主要体现在两方面：一是基于《德国社会保障法法典》规定的“补偿法律制度”，涵盖了包括教育、住房、医疗、日常开支等在内的方方面面；二是德国不同时期宪法确立的补偿法律制度基本原则，对促进补偿法律制度的体系化构建都发挥了强大的统领作用，值得借鉴。但是，德国正在遭遇的“高福利陷阱”，清晰反映出必须推进包括补偿法律制度在内的社会福利改革的现实问题不容忽视。

(四)日本

日本的补偿法律制度十分完善，除了颁布于 20 世纪 50 年代的《刑事补偿法》《国家公务员灾害补偿法》以及 2011 年的《美术品补偿法》外,还有各类补偿条款散见于众多领域林林总总的法令中。[①] 在宪法层面,1946年《日本国宪法》第29条第3款规定的"私有财产在正当的补偿下得收归公用",确立了一直至今的"正当补偿原则"。

"二战"后,在宪法确立的"正当补偿原则"统领下,日本补偿法律制度立法得到了全方位的推进,尤其是针对教育、住房、农村的补偿最为显著。

一是面向教育的补偿法律制度十分完善。20世纪50年代以来,推出了一系列针对弱势地区或不利群体的教育补偿立法及政策[②],先后制定了《偏僻地方教育振兴法》《偏僻地方教育振兴法施行令》《偏僻地方教育振兴法施行规则》《孤岛振兴法》《大雪地带对策特别措施法》《关于国家援助就学困难儿童和学生的就学奖励的法律》《关于国家援助就学困难儿童和学生的就学奖励的法律实行令》《关于国家援助就学困难儿童和学生的就学奖励的法律实行规则》等。在上述教育补偿立法及政策的促进下,日本针对弱势家庭提供了"婴幼儿托管补偿""经济困难补偿""少数民族特殊照顾补偿"等项目。其中,"婴幼儿托管补偿"面向低收入家庭,其婴儿在托儿所的一切费用均由政府全额资助[③];而"经济困难补偿"[④]主要针对困难学生实施专门支援机构(JASSO)"助学金贷款"、国立大学及私立大学"减免学费"等措施,确保困难学生完成学业;"少数民族特殊照顾补偿"主要面向北海道地区阿伊努族人等少数民族提供"升学名额""特别助学金贷款"等方面

---

① 例如,日本《土地收用法》《灾害对策基本法》《土地区划整理法》《道路法》《河川法》《都市计划法》《文化财产保护法》《建筑基准法》《消防法》《渔业法》《矿业法》《电气事业法》《煤气事业法》《原子能基本法》《邮件运送委托法》《航空法》《农地法》《土地改良法》《电波法》《地方铁道法》《自来水法》《烟草专卖法》《粮食管理法》《传染病预防法》《结核病预防法》等,都有相应的补偿条款。参见杨建顺:《日本行政损失补偿制度借鉴》,载《人民论坛》2012年第2期。

② 参见万新芳:《论国际视野中弱势群体教育公平的保障及其启示》,载《华北电力大学学报(社会科学版)》2006年第3期。

③ 参见刘植荣:《看看外国的社会福利》,载《教师博览》2011年第3期。

④ 白刚、杨光、吴明:《日本高校考试招生政策对弱势群体倾斜情况调研》,载《世界教育信息》2015年第7期。

的倾斜性补偿。

二是实施了针对住房的补偿法律制度。2000年颁布的《无家可归者对策工作的都区协定书》和2002年出台的《无家可归者的自立支援等相关特别措施法》,都致力于通过促进性补偿解决无家可归者的居住问题。[①]

三是开展了应对城市化的农村补偿。在日本工业化、城市化进程中,农村青年纷纷涌向城市,尤其是东京、大阪等核心大城市聚集了越来越多的人,导致农村特别是偏远农村面临着空心化的瓦解风险。1955~1971年,务农者从1600万人锐减至760万人左右。为了保持社会平衡,20世纪70年代末兴起了"造村运动"[②],通过成人教育补偿、科技文化培训补偿等措施,提高农民整体素质,促进农村发展。

综上,日本在宪法确立"正当补偿原则"的统领下,系统推进了面向教育、住房、乡村振兴等方面的补偿法律制度建设,对应对城市化进程及社会平衡发挥了巨大作用,对某些仍然处于农业向工业转型的发展中国家具有较强的借鉴意义。近年来,有学者提出了"生活权补偿"[③]概念,认为"损失补偿"针对的不仅是财产性损失,还要"着眼于作为整体的人的生活的本身或者针对人的生活实际"进行"生活权补偿"。至于生活权补偿的标准,主要通过"将不平等还原为平等",最大化保障人的生存权实现。不过,在日本,来自某些领域的社会不平等以及贫富阶层分化现象十分严重,如占据日本员工总数50%的非正式员工中60%是女性,不仅收入低、容易被雇主解聘,而且"休业支援金"也只有正式员工的1/4左右[④],让原本处境不利的非正式员工更是雪上加霜。

---

① 参见刘晓梅、西荫、刘杰:《日本城市弱势群体居住福利政策分析》,载《长春大学学报》2014年第11期。

② 陈磊、曲文俏:《解读日本的造村运动》,载《当代亚太》2006年第6期。

③ [日]宇贺克也:《国家补偿法》,肖军译,中国政法大学出版社2014年版,第404页。

④ 参见日观研:《日本雇佣现状——在疫情中苦苦挣扎的非正式员工》,载百度网2021年2月2日,https://baijiahao.baidu.com/s?id=1692223753432481738&wfr=spider&for=pc。

二、补偿法律制度基本原则的共性制度及演绎趋势

总括前述法国、美国、德国、日本的补偿法律制度，不难发现，其共性在于，均以宪法确立的补偿法律制度基本原则为价值聚焦中心，构筑了法秩序高度统一的整体补偿法律制度体系。显然，这些共性制度，蕴藏了人类法治文明成果，可以为现代法治化国家的补偿法律制度建设提供重要参考。

（一）基于实定法的横向比较分析

事实上，并非仅仅限于法国、美国、德国、日本，凡现代立宪主义国家，大都在宪法层面确立了补偿法律制度基本原则，并借此形成了补偿法律制度体系化建设的统领性指导原则。例如荷兰，在1814年《荷兰王国宪法》第14条规定的"充分补偿原则"的统领下，于2000～2008年完成了《空间规划法》的全面修改，新法保留了旧法"超过正常的社会风险部分应当予以补偿"内容，使宪法确立的"充分补偿原则"在实践内涵上逐渐走向理性，即更加注重避免"不予补偿"与"完全补偿"两个极端，最大化追求公平正义的秩序价值。① 又如韩国在美国法影响下，以1987年《大韩民国宪法》第23条第3款规定的"正当补偿原则"为中心建立了现代补偿制度。② 再如有德国法基因的巴西，则是以1988年《巴西联邦共和国宪法》第153条规定的"公平补偿原则"为轴心，有力地推动了巴西补偿制度的一体化建设③（见表2－1）。

---

① B. P. M. van Ravels(2009), p. 92－93.

② 韩国的补偿法律制度，是以1987年《大韩民国宪法》第23条第3款规定的"正当补偿原则"为中心展开的，《土地征用法》《有关公共用地取得及损失补偿的特例法》等均如此。近年来，因深受美韩同盟关系影响，韩国市民社会意识日渐高涨，私人权利保障与公共利益最大化的调和一直是社会焦点，由此可以推断，韩国宪法规定的正当补偿原则，同样以追逐"公共利益与私人利益"的价值平衡为中心任务，实质上与前述美国的公平补偿原则接近。参见钟头朱：《韩国土地征收补偿制度及其启示》，载《改革与战略》2011年第9期；刘雨辰：《民主主义视角下韩国市民社会的角色转换》，载《世界经济与政治论坛》2013年第4期。

③ 1988年《巴西联邦共和国宪法》第153条明确规定了"公平补偿原则"。自此以后，巴西便以宪法确立的"公平补偿原则"为中心，建立了一体化发展的现代补偿法律制度体系。参见吴国平、武小琦：《巴西城市化进程及其启示》，载《拉丁美洲研究》2014年第2期。

表 2－1　不同国家或地区宪法规定的补偿补偿基本原则抽样比较

原则称谓	国家(地区)	条文出处及内容
充分补偿原则	荷兰、丹麦	1814 年《荷兰王国宪法》第 14 条规定，如因公益所需而征用财产，须依照法律规定，并须事先保证给予充分补偿。 1953 年《丹麦王国宪法》第 73 条第 1 款规定，财产所有权不可侵犯。除因公共福利的需要，不得强迫任何人割让其财产。此种征用须依法律之规定，并应给予充分赔偿。
公平补偿原则	美国、巴西、德国（“二战”后）	1791 年《美国宪法修正案》第 5 条规定，不给予公平补偿，私有财产不得充作公用。 1949 年《德国基本法》第 14 条第 3 款规定，补偿之决定应公平衡量公共利益与关系人之利益。 1988 年《巴西联邦共和国宪法》第 153 条规定，为公共利益征用财产，必须由国家进行公平补偿。
公正补偿原则	法国	1789 年《人权宣言》第 17 条规定，财产是神圣不可侵犯的权利，除非当合法认定的公共需要所显然必需时，且在公正而预先补偿的条件下，任何人的财产不得受到剥夺。
正当补偿原则	日本、韩国	1946 年《日本国宪法》第 29 条第 3 款规定，私有财产在正当的补偿下得收归公用。 1987 年《大韩民国宪法》第 23 条第 3 款规定，由于公共需要对财产进行收用、使用或限制及对此的补偿，由法律规定，应当支付正当的补偿。
合理补偿原则	葡萄牙	1982 年《葡萄牙共和国宪法》第 62 条第 2 款规定，只有依照法律的规定方可为公共利益的需要征用私有财产，并且除宪法另有规定者外，应给予合理补偿。
适当补偿原则	德国（魏玛共和国时期）	1919 年《魏玛宪法》第 153 条第 2 款规定，公用征收，除联邦法律有特别规定外，应予相当补偿。

易言之，从世界上大多数立宪主义国家的共性经验来看，几乎都是通过宪法确立补偿法律制度基本原则来统领整体补偿制度的体系

化进程。那么,前述这些国家是如何在宪法层面确立补偿法律制度基本原则以及如何统领整体补偿法律制度的贯通、协调建设?

在宪法规范层面,不同国家以及同一国家的不同时期,所秉持的补偿基本原则大相径庭,如荷兰、丹麦、美国、德国、巴西、葡萄牙、法国、日本、韩国等国家的现行宪法,就规定了充分补偿原则、公平补偿原则、合理补偿原则、公正补偿原则、正当补偿原则和适当补偿原则。然而,学者们一致认为,尽管各国宪法确立的补偿法律制度基本原则在称谓上多种多样,但辐射至学理,即可总括为完全补偿原则、不完全补偿原则、不补偿原则三类。① 其中的完全补偿原则,盛行于早期的自由资本主义阶段②,如前述德国《普鲁士一般邦法》规定了体现"全额补偿"的补偿法律制度基本原则,意指国家针对公权力造成的私人利益损害予以全面补偿,包括"现有的实质损失和将来的预期损失"。从道义上讲,一方面,完全补偿原则最有利于私人权利的保障,但却面临实际操作上的诸多困难,不少损失或牺牲,尤其是看不见摸不着的精神损失、未来损失及社会损失等,均不具有计算可能性而难以准确量化;另一方面,过重的财政负担,往往会导致补偿落空。与完全补偿原则相反,不补偿原则意指公权力可以肆意侵犯私权利且无须补偿,该原则主要存在于专制主义时期,因严重违背了财产权和人身权保障理念已被各国所废弃。介于完全补偿原则与不补偿原则之间的不完全补偿原则,是指因公共利益需要实施的非违法公权力行为或国家可归责性公共事件造成了私人利益损害,国家仅仅针对内在义务以外的特别牺牲予以公平合理补偿,而非全部损失补偿。从基本趋势看,各国宪法所秉持的价值立场,一般都是不完全补偿原则。

值得注意的是,由于"不完全补偿原则"仍然是一个空乏概念,因而,并未被各国宪法直接规定为规范意义上的补偿法律制度基本原则。于此前提下,各国宪法确立的补偿法律制度基本原则,又在遵循

---

① 参见杜仪方:《何为禽流感中扑杀行为的"合理"补偿——兼论风险规制与行政补偿标准的新发展》,载《行政法学研究》2016 年第 3 期。

② 参见王太高:《行政补偿制度研究》,北京大学出版社 2004 年版,第 143 ~ 144 页。

不完全补偿原则的基本价值立场上，进一步细分为较高补偿程度的充分补偿原则、中间补偿程度的公平（公正、正当、合理等）补偿原则、较低补偿程度的适当补偿原则三个段位。例如，荷兰、丹麦等国的宪法，就规定了充分补偿原则[①]，在补偿程度上仅次于完全补偿原则，居于不完全补偿原则的最高段位，要求补偿不得低于实际受损程度。而美国、德国、巴西、法国、日本、韩国、葡萄牙等国的宪法[②]，则规定了公平（公正、正当、合理）补偿原则，补偿程度居中，要求补偿给付与实际受损价值基本相当；并且，鉴于“公平”“公正”“正当”“合理”的内涵较为空泛，此类原则往往需要依赖具体化的补偿范围及补偿标准赋予其实际意义。适当补偿是一种较低程度的补偿，预示着只要补偿即可，在前述德国1919年《魏玛宪法》中曾有规定，但在时代变迁中已经基本被现代西方资本主义国家的宪法所抛弃。

从前述各国宪法规定的补偿法律制度基本原则看，尽管很难彻底厘清不同原则间的程度边界，但是仍然可以通过横向梳理各国的补偿制度流脉，大致推导出，不同补偿法律制度基本原则所秉持的共性价值选择。纵览现代立宪主义国家宪法规范意义上的补偿法律制度基本原则，不难发现，正在形成一种显性的发展趋势，即在“不完全补偿原则”的总体价值区间内出现了“二次聚焦”现象。具体来看，世界各国宪法确立的补偿法律制度基本原则，其价值立场的集中点位，既非公共利益维护倾向“补偿越少越好”的适当补偿立场，也非私人利益维护倾向“补偿越多越好”的充分补偿立场，而是中间段位“补偿不多不少”的公平（公正、正当、合理等）补偿立场，客观上仍然深刻呈现了公共利益与私人利益的调和趋势。之所以如此，主要在于补偿必须以实

① 1814年《荷兰王国宪法》第14条和1953年《丹麦王国宪法》第73条第1款规定的“充分补偿原则”。

② 1949年《德国基本法》第14条、1791年《美国宪法修正案》第5条和1988年《巴西联邦共和国宪法》第153条直接规定了“公平补偿原则”；1946年《日本国宪法》第29条第3款和1987年《大韩民国宪法》第23条第3款规定了“正当补偿原则”；1982年《葡萄牙共和国宪法》第62条第2款规定了“合理补偿原则”；法国1789年《人权宣言》第17条规定了“公正补偿原则”。

现公平正义为终极秩序目标,进而要求,宪法确立补偿法律制度基本原则应当秉持公平正义的核心精神。

通过上述分析不难导出,公平正义的内在精神,并非“公平补偿原则”独有的,而是一切补偿法律制度基本原则的核心精神意涵。如此前提下,为了研究方便,可以将作为一切补偿法律制度基本原则核心价值构成和秩序目标的公平正义精神,称为“概括性公平补偿原则”的秉持立场。因此,通过“概括性公平补偿原则”的确立,实质上较为便捷地搭建了补偿法律制度基本原则的聚焦载体。同时,也因此发展出了狭义“公平补偿原则”和广义“公平补偿原则”。狭义上的公平补偿原则,是指特定国家在宪法层面规定的显性补偿法律制度基本原则,如美国、德国、巴西的宪法均明确规定了“公平补偿原则”。而广义上的公平补偿原则,并非源自规范的明确规定,主要是根据法院判例既成事实长期发展而来的“隐性”原则,其指代表了不同国家补偿基本原则“最大公约数”,故赋予其“概括性公平补偿原则”的称谓。

同时也可以清晰地看出,高度体现公平正义秩序目标且处于“二次聚焦”区间的“不完全补偿原则”,实质等同于体现不同国家基本原则“最大公约数”的“概括性公平补偿原则”。客观上看,“概括性公平补偿原则”所秉持的公平正义立场,通常表现为“市场价值标准”,但基于构成补偿法律制度学理基础的实质平等原则,体现公平正义的补偿立场,既可能延伸至高于“市场价值标准”的完全补偿程度,也可能缩减至低于“市场价值标准”的适当补偿程度。前者如美国2005年“凯洛诉新伦敦市案”①,为了弥合市场价值标准补偿的不足,判决确认了替代性的“加成补偿”,明显秉持了完全补偿原则的标准立场,印第安纳州、密苏里州的住宅公用征收补偿都深受本案判决影响,分别按市价的150%和125%支付补偿款;后者如德国联邦普通法院明确作出规定,在优先坚持市场价值标准的基础上,也承认例外情形下低

① 参见刘连泰:《征收补偿中的主观价值》,载《法学家》2020年第2期。

于市场交易价格的公平补偿。[①] 足见,概括性公平补偿原则具有很强的开放性和涵盖性,既承认完全补偿的合理性部分,也不一概否认适当补偿,具有穿透一切补偿原则的巨大辐射能力。有研究者指出,对于概括性公平补偿原则而言,应将其视为"金字塔顶端的补偿原则"或"君临所有具体补偿原则之上的价值判断原则"[②]。有研究者甚至认为,概括性公平补偿原则是一种"'全能'性的补偿原则"。[③] 这意味着,世界范围内林林总总的一切补偿法律制度基本原则,都是基于特定历史事实和社会关系而反映"概括性公平补偿原则"的具体形式。而作为体现"最大公约数"的"概括性公平补偿原则",其规范意涵,无疑构成了一切补偿法律制度基本原则的基础价值和聚焦中心。

显而易见,各国确立宪法规范意义上的补偿法律制度基本原则,均是归依于"概括性公平补偿原则"体现的价值意涵基础上,再结合自身国情需要予以理性塑造的结果。这一价值立场与路径策略,对于中国确立宪法规范意义上的补偿法律制度基本原则,同样具有一定的启发意义。总而言之,对于补偿法律制度建设而言,从外在形式上看,现代立宪主义国家的共性经验具有重要参考意义,即在宪法层面确立高度体现"概括性公平补偿原则"秉持"补偿不多不少"价值意涵的补偿法律制度基本原则,为补偿法律制度的体系化建设提供权威统领依据。

(二)基于历史演绎的纵向比较分析

除了实定法的横向比较外,通过对不同国家补偿法律制度发展历史的纵向梳理,同样可以捕捉到现代宪法补偿制度的历史演进规律以及未来发展趋势。总揽世界范围内各国宪法补偿制度的进化史,相较而言,德国在宪法上规定的补偿法律制度基本原则,从"完全补偿原

① 参见[德]哈特穆特·毛雷尔:《行政法学总论》,高家伟译,法律出版社2000年版,第696页。

② 董彪、吕丽丽:《公正补偿原则的概念解析与立法建议》,载《太原理工大学学报(社会科学版)》2006年第3期。

③ 参见王坤、李志强:《新中国土地征收制度研究》,社会科学文献出版社2009年版,第28页。

则”到“适当补偿原则”再到“公平补偿原则”的制度变迁过程，代表了近代补偿法律制度转向现代补偿法律制度的演绎典案，可较为清晰地体现出补偿法律制度基本原则的共同制度脉络以及未来发展趋势。

1. 完全补偿原则

18 世纪末，在“自由法治国家”思想的影响下，完全补偿原则在古典征收时期获得了空前倡导，以致多部近代宪法都确立了“完全、充分补偿”。① 其中，1794 年《普鲁士一般邦法》第 75 条规定：“财产征收……因公共福利而牺牲其特别权利及利益之人，国家应予补偿。”② 条文中的“应予补偿”，虽然并未给出确定性的原则立场，但根据《普鲁士一般邦法》第 9 条对“补偿”的规定，明显包括了“通常价值”补偿和“特别价值”补偿。③ 结合《普鲁士一般邦法》第 75 条和第 9 条的规定完全可以推导出，该法确立的“应予补偿”实质为“完全补偿”。此外，1874 年颁布的《普鲁士土地征收法》第 1 条和第 8 条分别规定，“土地征收实行全额补偿”，“征收应补偿被征土地及其附属物和孳息的全额”。上述梳理足以说明，《普鲁士一般邦法》第 9 条规定的“应予补偿”，毫无疑问应当被理解为体现自由法治理念的“全额补偿”。④

事实上，在补偿法律制度的世界发展史上，完全补偿原则并非德国的专利。与德国古典征收时期推行的“全额补偿”理念相近，美国和日本也或强或弱地出现过完全补偿的思想。在美国，1787 年《西北法令》第 2 条规定的“充分之补偿”，同样体现了前述自由法治思想的完全补偿。在日本，1946 年《日本国宪法》第 29 条第 3 款规定了“正当补偿原则”，也被不少日本学者解读为前述“完全补偿”之意。

---

① 参见陈新民：《宪法基本权利之基本理论》，台北，元照出版有限公司 2002 年版，第 389 页。

② 张梓太、吴卫星：《行政补偿理论分析》，载《法学》2003 年第 8 期。

③ Beseler, Georg, System des gemeinen deutschen Privatrechts, 4. Aufl., Band 1, 1885, S. 382f.

④ Ernst Forsthoff, Lehrbuch des Verwaltungsrecht, C. H. Beck, 1973, S. 330f; Hans Diester, Enteignung und Entschadigung nach altem und newem Recht, Deutsche Industrie Verl, 1955, S. 35f.

需要明确的是,完全补偿原则是早期资本主义自由思想深刻影响的结果,在当时反对封建专制的进程中,伸张自由权利的补偿理念十分符合道义逻辑。但是,完全补偿原则在实践操作中并非可行。一是不少损失或牺牲,因不具有可计算性而难以准确量化,尤其是看不见摸不着的精神损失、未来损失及社会损失等;二是毫无底线的补偿负担,因财政不能不仅会导致补偿落空,而且巨大的给付成本,必然会挫伤政府积极政策的动因而妨碍公共事业发展。正因如此,完全补偿原则并未成为德国乃至其他西方资本主义国家的共同选择。

2. 适当补偿原则

第一次世界大战后,资产阶级新政权迫于经济复苏,需要不断扩大征收客体及管制领域,进而面临巨大财政压力,"完全补偿"明显会导致补偿给付和公共管制的双重落空。在这一背景下,西方资本主义国家在早期的社会经济发展中,都不约而同地萌生了改变绝对自由主义的强烈诉求。由此,德国在制度变革层面吹响了先锋号角。

德意志帝国时期,由于脆弱的自由市场无法为大量底层民众提供基本生存保障,引发了风起云涌的工人运动乃至社会动荡,严重冲击了资产阶级的新生政权,"维持帝国政治秩序成为国家的主要任务"①。于此,俾斯麦政府强行推进了自上而下的社会保险立法改革,拉开了德国"社会国"进程的序幕。社会国原则的核心,就是强调私人财产权的社会义务。1919 年《魏玛宪法》第 153 条第 2 款规定了"公用征收……应予相当补偿",法条中的"相当补偿",实质意涵是纠正"完全补偿"基础上秉持"适当补偿"的原则立场,由此不仅构成了相对独立的补偿条款,而且促进了宪法层面补偿法律制度基本原则的适时变革。与古典征收时期《普鲁士一般邦法》第 75 条规定的"应予补偿"相比,增设了"相当"的范围限定,折射出了两方面的重大意义。一是明确了宪法上补偿法律制度基本原则的价值导向。1794 年《普鲁士一般邦法》第 75 条规定的"应予补偿",尽管被学者们解读为完全

① Cf. R. Castel, Die Meamorphosen der sozialen Frage, 2000, S. 45f.

补偿,但规范层面并未明确原则立场,价值导向模糊,还没有形成完整意义上的补偿法律制度基本原则。而1919年《魏玛宪法》第153条第2款规定的"相当补偿",不仅迎合社会经济发展状况实现了从"完全补偿原则"到"适当补偿原则"的变革调整,而且还改变了补偿法律制度基本原则的模糊化,清晰标明了补偿法律制度基本原则秉持的立场,为具体补偿立法一体化推进提供了确定性导向。二是完善了宪法上补偿法律制度基本原则的规范结构。1919年《魏玛宪法》第153条第2款规定的"相当补偿",足以独立完整地表达补偿的价值立场,形成了权利保障的补偿条款;同时,《魏玛宪法》第153条第1款规定,"所有权,受宪法之保障",构成了财产权保障的不可侵犯条款;第153条第2款第1句规定,"公用征收,仅限于裨益公共福利及有法律根据时,始得行之",则构成了财产权保障的限制条款。不难看出,《魏玛宪法》第153条第1、2款的整体内容,由不可侵犯条款(保障条款)、限制条款和补偿条款完美构成了财产权宪法保障的"三层次"规范结构。显然,这一制度成果,很大程度上得益于宪法补偿条款的完整性设置,不仅牢固构筑了私人基本权利保障的权威防护网,而且较好地完善了补偿法律制度建设的宪法统领依据,有助于促进补偿法律制度的体系化发展。

总体上看,德国《魏玛宪法》确立的"适当补偿原则",不仅适时更替了落后于时代需要的"完全补偿原则",而且还通过宪法补偿条款的完整性设置,有力地构筑了补偿法律制度一体化建设的宪法统领依据。但是,"适当补偿原则"作为对"完全补偿原则"的适时修正,旨在强调私人基本权利行使的社会义务而主张不完全补偿。那么,在"适当补偿原则"实施进程中如何能最大化确保私人利益得到公平正义的保护?随着现代社会的权利意识回归,这一问题逐渐浮出水面。

3. 公平补偿原则

从19世纪初到20世纪中叶,宪法确立的补偿法律制度基本原则依序实现了从近代国家"效率优先"制度理念向现代国家"公平优先"制度理念转型,前者旨在增加财富、提升福利水平而快速促进社会经济发展,后者旨在改善民生、实现经济社会高质量发展而最大化彰显社会正义。这一过程中,德国的补偿法律制度演化过程仍然是典型代表。

"二战"后,从"社会国"到"社会法治国"的思想转型对德国社会产生了深刻影响,战争创伤的愈合、权利意识的高涨等,都大力推动了补偿法律制度更加关注结果公平。1949年《德国基本法》第14条第3款明确规定:"补偿之决定应公平衡量公共利益与关系人之利益。"学者们普遍认为,该法条的"补偿……应公平衡量"正式确立了德国现代补偿法律制度体系的"公平补偿原则"。[①] 这意味着,从18世纪末到20世纪中叶,德国宪法确立的补偿法律制度基本原则,顺应社会发展的需要,依次历经了由"完全补偿原则"到"适当补偿原则"再到"公平补偿原则"的演变过程。此后,"公平补偿原则"在长达70多年的发展中,尽管已经从理论思想到功能价值都注入了更多新的内涵,但该原则一直保留至今。

从规范结构上看,《德国基本法》第14条第3款规定了"公平补偿原则",再与第14条第1款规定的"财产权及继承权应予保障"和第2款规定的"财产权负有义务"勾连,系统构成了财产权保障的"不可侵犯条款"、"限制条款"和"补偿条款",同样呈现出完美的"三层次"规范结构。由此不难看出,《德国基本法》第14条大致沿袭了《魏玛宪法》第153条的规范结构。不过,还需要特别注意的是,在社会法治国思想的深刻影响下,自魏玛时期开始,补偿范围一度从财产权损失补偿扩展到了人身权损失补偿。[②] 正如有学者对德国宪法历史进行考察

---

① 参见黄卉:《德国法律评注及其案例编写体例——以〈德国基本法〉第14条私有财产权条款为例》,载《法律适用(司法案例)》2017年第8期。

② 德国在征收概念扩张和补偿法律制度发展的历史过程中,陆续出现了许多理论学说,主要有值得保护理论、实体减损理论、过分要求理论、私利用性理论、目的相异理论、个别行为理论、特别牺牲理论、重大性理论、财产权情状关联性理论等。其中,特别牺牲理论经过大浪淘沙终于成为德国的主流学说。特别牺牲理论由德国学者奥托·梅耶(Otto Mayer)提出,他认为任何财产的行使都要受到一定内在的、社会的限制,当财产的征用或限制超出这些内在限制时,即产生补偿问题。同时,德国公法理论还认为,补偿的原因范围既包括对财产权的剥夺或限制,也包括对公民人身权的合法侵犯,所以补偿法律制度体系可分为财产权之损失补偿制度与人身权之损失补偿制度。See BVerfGE 58,137ff;BVerfGE58,337.

后总结的那样，自《魏玛宪法》以来，德国宪法上的补偿法律制度基本原则规范，承担了保障私有财产权“核心部分”和人身权的双重法律角色。① 另外，“二战”后的德国在社会法治国思想的影响下，基于实质平等原则的法理基础发展出了“衡平补偿”。② 这预示着，宪法规范意义上的补偿法律制度基本原则，其规范领域不能仅限于特别牺牲补偿，还应延伸到衡平补偿范畴。

总体而言，《德国基本法》确立的公平补偿原则，构成了德国具体补偿法律制度建设的统领依据，不同于全面补偿与适当补偿，公平补偿原则的规范意涵置公共利益与私人利益于同等的价值立场，国家对因公共利益需要造成私人利益损害的补偿，坚持实质平等原则的法理基础，突出强调了前述“概括性公平补偿原则”蕴含的公平正义精神。

(三)共性发展趋势：向“概括性公平补偿原则”的要旨聚焦

基于上述分析，无论从以德国法为个案的历史纵向截面观察，还是基于西方资本主义国家的实定法展开横向比较，都会推导出，以公平正义精神为核心要旨的“概括性公平补偿原则”，正在成为各国宪法上不同补偿法律制度基本原则聚焦的中心。

进一步展开来看，就实定法的横向截面而言，无论是美国、德国、巴西等国宪法明确规定的“公平补偿原则”，还是法国宪法规定的“公正补偿原则”、葡萄牙宪法规定的“合理补偿原则”、荷兰等国宪法规定的“充分补偿原则”、日韩等国宪法规定的“正当补偿原则”，都以“概括性公正补偿原则”蕴含的公平正义价值为聚焦中心；就纵向截面的历史演绎看，在具有世界代表意义的德国补偿制度体系中，宪法确

① 参见[日]宫泽俊义：《宪法》(第2卷)(新版)，有斐阁1971年版，第108页。

② 德国的“衡平补偿”，秉持的法理基础是实质平等原则，即国家对人人予以基本权利的实质平等保障。“衡平补偿”主要源起于“社会国原则”或“社会连带思想”，主要指因政治运动、战争、罢工、地震、洪灾、生态环境等公共事件所生损害之补偿。参见王锴：《我国国家公法责任体系的构建》，载《清华法学》2015年第3期。

立的补偿法律制度基本原则，经历了从古典征收时期（德意志帝国阶段）的“完全补偿原则”到扩张征收时期（魏玛共和国）的“适当补偿原则”再到现代基本法时期（联邦德国）的“公平补偿原则”，最终以“公平补偿原则”为恒定不变的补偿法律制度基本原则，自 1949 年《德国基本法》确立后至今一直未变。

无论是从现代立宪主义国家补偿法律制度基本原则的横向聚焦趋势看，还是基于德国宪法上补偿法律制度基本原则的纵向演绎方向观察，均共同说明“概括性公平补偿原则”蕴含的公平正义精神，构成了不同补偿法律制度基本原则的“最大公约数”。也就是说，“概括性公平补偿原则”正在成为不同补偿法律制度基本原则共同聚焦的中心，并且这一发展趋势似乎已经不可逆转。

三、西方资本主义国家的制度实践困境及警示

梳理法、美、德、日等众多国家的补偿法律制度后不难发现，现代立宪主义国家大多以宪法确立的补偿法律制度基本原则为价值聚焦中心，构筑了法秩序高度统一的整体补偿法律制度建设框架。然而，西方资本主义国家的补偿法律制度建设却在客观效果上事与愿违，并没有达成前述“公平正义”精神的价值目标，近年来日渐面临着实施过程中的“高福利陷阱”“实质正义危机”等严峻挑战。

（一）西方资本主义国家的补偿法律制度遭遇“高福利陷阱”

西方资本主义发达国家的补偿法律制度，普遍遭遇“高福利陷阱”的困扰，并且正在沦落为无药可解的恶性泥潭。以德国为例，2019 年通过的《社会补偿法》列入《社会法典》第 14 编后，整合吸纳了“战争、暴力犯罪被害人、传染病保护以及军人优抚等与社会补偿相关的内容”①。此外，德国还建立了从孩子出生起全生命周期的“普通家庭父

① 林嘉、张韵：《突发公共卫生事件社会补偿制度的构建》，载《中国人民大学学报》2020 年第 5 期。

母金和儿童金以及低收入家庭额外儿童补助金”[①]、“基本医疗保险以及特别护理保险”、“基本养老、失业保险以及特别母亲养老金”[②]、“低收入家庭住房津贴”、“免费教育”、“突发事件期间短时工作机会”等福利政策，涵盖了育儿补贴、家庭补贴、极困救济金和法定医疗、养老、事故、护理、失业保险等避免生存风险的方方面面社会保障条件。然而，德国补偿法律制度近年来正在遭遇困难重重的“高福利陷阱”。首先，高福利催生的高税收不堪重负，面面俱到的福利成本，导致纳税人尤其是工薪阶层的负税一路飙升至平均收入的40%，这显然对激发人力资本贡献率及全社会创富动能构成了致命打击。其次，远无休止的财政赤字“窟窿”，潜伏着巨大的社会保障风险，逐年增加的社会福利预算[③]，即便高税负也越来越难以为继。2020 年新冠疫情的暴发更使岌岌可危的德国福利制度深陷泥潭，仅联邦就业局的资金缺口就达约100 亿欧元。最为关键的是，德国经济似乎正在失去往日的繁荣，增加部分福利支出往往要通过债务筹集来应对。截至 2020 年 8 月，国家预算赤字已超过了 800 亿欧元，解决财政赤字的改革迫在眉睫，德国

---

① 德国的家庭福利，主要由父母金和儿童金组成。在德国，无须雇主的同意，任何职工都有权利享受每个孩子三年的育婴假，其间雇主不能解雇职工。而且父母在家带孩子期间，可以拿到最长 14 个月的父母金，每月补贴为 300～1800 欧元，具体根据孩子出生前后的税后工资计算。而儿童金则是在孩子出生后每个月可以领到的一笔财政补助。前两个孩子每个为 219 欧元/月，第三个孩子 225 欧元/月，第四个以及以后的孩子则分别可以拿到 250 欧元/月。儿童金可以一直领到孩子年满 18 岁，读大学的孩子还可领取到 25 岁。另外，低收入家庭还可以领取额外的儿童补助金。参见德国热线：《德国模式：高福利制度将走向何方？》，载搜狐网 2021 年 8 月 26 日，https://www.sohu.com/a/485717485_121123529。

② 德国的失业金有两类，一类失业金最长可以领取两年（50 岁以下一般最长只能领取 12 个月），金额通常为失业前 12 个月平均税后工资的 60% 左右（有孩子家庭上涨到 67%）。而另一类失业金俗称“HartzIV”，就是社会救济金，这个没有领取期限的限制，最长可以领到 67 岁退休。社会救济金解决的是基本生活保障，旨在确保极低收入者维持体面的生活水平。近年来，德国还推出了特别照顾女性和低收入群体的“母亲养老金”，进一步丰富了德国的社会救助制度。参见德国热线：《德国模式：高福利制度将走向何方？》，载搜狐网 2021 年 8 月 26 日，https://www.sohu.com/a/485717485_121123529。

③ 德国社会福利预算在逐年增加，2019 年突破 1 万亿欧元，比 2018 年增长 4.5%，相比 2009 年增加近 3000 亿欧元。参见德国热线：《德国模式：高福利制度将走向何方？》，载搜狐网 2021 年 8 月 26 日，https://www.sohu.com/a/485717485_121123529。

雇主协会提出的退休年龄延迟至70岁的建议也遭遇了“一片反对声浪”,[①]德国如何走出“高福利陷阱”可谓迷雾重重。

(二)西方资本主义国家的补偿法律制度面临实质正义危机

西方国家的补偿法律制度除了深受“高福利陷阱”困扰外,还面临实质正义缺失的严峻挑战。以美国为例,尽管从形式上树立了堪称世界样板的补偿法律制度体系。然而,客观事实表明,美国弱势不利群体遭遇的权利不平等从未得到根本性缓解,并且还有愈演愈烈之势。美国自2020年暴发新冠疫情以来死亡人数超过100万人,[②]其中65岁以上老年人约73万人,少数民族和原住民死亡率是白人的1~2倍,清晰暴露了美国政府对弱势不利群体的生命健康权未予以实质正义保障。[③] 必须看到,现象背后的深层原因是,“美国政治体制和价值观”使然的固化“顽疾”。这主要表现在两方面:一是“党争”政治下“重经济博选票”而“轻责任弃弱者”,美国两党之争,受不同的政治利益驱动,真正落地的推进制度,毫无例外都“意在捞资本而非保人命”,往往以民众“生命和健康为赌注”来换取“就业经济数据”“支持率”“争夺抗疫政策及救助补偿法案的话语权”等政治筹码,因此错失疫情防控“黄金窗口期”、延误甚至破坏抗疫。在美国医疗机构和医疗保险私营主导、医疗成本普遍高昂的背景下,美国政府秉持“资本优先”、“政治筹码优先”以及“选择性救治”[④]等立场,必然导致弱势不利群体的生命健康权很难得到实质性保障。二是社会极化背景下无视“生命健康”而“片面强调个人自由”错位的价值观[⑤],引发了一波又一波的“反口罩”“反隔离”“反疫苗”非理性游行而严重阻碍了科学防疫。

① 参见德国热线:《德国模式:高福利制度将走向何方?》,载搜狐网2021年8月26日,https://www.sohu.com/a/485717485_121123529。

② 参见崔白露:《短评:百万之殇,美国疫情何以至此?》,载https://weibo.com/ttarticle/p/show? id=2309404769137309384802,访问日期:2024年6月3日。

③ 参见毛俊响:《美国经济社会地位不平等加剧为不利群体生命权得不到平等保障》,载《人民日报》2020年7月6日,第16版。

④ 张莹:《国际观察:美国抗疫大溃败的五个“病根”》,新华社北京9月15日电。

⑤ 参见夏静、程晓:《〈美式“抗疫”的人权灾难〉报告:漠视生命,何谈人权?》,载《光明日报》2021年12月17日,第12版。

客观而言,美国政府这种崇尚"丛林法则""个体本位"的价值理念,实则为置民众个体先天禀赋及后天机遇的差异于熟视无睹状态,将"生命权与健康权的主体责任交由个体承担"①,必然导致弱势不利群体在争夺维持生命、健康的有限资源时,没有任何胜算可言,只能无奈放弃而不得不沦落为"丛林法则"的牺牲品。从本质上看,美国新冠疫情的"超额死亡"人数,暴露出弱势不利群体的生命权、健康权没有得到实质正义保障,美国政府是在彻彻底底地推脱应当优先保护弱势不利群体生命权、健康权的起码道义责任,而急于冠冕堂皇地与富人集团达成价值默契,借以谋取选举经费进而角逐"党争"政治的关键筹码。

(三)西方资本主义国家制度困境带来的警示

不言而喻,无论是"高福利陷阱"还是实质正义危机,都是西方资本主义国家的制度本质所致。而这些制度困境及顽疾根源,同样也是我国全民实现共同富裕、深入推进"弱有所扶"过程中必须妥善解决的问题,应当以"中国智慧"将之抵御于国门之外。

毫无疑问,对于补偿法律制度的体系化设计而言,既要尽力而为保障公民的补偿权利,又要量力而行地为社会经济发展的实现科学谋划。一方面,在事关公民基本生存与发展权利的保障领域,应坚持"一个也不落下"的实质正义原则,补偿法律制度达成无盲点的兜底性覆盖;另一方面,涉及更高质量生活与发展需要的补偿主张,又必须结合国情实际精准评估补偿给付的财政承受能力,有效避免西方资本主义国家的"高福利陷阱"。从这个意义上讲,西方资本主义国家宪法确立的补偿法律制度基本原则及其价值要旨,并不能直接移植到中国补偿法律制度的建设实践中,需要高度结合本土性的事实逻辑、价值逻辑和理论逻辑来统筹谋划,尤其是要有效避免西方资本主义国家深陷的"制度顽疾"泥潭,坚定不移地推进"弱有所扶"持续发力②、"全民全面实现共同富

---

① 参见崔白露:《短评:百万之殇,美国疫情何以至此?》,载 https://weibo.com/ttarticle/p/show?id=2309404769137309384802,访问日期:2024 年 6 月 3 日。

② 参见习近平:《高举中国特色社会主义伟大旗帜　为全面建设社会主义现代化国家而团结奋斗——在中国共产党第二十次全国代表大会上的报告》,载《求是》2022 年第 21 期。

裕”的宏伟战略,形成补偿法律制度建设的“中国方案”。

第二节 我国补偿法律制度基本原则的制度基础及功能定位

一、我国补偿法律制度基本原则的制度演绎梳理

中华人民共和国成立以来,我国补偿法律制度的演绎脉络,大致经历了“国有化”导向的初创期、“秩序化”导向的发展期和“人本化”导向的完善期三个进程,对确立补偿法律制度基本原则产生了深刻影响。其中,“国有化”导向初创期的主要时段为 1949 ~ 1976 年,在此期间,补偿法律制度建设面临着初步探索和向苏联模仿套用相结合的发展过程,所以将之界定为初创期。“秩序化”导向发展期的主要时段为 1978 ~ 2012 年,即从 1978 年党的十一届三中全会召开到 2012 年党的十八大召开。在此期间,补偿法律制度建设驶入了快速发展轨道,整个历史区间尽管经历了从社会主义计划经济向社会主义市场经济的递进过程,但是补偿法律制度设计服务于“计划指令”或“宏观调控”的工具性角色并未发生本质变化,如此背景下,该阶段基于各行各业“经济秩序”规制任务的需要而催生了大量补偿立法,所以大致将之界称为补偿法律制度建设的发展期。“人本化”导向完善期的主要时段为 2012 年至今,即从 2012 年党的十八大召开至今。这一时期我国正式提出了“以人为本”以及“实现美好生活”的新发展理念,即“发展坚持以人民为中心”①,要求补偿立法从经济保障之“秩序”观转向权利保障之“人本”观,应着力于为人民“实现美好生活”提供规范依据,所以大致将党的十八大以后的补偿法律制度建设概称为完善期。

---

① 冷溶:《充分认识科学发展观的历史地位和指导意义》,载《人民日报》2016 年 9 月 23 日,第 6 版。

（一）“国有化”导向的初创期：确立原则的价值导向模糊

中华人民共和国成立到“文化大革命”结束，开启了补偿法律制度建设的初创期。这一阶段，中国特色社会主义道路处于探索阶段，政治、经济、文化各领域百废待兴，整体的国家法制建设同样处于开创期。从 1949 年到 1956 年，完成社会主义改造是国家制度建设的中心主题，这一时期的补偿法律制度体系，遵循的核心价值导向是服务于“国有化”需要。1966～1976 年“文化大革命”十年，法制建设基本搁浅。综上，1949～1976 年，补偿法律制度建设的成果，主要源自“国有化”的社会需要。

在宪法层面，这一期间，先后颁布了 1954 年《宪法》、1975 年《宪法》和 1978 年《宪法》（见表 2－2），对私有财产作出了从“没收”到“征购、征用或者收归国有”的规定，突出体现了“国有化”的基本价值导向。如 1954 年《宪法》第 10 条第 2 款明确规定了“国家对资本主义工商业采取利用、限制和改造的政策”、1978 年《宪法》第 5 条也规定，“个体劳动……引导……走上社会主义集体化的道路”等。在“国有化”基本价值导向指引下，私有财产宪法保障的“三层次”规范结构体系并未得到确立，宪法层面更多呈现的是“私有财产限制条款”。首先，私人财产的保障范围被压缩。1954 年《宪法》第 8 条第 1 款规定了“国家依照法律保护农民的土地所有权和其他生产资料所有权”后，1975 年、1978 年两部宪法分别把“私人财产权”限定在了“劳动收入、储蓄、房屋和各种生活资料”“合法收入、储蓄、房屋和其他生活资料”狭窄范围，与现代意义上宽泛的“私人财产权”相差较多。其次，私有财产权的限制被放大。1954 年《宪法》第 13 条规定了“国家为了公共利益的需要……对城乡土地和其他生产资料实行征购、征用或者收归国有”，而 1975 年、1978 年两部宪法则将“公共利益的需要”删除，意味着国家公权力合法行为对私人利益的侵犯缺少了必要的限制，显然有悖于现代征收补偿制度的价值逻辑。最后，初创期的几部宪法，并未同步确立“补偿条款”。这意味着“有征收（征用）必补偿”的现代补偿法律制度精神，还没有被该阶段的宪法吸收，宪法制度的设计，关键在于满足社会主义的“国有化”需要，缺乏确立补偿法律制度基本原则必备的独立性制度价值。易言之，基于“国有化”导向的原则立场，初创期的三部宪法，“不可侵犯条款（保障条款）”存在瑕疵，“补偿条款”处于真空状态，唯有“限制条款（征用征收条款）”相对完善。因此，不难得出结论，以保障私人财产权为核心使命的补偿法律制度基本原则，此间还不具备获得宪法确立的起码条件，即确立原则的价值导向还模糊不清。

表2-2　1949~1978年“国有化”导向初创期对财产权“征购、征用或者收归国有”的宪法规定

宪法	保障条款 （不可侵犯条款）	限制条款 （征用征收条款）	补偿条款	蕴含原则
1954年《宪法》	国家依照法律保护农民的土地所有权和其他生产资料所有权。（第8条第1款） 国家依照法律保护手工业者和其他非农业的个体劳动者的生产资料所有权。（第9条第1款） 国家依照法律保护资本家的生产资料所有权和其他资本所有权。（第10条第1款） 国家对资本主义工商业采取利用、限制和改造的政策。（第10条第2款） 国家保护公民的合法收入、储蓄、房屋和各种生活资料的所有权。（第11条）	国家为了公共利益的需要，可以依照法律规定的条件，对城乡土地和其他生产资料实行征购、征用或者收归国有。（第13条）	空缺	无明确原则，蕴含“国有化”的基本价值导向
1975年《宪法》	国家保护公民的劳动收入、储蓄、房屋和各种生活资料的所有权。（第9条第2款）	国家可以依照法律规定的条件，对城乡土地和其他生产资料实行征购、征用或者收归国有（第6条第3款）	空缺	无明确原则，蕴含“国有化”的基本价值导向

续表

宪法	保障条款（不可侵犯条款）	限制条款（征用征收条款）	补偿条款	蕴含原则
1978年《宪法》	……从事法律许可范围内的，不剥削他人的个体劳动。同时，引导他们逐步走上社会主义集体化的道路。（第5条第2款） 国家保护公民的合法收入、储蓄、房屋和其他生活资料的所有权。（第9条）	国家可以依照法律规定的条件，对土地实行征购、征用或者收归国有。（第6条第3款）	空缺	无明确原则，蕴含“国有化”的基本价值导向

在具体制度层面，代表性立法有1950年、1958年原政务院颁布的《城市郊区土地改革条例》、《国家建设征用土地办法（修正）》（已废止）和1962年中共中央制定的《农村人民公社工作条例（修正草案）》。这些具体补偿立法条款，针对土地及其附着物、劳动力等的征用，规定了“公平合理补偿”和“合理补偿”（见表2-3）。由此看出，补偿法律制度建设初创期已经确立了具体补偿原则。不过值得注意的是，该阶段具体补偿立法秉持的原则立场，并非以现代意义上被征客体的实际价值为参照依据，而是更多考虑对被征者生产和生活的安置。所以初创期，在具体补偿立法中确立“公平合理补偿原则”或“合理补偿原则”，相较现代意义上以私有财产权保障为核心使命的补偿法律制度基本原则，并非可以同日而语。该阶段不同立法确立的具体补偿原则，其共同点是：服务于社会主义“国有化”改造和国家建设需要，工具性角色较为浓厚。客观上看，“国有化”背景下的初创期，所谓的征地补偿，普遍践行了“对人不对地”的实施模式，由此而产生的前述不同具体补偿原则，尽管比较符合当时人地冲突小、生活就业难的国情实际，但很容易受主观偏见及政治需要左右，与现代意义上以私人财产权、人身权等基本权利所受特别牺牲为基础来建构的补偿原则有本质差异。因此，从具体补偿制度层面看，同样尚未形成补偿法律制度基本原则所需的价值理念。

表 2-3 初创期(1949~1978年)具体补偿立法规定的不同补偿原则

时间及法条	补偿范围	补偿标准	补偿原则
1950年《城市郊区土地改革条例》第14条	征用土地补偿	无明确标准	公平合理补偿原则
1958年《国家建设征用土地办法(修正)》第7条		最近二年至四年的定产值倍数标准	
1962年《农村人民公社工作条例(修正草案)》第11条、第28条	征用劳动力、土地、土地附着物、房屋补偿	无明确标准	合理补偿原则

综上所述,初创期的补偿法律制度建设,主要围绕着"国有化"改造或国家建设需要来推进的。在此背景下,补偿的价值导向在于服务"国有化"改造阶段所需的被征者生产与生活"安置",而非损失补偿,缺乏形成补偿法律制度基本原则的独立性制度价值。与之相对,补偿法律制度蕴含的原则立场,重在服务政治任务,尽管承担了补偿权利保障的重要任务,但总体的价值导向既不够独立,也较为模糊。

(二)"秩序化"导向的发展期:具体补偿原则较为分散

1978年党的十一届三中全会后,中国逐渐转向以经济建设为中心的社会演进阶段,在经济秩序规制任务的强烈主导下,补偿法律制度建设驶入了快速恢复与发展轨道,"秩序规制"导向的补偿立法,其延续时段,主要为在1978年党的十一届三中全会召开到2012年党的十八大召开期间。

在宪法层面,这一期间最显著的成果是1982年颁布了现行《宪法》,此后依次通过了1988年、1993年、1999年、2004年四个《宪法修正案》。其中,2004年《宪法修正案》首次在宪法层面确立了"补偿条款",该修正案第20条、第22条分别规定了,"国家为了公共利益的需要,可以依照法律规定对土地实行征收或者征用并给予补偿""国家为了公共利益的需要,可以依照法律规定对公民的私有财产实行征收或者征用并给予补偿"(见表2-4)。抽出两法条规定的"依照法律规定……实行征收或者征用并给予补偿"部分,明显可以看出,"有征收必补偿"的补偿法律制度理念,在中国宪法中已经得到了一定程度的体现。然而,遗憾的是,2004年《宪法修正案》并未确立体现“如何补偿”蕴含的规范内容,事实上仍旧没有在宪法层面形成内容完整、价值明晰的补偿法律制度基本原则。

表2-4　1978~2012年“秩序化”导向发展期的宪法补偿制度规定

宪法	保障条款(不可侵犯条款)	限制条款(征用征收条款)	补偿条款
1982年《宪法》	国家保护公民的合法的收入、储蓄、房屋和其他合法财产的所有权。国家依照法律规定保护公民的私有财产的继承权。(第13条)	国家为了公共利益的需要,可以依照法律规定对土地实行征用。(第10条第3款)	空缺
1988年《宪法修正案》	同上	同上	空缺
1993年、1999年《宪法修正案》	国家保护公民的合法的收入、储蓄、房屋和其他合法财产的所有权。国家依照法律规定保护公民的私有财产的继承权。(第13条)	国家为了公共利益的需要,可以依照法律规定对土地实行征用。(第10条第3款)	空缺
2004年《宪法修正案》	公民的合法的私有财产不受侵犯。国家依照法律规定保护公民的私有财产权和继承权。(第13条)	国家为了公共利益的需要,可以依照法律规定对土地实行征收或者征用……(第10条第3款) 国家为了公共利益的需要,可以依照法律规定对公民的私有财产实行征收或者征用……(第13条第3款)	国家“可以依照法律规定……给予补偿”(第10条第3款、第13条第3款)

在具体制度层面,此阶段各类立法中的补偿规定,历经了从维护计划经济实施到保障市场经济运行的功能性变迁,但其缺失自主逻辑价值的工具性角色仍未发生本质变化,主要遵循了服务“经济秩序”的制度建设理念。据此,在多种多样的经济秩序规制任务催生下,各类立法中的不同补偿规定,各自为政地推出了林林总总的补偿法律制度具体原则,显得有些庞杂和凌乱。计划经济阶段,以“执行国家指令”为中心,在各类补偿条款

中规定了“适当补偿原则”①、“保持原有生活水平补偿原则”②、“合理补偿原则”③以及大量的予以补偿原则④等;市场经济初期,基于宏观调控需要,在各类补偿条款中规定了“相应补偿原则”⑤、“给予一定补偿原则”⑥、“按原用途补偿原则”⑦、“依法依规补偿原则”⑧、“按损坏程度补偿原则”⑨、“合理补偿原则”⑩、“公平补偿原则”⑪等(见表2-5)。

表2-5 1978~2012年计划经济阶段和市场经济初期的补偿法律制度规定

<table>
<tr><th colspan="2">时间及法条</th><th>补偿范围</th><th>补偿标准</th><th>补偿原则</th></tr>
<tr><td colspan="2">1985年《草原法》第7条第2款</td><td>征用草原补偿</td><td rowspan="7">无具体标准</td><td rowspan="3">适当补偿原则</td></tr>
<tr><td colspan="2">1986年《渔业法》第13条第2款</td><td>征用水面、滩涂补偿</td></tr>
<tr><td colspan="2">1990年《城镇国有土地使用权出让和转让暂行条例》第47条</td><td>征用地上建筑物及其他附着物补偿</td></tr>
<tr><td colspan="2">2009年《归侨侨眷权益保护法》第13条</td><td>征收、征用、拆迁归侨、侨眷私有房屋</td><td rowspan="2">合理补偿原则</td></tr>
<tr><td rowspan="2">2009年《农村土地承包法》</td><td>第26条</td><td>承包期内承包方自愿交回承包地的补偿</td></tr>
<tr><td>第16条</td><td>承包地被依法征收、征用、占用的补偿</td><td rowspan="2">相应补偿原则</td></tr>
<tr><td colspan="2">2001年《海域使用管理法》第30条第2款</td><td>在海域使用权期满前提前收回海域使用权的</td></tr>
</table>

① 1985年《草原法》第7条、1986年《外资企业法》第5条等规定。

② 1986年《土地管理法》第29条等规定。

③ 1986年《矿产资源法》第35条等规定。

④ 1986年《渔业法》第13条、1988年《水法》第20条、1990年《城镇国有土地使用权出让和转让暂行条例》第47条、1990年《铁路法》第36条等规定。

⑤ 2000年《外资企业法》第5条等规定。

⑥ 2001年《民族区域自治法》第65条等规定。

⑦ 2004年《土地管理法》第47条第1款等规定。

⑧ 2007年《城乡规划法》第50条第2款等规定。

⑨ 2009年《公路法》第44条第2款等规定。

⑩ 2009年《矿产资源法》第36条第1款等规定。

⑪ 2011年《国有土地上房屋征收与补偿条例》第2条等规定。

续表

时间及法条	补偿范围	补偿标准	补偿原则
2009 年《公路法》第45条 第48条	对公路造成损坏	无具体标准	按损坏程度补偿原则
2003 年《行政许可法》第 8 条第 2 款	信赖利益补偿		依法依规补偿或予以补偿
2009 年《矿山安全法》第 38 条	矿山事故中伤亡的职工		
2004 年《种子法》第 13 条	因选育林木良种建立测定林、试验林、优树收集区、基因库而减少经济收入的补偿		
2001 年《民族区域自治法》第 65 条	输出自然资源利益补偿、生态环境利益补偿		
2008 年《消防法》第 49 条第 2 款	志愿消防队参加扑救外单位火灾的燃料、灭火剂和器材、装备等损失补偿		
2009 年《森林法》第 8 条第 2 款	生态防护林和特种用途林的营造、抚育、保护和管理		
2009 年《煤炭法》第 20 条第 1 款	提前收回建设用地的地上房屋及不动产补偿		
2001 年《防沙治沙法》第 31 条	沙化土地集中治理投入的资金和劳力补偿		
2011 年《国有土地上房屋征收与补偿条例》第 2 条	被征收房屋价值的补偿;因征收房屋造成的搬迁、临时安置的补偿;因征收房屋造成的停产停业损失的补偿	市场价值标准	公平补偿原则

显而易见,尽管这一阶段的补偿立法在数量上十分庞大,但是,由于宪法层面尚未确立补偿法律制度基本原则意义上的权威统领依据,各类立法中的具体补偿规定,没有形成体系化建设的发展框架,进而呈现出了五方面的典型特征。一是服务于经济建设的“秩序化”导向较为浓厚。特别值得注意的是,1986 年颁布的《土地管

理法》,直接确立了法定化的补偿标准[①],其基本逻辑在于,稳定推进国家的指令计划,因而实施经济指令是该阶段补偿立法的任务重点。二是补偿原则有些混乱。不同的补偿立法规定了相应补偿原则、合理补偿原则、适当补偿原则、予以补偿原则等不同原则,各补偿原则之间,没有形成相互勾连的逻辑体系,显得较为分散和凌乱(见表2-5)。三是补偿不公与补偿遗漏叠加并存,大量补偿立法尚无具体化的补偿范围和补偿标准,“有征用、无补偿”的立法也频频涌现(如1984年《森林法》第15条)[②],补偿范围和补偿标准的设置较为随意,很难避免事实上的补偿不公和补偿遗漏,明显违背“有征收必补偿”的现代法治精神。四是补偿范围大幅度扩展。随着市场经济的纵深推进,补偿触及的领域得到了不断延伸,在传统的征用征收补偿之外,“衡平补偿”“无因管理补偿”等新的补偿类型逐渐纳入立法范围。例如,2009年《森林法》第8条规定了生态利益补偿、2001年《民族区域自治法》第65条规定的输出自然资源利益补偿和生态环境利益补偿等都属于典型的“衡平补偿”。又如,2008年《消防法》第49条第2款规定的“志愿消防队参加扑救外单位火灾的损失补偿”则属于“无因管理补偿”。五是补偿立法一体化推进的期求日渐强烈,随着社会主义市场经济体制的不断完善,要求以相同规则应对不确定的“人治”因素,凌乱的补偿立法面临着巨大挑战,该阶段规定“依法依规补偿”或“予以补偿”的立法例越来越多,这就明显预示着,众多的具体补偿立法都面临着一个共同难题,即均期待上位法提供明确的价值方向统领。

总之,该阶段的主基调是,用“完备的法制”来规范和保障经济秩序[③],受纷繁复杂的“秩序化”任务影响,具体的补偿法律制度几乎是“被动应战”“各自为政”地开展,依然较为凌乱,无法供给补偿法律制度基本原则“最大公约数”特质的制度经验基础。

---

① 1986年《土地管理法》第27~29条等规定。

② 如1984年《森林法》第15条、1990年《铁路法》第36条等规定。

③ 参见王守渝:《社会主义市场经济与宏观调控立法》,载《中外法学》1993年第3期。

(三)“人本化”导向的完善期:聚焦“公平合理补偿原则”

通过前文的纵向历史梳理大致可以得出,从中华人民共和国成立后的“国有化”导向初创期到党的十一届三中全会后的“秩序化”导向发展期,我国补偿制度总体秉持了“秩序保障”为前提的工具主义构建思维,立法活动未体现补偿法律制度本身的逻辑价值,“碎片化”特征较为突出,显得有些庞杂。

以2012年党的十八大的召开为起点,中国特色社会主义建设开启了经济高质量发展和国家治理现代化的新时代,随之提出了“以人为本”的制度构建理念,补偿法律制度也概莫能外,一并驶入了“人本化”①导向的完善轨道。新时代的补偿法律制度,其核心旨向是,为实现中国式现代化和中华民族的伟大复兴保驾护航,为有效化解新矛盾及“人民追求美好生活”提供规范依据。因此,“以人为本”导向的补偿法律制度建设,必须彻底摒弃“秩序保障”导向的工具主义,坚持把公民权利保障放在最高位置,公权力行使应当充分尊重和保障人权,尤其要杜绝无辜伤害私人权利,最终达成“公共利益优化”与“私人利益保障”的“双赢”成效。

从宪法层面看,2012年至今,尽管宪法“补偿条款”没有任何修改,但是,2018年《宪法修正案》在序言中增加了具有总纲性质的“习近平新时代中国特色社会主义思想”(见表2-6)。这就意味着,新时代已经赋予了宪法新使命,宪法层面的补偿法律制度建设也概莫能外,即应当遵循“习近平新时代中国特色社会主义思想”突出强调的“以人为本”理念,并用以指导宪法层面补偿法律制度基本原则的确立。

---

① 施成杰:《深入认识以人民为中心的发展思想》,载《人民日报》2017年6月22日,第7版。

表 2－6 2012～2021 年“人本化”导向基础上财产权征收(征用)补偿的宪法规定

<table>
<tr><th>宪法</th><th>保障条款
(不可侵犯条款)</th><th>限制条款
(征用征收条款)</th><th>补偿条款
(制衡条款)</th></tr>
<tr><td rowspan="2">2018 年《宪法修正案》</td><td>公民的合法的私有财产不受侵犯。国家依照法律规定保护公民的私有财产权和继承权。(第 13 条第 1、2 款)</td><td>国家为了公共利益的需要,可以依照法律规定对土地实行征收或者征用……(第 10 条第 3 款)
国家为了公共利益的需要,可以依照法律规定对公民的私有财产实行征收或者征用……(第 13 条第 3 款)</td><td>国家可以依照法律规定……给予补偿(第 10 条第 3 款、第 13 条第 3 款)</td></tr>
<tr><td colspan="3">中国各族人民……在马克思列宁主义、毛泽东思想、邓小平理论、“三个代表”重要思想、科学发展观、习近平新时代中国特色社会主义思想指引下,……,健全社会主义法治,贯彻新发展理念,……把我国建设成为富强民主文明和谐美丽的社会主义现代化强国,实现中华民族伟大复兴。(《宪法》序言第七自然段第三句)</td></tr>
</table>

从具体制度层面看,党的十八大以来,“以人为本”的制度构建理念,同样逐渐渗透到了各类具体补偿立法中。如 2019 年修正的《土地管理法》,首次明确了“公共利益”的范围①,大大强化了对公权力的约束和对私权利的保障,并在此基础上,将“公平、合理补偿原则”确立为征地补偿的基本原则。② 与《土地管理法》同步,最新修改或颁布的《森林法》③、《外商投资法》④、《民法典》⑤等,也都共同规定了“公平合理补偿原则”,实现了与《土地管理法》的贯通、协调(见表 2－7)。

① 2019 年《土地管理法》第 45 条第 1 款规定。

② 2019 年《土地管理法》第 48 条第 1 款规定。

③ 2019 年《森林法》第 21 条规定。

④ 2019 年《外商投资法》第 20 条规定。

⑤ 2020 年《民法典》第 117 条规定。

表2-7　2012～2021年社会主义新时代阶段国家征收补偿立法的抽样比较

<table>
<tr><th>时间及法条</th><th>补偿范围</th><th>补偿标准</th><th>补偿原则</th></tr>
<tr><td rowspan="3">2019年《土地管理法》第48条</td><td rowspan="3">征收土地补偿：土地补偿费、安置补助费以及农村村民住宅、其他地上附着物和青苗等的补偿费用、被征地农民的社会保障费用</td><td>农用地的土地补偿费、安置补助费：区片综合地价标准，省级自定，三年一调</td><td rowspan="3">1.一般补偿原则：公平、合理补偿原则；
2.征收农民土地特别补偿原则：原有生活水平不降低、长远生计有保障原则；
3.农村居民住宅特别补偿原则：先补偿后搬迁、居住条件有改善原则</td></tr>
<tr><td>其他土地及地上附着物和青苗等的补偿：省级政府自定标准</td></tr>
<tr><td>农村住宅补偿：任选宅基地建房、提供安置房或者货币补偿，并予以搬迁、临时安置等费用补偿</td></tr>
<tr><td>2019年《外商投资法》第20条</td><td>对外国投资者的投资实行征收或者征用补偿</td><td rowspan="8">无具体标准</td><td>及时公平、合理补偿原则</td></tr>
<tr><td>2019年《森林法》第21条</td><td>征收、征用林地、林木补偿</td><td rowspan="2">公平、合理补偿原则</td></tr>
<tr><td>2020年《民法典》第117条</td><td>征收、征用不动产或者动产</td></tr>
<tr><td>2019年《疫苗管理法》第56条</td><td>预防接种损害补偿</td><td>及时、便民、合理补偿原则</td></tr>
<tr><td>2018年《防沙治沙法》第31条</td><td>沙化土地集中治理补偿</td><td rowspan="4">予以补偿或依法补偿（依法依规补偿）</td></tr>
<tr><td>2013年《传染病防治法》第45条</td><td>临时征用房屋、交通工具以及相关设施、设备的补偿</td></tr>
<tr><td>2021年《消防法》第49条第2款</td><td>专职消防队、志愿消防队扑救外单位火灾损失补偿</td></tr>
<tr><td>2019年《铁路法（修订草案）》第10条</td><td>公益性铁路运营亏损补偿</td></tr>
</table>

续表

时间及法条	补偿范围	补偿标准	补偿原则
2019年《城市房地产管理法》第6条	征收国有土地上单位和个人的房屋、个人住宅补偿	无具体标准	予以补偿或依法补偿(依法依规补偿)
2019年《行政许可法》第8条第2款	变更或者撤回生效行政许可的损失补偿		

值得注意的是,《民法典》《土地管理法》《外商投资法》中的补偿规定,大致代表了私有不动产或者动产、土地及其附着物、外国投资三大领域的征收征用补偿立法,总体上构成了我国具体补偿法律制度的主干框架;“公平合理补偿原则”成为其共性原则的全新现象充分表明,该原则正在成为补偿法律制度走向价值统一聚焦的中心,或多或少地呈现出了整体补偿制度“最大公约数”的内在特质,同时也自发塑造了补偿法律制度基本原则必不可少的独立性制度价值。美中不足的是,《民法典》《土地管理法》《外商投资法》《森林法》等部门法各自规定的具体补偿原则,尽管呈现空前的价值聚焦趋势,却并没有确切的上位法统领依据,客观上更多的是立法技术层面的自发耦合。这就意味着,这一聚焦趋势并非建立在制度体系框架的约束基础上而必然得到持久延续。对此,最优的破解之策就是即刻性确立共同的上位法统领依据,进而本源性地将具体补偿立法的价值聚焦趋势规范化地固定下来。

那么,如何确立具体补偿立法的上位法统领依据?事实上,我国的立法实践已经提供了可靠的制度经验。《民法典》、2019年《外商投资法》、2019年《土地管理法》都在第1条明确规定了“根据宪法,制定本法”,这就意味着,三部立法中的补偿法律制度构建,必须具有“上位法”的宪法依据建立合法性基础。如此前提下,《民法典》《土地管理法》《外商投资法》共同确立“公平合理补偿原则”的价值聚焦趋势,毫无例外同样需要获得宪法依据的一体化统领。如前所述,《民法典》

《土地管理法》《外商投资法》中的具体补偿条款，总体上构成了我国最新补偿制度的主干，其共同确立“公平合理补偿原则”的价值统合诉求，很大程度上，代表整体补偿法律制度建设向宪法统领依据的缺位提出了挑战。易言之，我国具体补偿立法的一体化聚焦趋势，也亟待获得宪法统领依据的合法性支持，即刻性修复宪法“补偿条款”的制度供给漏洞已经变得异常迫切。

综上所述，“人本化”导向的补偿法律制度建设，逐渐趋于价值统一。然而，具体补偿立法的价值聚焦趋势，并没有确切的上位法统领，更多是立法技术层面的自发耦合。从现代法治国家的立场出发，补偿法律制度建设的体系化贯通，显然不能仅仅停留在自发耦合状态，必须驶入法定运行轨道。因此，在宪法层面确立具有“最大公约数”特质的补偿法律制度基本原则规范，借以构造补偿法律制度体系化建设的权威统领依据，已经刻不容缓。

二、补偿法律制度基本原则的规范功能：权威统领依据

（一）确立补偿法律制度基本原则规范的外化功能：统领法治秩序

从前述梳理可看出，“国有化”导向和“秩序化”导向的补偿法律制度体系，构建的核心价值目标，均旨在满足社会管理和经济发展需要，哪里需要补偿以及如何补偿，公权力自由裁量的空间甚大。并且，“计划经济基础的掌权者，不愿事先用一般的形式法律规则约束自己”[①]。这样一来，作为执行计划指令的补偿立法，其本身保障私人基本权利属性的应然价值也会被野蛮剥夺，进而缺乏确立补偿法律制度基本原则的社会支持基础。

在社会主义市场经济确立后，由于市场规则的同构性需要，补偿法律制度的体系化建设必然与日俱增。对此，前述不同立法规定的具体补偿原则，从市场经济初期的混乱无序，逐步转向市场经济纵深推

① 喻中：《哈耶克的法治思想——立足于经济视角的论述》，载《烟台大学学报（哲学社会科学版）》2016 年第 6 期。

进后的价值聚焦,就极其有说服力地印证了这一结论。再从实定法的推进进展看,随着社会主义市场经济日趋成熟,由此催生的衡平补偿、无因管理补偿、信赖利益补偿等补偿类型以及财产权、人身权等基本权利补偿内容逐渐被立法覆盖,包罗万象的补偿涉域同样对补偿法律制度的体系化建设产生了强烈期盼。

对于补偿法律制度的体系化建设,如前所述,需要宪法确立的补偿法律制度基本原则规范予以权威统领。值得注意的是,社会主义市场经济面向的补偿法律制度体系,其构建理念明显区别于工具主义的立法思维,并非以“维稳红线”“秩序保障”为前提基础,而是以私人主体的权利诉求及其实现为衡量起点,坚持把人民放在最高位置,尤其是尽量避免无辜伤及私人利益。无法律即无权利,以权利救济为价值中心的市场经济秩序,必须有权威、统一的法律制度体系给予刚性保障,补偿面向的权利救济及制度构建也概莫能外。因此,在宪法层面确立统领依据意义上的补偿法律制度基本原则规范,通过其外化宪法权威规范功能的充分发挥,最大限度地促成补偿法律制度的贯通与协调发展并借以塑造同构性市场规则体系已变得非常迫切。

具体到实定法层面,《宪法》第 10 条第 3 款、第 13 条第 3 款分别规定的“可以依照法律规定……征收或者征用并给予补偿”,已经蕴含了“应当补偿”的规范指引。但是,由于两法条并未就“如何补偿”作出明确规定,没有在宪法层面真正形成内容完整、价值明晰的宪法补偿原则,进而直接导致“应当补偿”的规范指引,仍然无法面向整体的补偿法律制度有效发挥统领功能。因此,将正在成为价值聚焦中心的“公平合理补偿原则”上升至宪法规范层面,此乃明晰“如何补偿”内容、塑造“宪法补偿条款”统领功能的有效突破方向。

(二)确立补偿法律制度基本原则规范的内化功能:统领利益平衡

公法意义上的补偿,本质而言,就是促成公共利益与私人利益的价值平衡。明晰“如何补偿”内容的宪法规范,无疑也应当围绕着这一内在本质属性展开。

客观上,补偿平衡利益的基本实现方式,就是合理配置社会资源的制度安排过程。如前所述，由于补偿法律制度的规范领域，主要是面向公共利益与私人利益、国家利益与个体利益、公共权力与公民权利等重大社会关系范畴的全局性资源配置与权衡，所以通过作为根本大法的宪法确立补偿法律制度基本原则非常必要。现行《宪法》第 10 条第 3 款、第 13 条第 3 款规定的“依照法律规定……给予补偿”，并未就“如何补偿”给出明确原则，而是选择了“依法补偿”[①]的宪法委托。

根据通说，财产权保障分为存续保障与价值保障两种实现方式。其中，存续保障是第一保障，强调财产权人对财产权的实际占有不受侵犯，存续保障更多体现的是财产权私人使用性。财产权是人身权、自由权等基本权利的物质基础，所以私人财产权“具有先于国家与超越国家之性质”[②]，现代立宪主义国家的宪法规范大都明文规定禁止肆意剥夺私人财产权。然而，公共利益某些情况下又无法避免造成私人财产权的牺牲，面对现代社会这一不可避免的矛盾，以价值保障替代存续保障的补偿措施，就构成了财产权实现的辅助通道，《宪法》第 13 条第 3 款规定的“补偿”，就是财产权价值保障得以实现的规范依据。私有财产权通过存续保障和价值保障的双重保障机制，真正构筑

---

① 2004 年《宪法修正案（草案）》审议情况的报告指出，“修正案（草案）将宪法第十条第三款‘国家为了公共利益的需要，可以依照法律规定对土地实行征用。’修改为：‘国家为了公共利益的需要，可以依照法律规定对土地实行征收或者征用，并给予补偿。’并在宪法第十三条中增加规定：‘国家为了公共利益的需要，可以依照法律规定对公民的私有财产实行征收或者征用，并给予补偿。’有的代表提出，以上两处规定中的‘依照法律规定’是只规范征收、征用行为，还是也规范补偿行为，应予明确。由于对此有不同的理解，有些代表建议将‘补偿’明确为‘公正补偿’、‘合理补偿’、‘充分补偿’、‘相应补偿’，等等。大会主席团经研究认为，修正案草案上述两处规定的本意是，‘依照法律规定’既规范征收、征用行为，包括征收、征用的主体和程序；也规范补偿行为，包括补偿的项目和标准。为了避免理解上的歧义，建议将上述两处规定中‘并给予补偿’前面的逗号删去，将上述两处规定修改为：‘国家为了公共利益的需要，可以依照法律规定对土地实行征收或者征用并给予补偿。’‘国家为了公共利益的需要，可以依照法律规定对公民的私有财产实行征收或者征用并给予补偿。’”事实上，2004 年《宪法修正案》最终选择的是“依法补偿”，至于当时为什么没有明确补偿原则的原因不得而知，但必须承认，这一缺憾对中国补偿制度的体系化建设造成了较大影响。参见《第十届全国人民代表大会第二次会议主席团关于〈中华人民共和国宪法修正案（草案）〉审议情况的报告》，载全国人民代表大会官网，http://www.npc.gov.cn/zgrdw/npc/xinwen/lfgz/flca/2004-03/15/content_329507.htm。

② 叶百修：《损失补偿法》，台北，新学林出版股份有限公司 2011 年版，第 75～77 页。

了“不受侵犯”的安全防护网。首先,在私有财产权保障的运行机理中,存续保障具有优先性,财产权人可以凭此抵御公权力的肆意侵犯;其次,当基本权利的行使,必须接受足以维持社会文明的公共利益限制时,私有财产权存续保障的基础功能,往往可以通过价值保障来替代实现。也正是基于这个前提,发展出了经典的财产权限制理论,即财产权的内在限制和财产权的外在限制。

内在限制也被称为“警察限制”①,通常出于公共安全、秩序维持目的,是财产权得以延续和实现的社会基础,构成了财产权行使的伴随性义务,因而,内在限制不构成侵害,也就不产生损失补偿。日本学者宫泽俊义强调:“为了调整人权相互之间矛盾与冲突的实质性公平之原理……这种意义上的公共福利,与宪法规定无关,在论理上必然内在于所有的人权。”②从一定程度上说,财产权内在限制理论甚至可以扩展至一般性权利原理。

外在限制是走向内在限制对立面的限制,如果说内在限制是个体权利的自我实现需要,那么,外在限制则来自实现更多人利益而强制个人不得不做出过度牺牲的额外负担,即公认的特别牺牲。外在限制又被学界称为“(公共)政策上的制约”③,通常是为了改善民生福祉而不得不限制公民权利的行政措施。值得注意的是,尽管外在限制所致之特别牺牲为法所允许,但是,限制过度或对限制产生的损害置之不理,同样有违社会正义。④ 也就是说,公共利益限制基本权利为法所允许,但必须为公民遭受的不合理牺牲予以正义补偿;否则,外在限制即会从正义转向非正义,非正义显然是法治之敌,为法所禁。这样一来,公共利益和私人利益在国家或社会活动中作为被双向权衡的直接当事方,当实现大多数人的利益超过个人或局部牺牲时,按比例原则,公

① 叶百修:《损失补偿法》,台北,新学林出版股份有限公司2011年版,第248页。

② [日]芦部信喜:《宪法》,林来梵等译,北京大学出版社2006年版,第87页。

③ 石肖雪:《以财产权保障条款为依托的损失补偿机理——功利主义与自由主义的辩证统一》,载《浙江学刊》2017年第1期。

④ [日]盐野宏:《行政救济法》,杨建顺译,北京大学出版社2008年版,第126页。

权力行使者就会强制要求私人利益作出让步，因公共利益需要导致私人利益的特别牺牲由此而生。由于私人利益的特别牺牲必须予以补偿，才符合公平正义的一般法理，因而应当以补偿方式构筑私人利益限制的防护网，有学者称此私人权利保障过程为“内在限制的限制”①。

进一步引发的问题是，怎么设计体现“如何补偿”内容的宪法规范才能有效统领公共利益与私人利益达成双向平衡？私人利益和公共利益是两个相互独立的法益，确立补偿法律制度的宪法之维，就在于促成私人利益和公共利益两者间“最大公约数”的平衡。就这个意义而言，在“以人为本”理念推动下形成的前述具有“最大公约数”特质的“公平合理补偿原则”，无疑具有被“宪法补偿条款”确立为补偿法律制度基本原则的正当性基础。

第三节　本章小结

总结概括法国、美国、德国、日本等国的共性经验，无一例外都是通过宪法确立补偿法律制度基本原则来推动整体补偿法律制度的体系化建设。并且，“概括性公平补偿原则”蕴含的公平正义精神，正在成为诸多补偿法律制度基本原则的价值聚焦中心。显然，共性经验蕴含的法治文明，可以为我国补偿法律制度的体系化建设提供重要参考。同时，西方资本主义补偿法律制度面临的“高福利陷阱”“实质正义危机”等制度困境，需要在我国的补偿法律制度建设实践中予以积极应对，尤其是充分依托中国特色社会主义道路的成功经验和举世瞩目成就，紧扣“共同富裕”和“弱有所扶”的战略，提出高度契合中国式现代化进程、充分体现“中国智慧”的补偿法律制度基本原则构造

① 石肖雪：《以财产权保障条款为依托的损失补偿机理——功利主义与自由主义的辩证统一》，载《浙江学刊》2017年第1期。

方案。

从我国的补偿制度演绎脉络看，在党的十八大以来“以人为本”理念的驱动下，“公平合理补偿原则”正在成为补偿法律制度的价值聚焦中心，或多或少地呈现出整体补偿制度“最大公约数”的内在特质，为宪法确立统领依据意义的补偿法律制度基本原则奠定了制度经验基础。

宪法确立统领依据意义的补偿法律制度基本原则，外化功能上旨在统领法治秩序，内化功能上旨在统领利益平衡，无论是推动外化统领功能还是内化统领功能的有效达成，都可以通过“宪法补偿条款”将具有“最大公约数”特质的“公平合理补偿原则”确立为补偿法律制度基本原则。

讨论至此，自然又导出了新问题，宪法确立“公平合理补偿原则”有无充足的遵循逻辑？

CHAPTER 03

第 三 章

补偿法律制度基本原则的宪法确立:公平合理补偿原则

前述的实定法梳理足以推导出,党的十八大以来,在“以人为本”理念的驱动下,“公平合理补偿原则”正在成为补偿法律制度的共性聚焦原则,为宪法确立统领依据意义的补偿法律制度基本原则奠定了制度基础。然而,确立宪法统领依据意义的补偿法律制度基本原则,从实现路径上看,就是通过明晰“宪法补偿条款”中的“如何补偿”内容,形成最大化平衡公共利益与私人利益的权威统领原则。就一般的法律规范构造原理看,确立任何宪法规范意义上的法律制度基本原则,都是成熟制度经验、强烈社会需求、明晰价值导向和坚实理论基础等必备要素综合作用的产物。就此而言,将“公平合理补偿原则”确立为补偿法律制度基本原则意义的宪法权威统领原则,必须有充足的事实逻辑(制度事实和社会事实)、价值逻辑和理论逻辑。

第一节　宪法确立公平合理补偿原则的事实逻辑

宪法确立补偿法律制度基本原则意义的公平合理补偿原则，其学理论证，必须有充足的“立法事实”理由。[①] 对于立法事实的学理解析，通常认为，有特定事实与普遍事实、核心事实与边缘事实、争议事实与非争议事实、可证明事实与不能证实事实等不同的范畴之分。[②] 然而，回归到操作实践中，不同视角的学理分类，无外乎都会最终聚集到两个观察截面，即社会事实和制度事实。[③] 其中，社会事实反映了政治、经济、文化对立法的客观需求状况。而制度事实，是指未决立法获得认同、遵从及赋予权威强制力的支撑依据。制度事实包括正式法和非正式法，正式法即为已经生效的既定法，非正式法的射程范围则较为广泛。正式法的表现形式，通常包括宪法、法律、法规及规章，相对固定和体系化。而非正式法则较为松散，其表现形态大致可以细分为两类：一是“超国家法”的制度事实，主要指国际人权法、国际惯例等国际法中的通用性国际制度[④]；二是“次国家法”的制度事实，主要指社会生活中的传统习俗、行业规范、团体章程等“软法”[⑤]。对于宪法统领依据意义的补偿法律制度基本原则而言，主要是指遵循共性的制度经验基础和作为“上位法”依据的宪法基本原则精神。

显然，宪法确立补偿法律制度基本原则意义的公平合理补偿原则，必须有社会事实与制度事实合力共振，才足以构成支撑立法正当性的强大事实基础。正如马克思所指出的那样，“法的关系”绝非精神产品，而

---

① 参见王怡：《论立法过程中的事实论证》，载《政治与法律》2018 年第 7 期。

② See Kenneth Culp Davis, *Facts in Lawmaking*, Columbia Law Review, Vol. 80, No. 5 (1980).

③ 参见王怡：《论立法过程中的事实论证》，载《政治与法律》2018 年第 7 期。

④ 参见[比]马克·范·胡克：《法律的沟通之维》，孙国东译，法律出版社 2008 年版，第 38～39 页。

⑤ 参见姜明安：《软法的兴起与软法之治》，载《中国法学》2006 年第 2 期。

是根源于"物质的生活关系"①,表现为"一定物质生产方式所决定"的社会共同"利益和需要"②。就此而言,在宪法层面确立统领依据意义上的补偿法律制度基本原则,同样也应当建立在国情化的社会事实基础和制度事实基础之上,既要有高度符合共性需要的制度经验基础和作为"上位法"依据的宪法基本原则精神③,又要有社会、经济、文化等诸多方面不得不推进该立法的客观迫切性、强烈需求感等社会事实理由。

一、宪法确立公平合理补偿原则的制度依据:体现"最大公约数"

(一)公平合理补偿原则淬炼于补偿法律制度的"最大公约数"

一定程度上,确立宪法统领依据意义的补偿法律制度基本原则,具体的实现路径,就是在宪法层面确立充分体现补偿法律制度"最大公约数"的权威统领原则。值得注意的是,在宪法层面确立补偿法律制度基本原则意义上的"权威统领原则",在规范结构上的实质呈现方式和秩序位阶逻辑为,补偿法律制度若干具体原则的基本原则,即"原则"的"原则"。

所谓原则,在拉丁语里表述为"开始、起源、基础",而现代汉语则解释为"话语或行事之法则及标准"④。而"基本法律原则"作为原则的原则,据《布莱克法律词典》的解释,其构成意涵主要包括两方面内容:一是某一领域法律规则或学说的"基础或来源";二是法律规则、法律程序、法律裁决的"原理或前提",未出现更好"原理或前提"时"不能对之证明或反驳,它们构成一个整体或整体的构成部分的实质"⑤。由此,基本法律原则通常被理解为"规则的基础、本源的原理和准则"、"贯穿于法或法部门之中的指导思想"、"法律推理的准则"⑥,以及集

---

① 参见《马克思恩格斯选集》(第3卷),人民出版社1979年版,第82页。

② 参见《马克思恩格斯选集》(第1卷),人民出版社1956年版,第216页。

③ 参见陈鹏:《合宪性审查中的立法事实认定》,载《法学家》2016年第6期。

④ 中国社会科学院语言研究所词典编辑室编:《现代汉语词典》,商务印书馆1996年版,第1549页。

⑤ *Black' s Law Dictionaly*, 6th ed., West Publish Co. 1990, p. 1193.

⑥ 沈宗灵主编:《法理学》,北京大学出版社1999年版,第41页。

中体现“某些超越特定社会结构的经济结构相对性的自由、平等和安全等基本价值”[①]。基于上述认识足以导出，在宪法层面确立补偿法律制度基本原则意义上的“统领原则”，重在塑造补偿法律制度的核心精神，是整体补偿法律制度的共性价值立场及中枢意涵。因此，前述体现中国具体补偿制度共性原则的“公平合理补偿原则”，一定程度上代表了具体补偿制度的“最大公约数”，完全具有上升至补偿法律制度基本原则的正当性法理基础。

从制度构造的目标诉求看，本土化确立补偿法律制度基本原则意义的宪法统领原则，实为要求提出足以发挥统领依据功能和兜底条款效用的补偿法律制度基本原则规范。补偿法律制度基本原则规范作为“基本法律原则”存在，在规范功能上，是一切补偿立法的正当性基础，是相关法律解释的价值导向、法律冲突的评价标准和法律漏洞的补充依据。[②] 因此，宪法层面确立的补偿法律制度基本原则规范，特指作为统领补偿法律制度建设的一项具体性宪法原则形式存在，准确讲就是对补偿法律制度“最大公约数”的宪法表达。就这个意义而言，宪法层面确立补偿法律制度基本原则规范的核心使命，就是塑造具体补偿法律制度“一体化”推进的权威统领依据。基于这样的规范功能企求，本土化地构造宪法统领依据意义的补偿法律制度基本原则规范，客观上很有必要将体现具体补偿制度“最大公约数”的“公平合理补偿原则”精确赋予其宪法规范意涵。如此之策略选择，至少从外在体例上足以最为便捷地形成内容完整、价值明晰的补偿法律制度基本原则规范。

基于前述对中国补偿法律制度的历史演绎分析可导出，“公平合理补偿原则”正在成为补偿法律制度若干具体原则的共性聚焦原则。再细化到《民法典》《土地管理法》《外商投资法》三部立法，各自“补偿

---

① [美]E. 博登海默：《法理学：法哲学及其方法》，邓正来、姬敬武译，华夏出版社 1987 年，“前言”第 1 页。

② 参见汪全胜、张鹏：《法律文本中“法的原则”条款的设置论析》，载《山东大学学报（哲学社会科学版）》2012 年第 6 期。

条款”都确立了“公平合理补偿原则”，并且第1条都规定“根据宪法，制定本法”，这就意味着，宪法规范层面应当不折不扣地为具体补偿立法提供确立“公平合理补偿原则”的正当性规范基础。遗憾的是，现行宪法的“补偿条款”并没有规定“公平合理补偿原则”，但并不妨碍具体补偿法律制度提出这样的立法期待。必须承认，鉴于宪法与具体补偿法律制度的天然勾连关系以及宪法作为母法的统领功能，宪法统领依据的缺位，实质上构成了宪法应有法律“实践品格”的丧失。[①] 在这一背景下，解决之道只有两条，一是宪法解释；二是宪法修改。当然，无论宪法解释还是宪法修改，对于确立宪法规范意义上的补偿法律制度基本原则而言，并非仅仅局限于宪法制度本身的完善，应当更多体现在宪法为具体补偿制度建设提供正当性依据的规范构造立场去谋划。换言之，确立宪法规范层面的公平合理补偿原则，应当立足于为整体补偿制度建设提供补偿法律制度基本原则意义上的权威统领依据高度予以系统性形塑。

本土化地确立补偿法律制度建设的宪法统领依据，概括而言，就是在宪法层面确立足以体现具体补偿法律制度“最大公约数”的共性经验，形成服务于本土实践需要的补偿法律制度基本原则规范。如前所述，《民法典》第117条、《土地管理法》第48条、《外商投资法》第20条均规定了“公平合理补偿原则”，大致代表了私有不动产或者动产、土地及其附着财产、外国投资者投资三大补偿领域的价值导向，其共同确立公平合理补偿原则的全新现象，已经强有力地说明，公平合理补偿原则正在成为具体补偿立法的价值聚焦原则，即逐步演绎成为体现具体补偿立法“最大公约数”的共性原则。应当承认，足以体现“最大公约数”的共性原则，代表了整体补偿制度的内在本质，理所当然地构成了补偿法律制度建设的基本价值立场。正是在这个意义上，应当将公平合理补偿原则上升为补偿法律制度基本原则的宪法统领原则。

值得注意的是，“公平合理补偿原则”完全根植于中国土壤，追溯

---

① 参见张翔：《财产权的社会义务》，载《中国社会科学》2012年第9期。

历史,1950 年《城市郊区土地改革条例》(已废止)第 14 条、1953《国家建设征用土地办法》(已废止)第 7 条均规定了“公平合理补偿”,创立了新中国最早的征用土地补偿原则。[①] 尽管当时的“公平合理补偿原则”尚未充分体现私人财产权保障意涵,但仍然可以作为一种本土化的制度经验对待。20 世纪 50 年代的两部法律失效后,这一原则被中断,直至 2017 年《民法总则》第 117 条规定了“公平、合理的补偿”而重新启用,并在适用范围上从中华人民共和国成立初的征用土地补偿扩展到征收、征用不动产或者动产补偿,其价值立场也从中华人民共和国成立初“国有化”导向的服务政治任务或国家建设需要,在党的十八大召开后逐渐转向了“人本化”导向的追求保障私人主体基本权利需要。也正是随着“以人为本”制度构建理论的全面贯彻,公平合理补偿原则也因高度体现基本权利保障导向而逐渐成了具体补偿立法共同遵循的主流原则。

以《外商投资法》为例,1986 年《外资企业法》制定后经过了多次修正,但针对“征收外资”规定的“相应补偿原则”却一直未变,2019 年《外商投资法》将补偿原则从原来的“相应补偿”变为“及时公平合理补偿”,不仅实现了与《民法典》《土地管理法》在补偿原则上的一体化衔接,而且“及时公平合理补偿”的“及时”,进一步在程序设计上凸现了对外商投资者的“人本化”保障,真实反映了中国改善营商环境的立法目的。

进一步看,在新的历史时期,“公平合理补偿原则”作为具体补偿立法共性原则的价值聚焦趋势会更加明显,其规范内涵和规范领域也会获得实践理性的不断丰富和拓展。基于这一前提,将正在成为具体补偿立法共性原则的公平合理补偿原则,上升至宪法规范意义上的补偿法律制度基本原则,是契合中国制度经验的真实需要。

综上所述,从制度经验的观察立场看,无疑应当将体现具体补偿

---

① 参见青锋、张水海:《中国行政补偿制度综论——历史、现状与发展趋势》,载《社会科学论坛》2005 年第 9 期。

制度“最大公约数”的公平合理补偿原则，上升至宪法规范意义上的补偿法律制度基本原则，借以形成中国补偿制度建设的权威统领原则。

（二）公平合理补偿原则契合“上位法”的宪法基本原则精神

宪法层面确立补偿法律制度基本原则意义上的公平合理补偿原则，如前所述，代表了补偿法律制度体系的“最大公约数”。公平合理补偿原则的宪法确立，除了必须淬炼于本土化的成熟制度经验外，还要高度契合作为“上位法”的宪法基本原则精神。

凯尔森认为，法律规范是“统一体”，因此，依托基本规范的“母体”可以演绎所需“待决规范”。[①] 也正是在这个意义上，宪法基于其至高无上的权威效力，其基本原则精神，如人权保障原则、平等权保障原则等，都是担当一切待决规范的母体原则，凡抵触母体原则精神之待决规范，显然不具有合法性基础。同理，从宪法人权保障原则、平等权保障原则等母体原则精神出发，即可推导出正当性的待决规范。不过，在最终意义上，更需要依托立法专家的“精湛论证”，才足以“出炉”直至易于被人们接纳和理解的优质立法产品。[②] 因此，公平合理补偿原则入宪的制度事实依据考察，其核心要义是为公平合理补偿原则入宪寻求合法性的制度依据，或者说为公平合理补偿原则入宪获得充分的制度授权基础，具体来讲，就是发现公平合理补偿原则入宪的“母原则”，进而获得原则的原则依据。易言之，寻求公平合理补偿原则入宪的制度事实依据，实质就是发现公平合理补偿原则获得合法支持的具体制度经验和宪法基本原则。

显然，寻求“母体”原则意义上的宪法基本原则依据，实为树立“原则的原则依据”，即为公平合理补偿原则入宪寻求宪法基本原则的合法性支持依据。通常认为，《宪法》第1条第2款、第33条第3款和第2款规定的“社会主义原则”和“人权保障原则”、“平等权保障原

① 参见［奥］凯尔森：《法与国家的一般理论》，沈宗灵译，中国大百科出版社1996年版，第132页。

② 参见［美］丹尼斯·M.帕特森：《法律与真理》，陈锐译，中国法制出版社2007年版，第243页。

则”,都是宪法基本原则[①],堪称中国特色社会主义法律制度体系的“母原则”,构成了一切法律制度构建的最高性权威依据。“社会主义原则”突出强调“共同富裕”的社会发展理念,要求国家履行“积极政府”的推进策略,在竭尽所能和运用一切资源提升公共福利水平的基础上,最大化达成人人实质平等的公平正义;进而要求,凡起因于公共利益的公权力非违法行为或国家可归责性公共事件造成了私人主体权利保障“实质不平等”,都应当给予公平合理的补偿。“人权保障原则”强调充分保障“人的尊严”,将生存权与发展权视为免于遭受任何肆意侵犯的“实质核心权利”,要求任何起因于公共利益需要的公权力非违法行为或国家可归责性公共事件,危及私人主体的生存权与发展权,都必须给予公平合理的补偿。“平等权保障原则”,置放于我国大力推进“共同富裕”的社会主义现代化推进背景下,既强调追求人人参与社会治理的机会平等,也注重人人共享发展的结果平等,要求因公共利益需要的公权力非违法行为或国家可归责性公共事件,导致了私人主体的特别牺牲或“弱势不利性”,均应当予以结果正义的补偿。诚如前文所述,“社会主义原则”、“人权保障原则”和“平等权保障原则”作为宪法基本原则意义的“母原则”,其各自阐发出来的宪法精神,均集中融入了公平合理补偿原则的内在意涵。因此,“社会主义原则”、“人权保障原则”和“平等权保障原则”三项宪法基本原则,不仅与待确立的公平合理补偿原则之间具有直接勾连关系,而且三项宪法基本原则构成了公平合理补偿原则的上位原则,为宪法确立公平合理补偿原则提供了体系而充分的合法性支持依据。

易言之,从“上位法”路径的“母体原则依据”供给现状看,“社会主义原则”、“人权保障原则”和“平等权保障原则”等宪法基本原则的精神指引,与公平合理补偿原则的内在意涵具有高度契合性,进而为宪法确立公平合理补偿原则提供了权威而明确的合法性支持依据。

---

① 参见胡锦光:《试论我国宪法的基本原则》,载《法学家》1988 年第 3 期。

二、宪法确立公平合理补偿原则的事实依据：充分保障权利需要

(一)宪法确立公平合理补偿原则旨在概括性涵盖补偿全域

在我国，于宪法层面确立补偿法律制度基本原则意义上的公平合理补偿原则，促进补偿法律制度的体系化建设，总体上遵循的社会事实是，基于市场化改革驱动下的私人主体财产权、人身权等基本权利保障需要，应当通过补偿法律制度建设抵御公权力对私权利的肆意侵害。尤其是在"人民实现美好生活"的当下，完善社会主义市场经济活动中私人财产权、人身权等基本权利的保障制度显得尤为重要。但是，从现行补偿法律制度对于私人财产权、人身权等基本权利的保障状况来看，仍然面临着周延不足的挑战。

案例1[①]**：**粮食产销区迫切需要公平合理的横向利益补偿还存在制度漏洞。2024年6月1日起施行的《粮食安全保障法》第28条规定："国家健全粮食主产区利益补偿机制，完善对粮食主产区和产粮大县的财政转移支付制度，调动粮食生产积极性。省、自治区、直辖市人民政府可以根据本行政区域实际情况，建立健全对产粮大县的利益补偿机制，提高粮食安全保障相关指标在产粮大县经济社会发展综合考核中的比重。"尽管该法条明确规定"建立健全对产粮大县的利益补偿机制"，但中国事实上仅确立了国家以财政转移支付为主的纵向补偿机制，导致补偿收效还不尽如人意。在近年来的实际推进中，根据粮食产量、播种面积和提供的商品粮数量、比重，将31个省份划为13个粮食主产区、7个主销区和11个产销平衡区。根据国家统计局数据，2023年，粮食主产区生产粮食占全国粮食总产量的77.9%。而北京、天津、上海、浙江、福建、广东、海南7个主销区粮食产量仅占全国粮食总产量的4.3%，需要大量调入粮食来满足稳定供给。然而，贡献近八成粮产、承担着"端饭碗"重任的主产区却长期面临"粮财倒挂"的尴

---

① 解雪薇：《谁来补偿粮食主产区利益？》，载《中国新闻周刊》2024年1月15日总第1125期。

尬困境。《中国农村发展报告2022》显示,有10个主产区已经连续多年低于全国农民人均可支配收入平均水平。2002年,全国人均收入前十名中,主产区省份占有6个席位,2022年,这一数字已减至3个。产销区地方财政收入也呈现明显差距。自1994年税收制度改革至2020年,主产区地方财政收入增长38.64倍,低于主销区的48.49倍和产销平衡区的42.20倍。究其原因,现行的纵向利益补偿机制下,中央政府是唯一的补偿主体,承担了巨大的财政压力,近些年中央产粮大县奖励资金由2005年的55亿元增加至2020年的466.7亿元,尽管如此,仍然面临补偿力度不足的突出问题。一方面,随着土地成本、人工成本、农药、化肥农资等种粮成本不断攀升,种粮变得越来越不划算,三大主粮品种水稻、小麦、玉米基本上是微利甚至亏损,粮农更愿意外出打工,打工比种地挣钱;另一方面,现行机制对主产区政府激励作用也相对有限,农业比较收益低,税收贡献小,地方政府发展粮食产业没有税源,利益补偿是补齐财力"短板"的重要来源,但从现有的奖励资金来看,奖励的资金规模难以达到有效提升财力的效果,无法补足其人均财力水平与全国平均水平的差距。上述背景下,"探索建立粮食产销区省际横向利益补偿机制"成了各界关注热点。根据2011年颁布的《全国主体功能区规划》,粮食主产区作为提供农产品的主体功能区,属于限制开发区,严格限制进行大规模的工业化生产及城镇化建设,一些粮食主产县基本农田占比高达90%以上,其他产业的发展空间受到了严重挤压。从法理上讲,粮食主产区要承担好保障国家粮食安全的重任,势必要放弃部分发展工业、服务业等机会成本,在经济收益上造成了潜在的损失,主销区作为受益主体给予主产区一定的利益补偿无可厚非。建立粮食主产区与主销区之间利益补偿机制,有别于中央财政补偿模式仅需明确各省份的粮食产量,涉及产区、平衡区、销区的利益"蛋糕",尤其是贡献度、流通量的计算以及补给谁、如何补等复杂问题的确定,单一的行政手段很难实现干预预期,应从现行的政策治理转向法治治理,对该"横向补偿"还处于"立法空白"的现实窘境予以即刻性填补。不过值得注意的是,粮食产销区“财政纵向补偿＋省际横向利益补偿”的协调整合以及类似的生态“财政纵向补偿、地区间横向补偿、市场机制补偿”一体推进①等诸多问题，需要平衡协调多元利益、多元主体的权利义务分配关系，很难凭借某项部门立法的具体补偿原则指引走向法秩序统一，宪法确立淬炼于共性制度经验的公平合理补偿原则进而搭建权威统领依据也就显得十分重要。

案例2：见义勇为受损者迫需得到公平合理补偿。《民法典》第183条规定：“因保护他人民事权益使自己受到损害的，由侵权人承担民事责任，受益人可以给予适当补偿。没有侵权人、侵权人逃逸或者无力承担民事责任，受害人请求补偿的，受益人应当给予适当补偿。”显然，目前把见义勇为受损补偿的制度保障仅仅建立在私法补偿层面略有不足。见义勇为是弘扬优良社会风尚的公益事业，当见义勇为受损而无明确受益人、侵权人或受益人、侵权人无补偿履行能力时，尤其是见义勇为受损者因无法主张私法意义上的补偿而陷入生活困境时，基于社会正义给予其公平合理的国家补偿实属必要。类似情形还有参与志愿活动受损、邻近交通干道噪声污染受损、邻近工业区空气污染受损等导致的特别牺牲群体，至今尚无明确的补偿立法予以保障。显然，因尚未明确规定补偿法律制度基本原则意义的兜底规制条款，具体补偿立法的“真空”领域如何规制就成了一道难题。这一背景下，随着高风险社会到来，补偿的范围无所不及，面对补偿涉域无限性和立法供给滞后性的艰巨矛盾，企图以特定具体立法一劳永逸地囊括所有未知世界只能是幻想，最为便捷和有效的解决办法就是在宪法层面确立补偿法律制度基本原则意义上的概括性兜底条款予以有效应对。

从上述两个案例出发，基于统领指引公平合理补偿秩序和兜底辐射补偿关系全域的立法设计需要，有必要在“宪法补偿条款”中将体现

---

① 《生态保护补偿条例》第2条第2款规定：“……生态保护补偿，是指通过财政纵向补偿、地区间横向补偿、市场机制补偿等机制，对按照规定或者约定开展生态保护的单位和个人予以补偿的激励性制度安排。生态保护补偿可以采取资金补偿、对口协作、产业转移、人才培训、共建园区、购买生态产品和服务等多种补偿方式。”

“最大公约数”特质的公平合理补偿原则确立为补偿法律制度基本原则。通说认为,“基本权利之实质内容绝不能受侵害”①,而财产权、人身权等基本权利又构成了“实质权利”的核心基础②,因而,补偿法律制度在促进公共利益与私人利益的平衡关系中,必须坚持的首要价值原则就是保障私人财产权、人身权等基本权利不受侵犯。宪法统领依据意义上的公平合理补偿原则,最为基础的规范任务同样如此。

综上所述,从国情实际看,在社会主义市场经济条件下,保障私人财产权、人身权等基本权利之“实质权利”,对“碎片化”补偿立法所致的某些领域补偿遗漏和补偿不公提出了挑战。特别是随着人民追求“美好生活”的新时代到来,任何因公共利益需要的公权力非违法行为或国家可归责性公共事件,造成了公民个体的利益损失,超过必要限度时都应当给予补偿。毫无疑问,补偿需求的无限性与补偿立法的滞后性是一对无法跨越的固有矛盾,寄希望于通过具体立法完善来周延所有补偿领域的努力方向,不具有客观可行性。并且,随着风险社会的到来,具体补偿立法的供给不足与补偿需求的快速增长之间,呈现出激烈的矛盾冲突。种种迹象表明,在宪法规范层面确立补偿法律制度基本原则意义的权威统领依据和概括性兜底条款已经刻不容缓。将具有“最大公约数”特质的“公平合理补偿原则”,上升至宪法统领规范意义的补偿法律制度基本原则,更有利于根本性地保障公民个体的基本权利。可以说,“公平合理补偿原则”入宪具有强烈的社会需求基础。

(二)宪法确立公平合理补偿原则是共同富裕制度建设之需

共同富裕是社会主义的本质要求和中国式现代化的重要特征,同时也是中国共产党的初心和始终不渝的奋斗目标。从新民主主义土地革命时期到中华人民共和国成立后的社会主义建设初期,毛泽东同

① 1949 年《德国基本法》第 19 条第 2 款规定,任何情况下都不能触及基本权利的实质,这一原则,至今仍一如既往地被各国学界及实务界广泛认同。

② 参见王晖:《人之尊严的理念与制度化》,载《中国法学》2014 年第 4 期。

志就一直致力于共同富裕的探索。[①] 1993 年,邓小平同志明确指出:“社会主义的本质,是……,最终达到共同富裕。”2006 年,江泽民同志指出:“实现共同富裕是社会主义的根本原则和本质特征……”2007 年,胡锦涛同志指出:“走共同富裕道路,……发展成果由人民共享。”2012 年,党的十八大《坚定不移沿着中国特色社会主义道路前进　为全面建成小康社会而奋斗》报告明确提出“共同富裕道路”是“中国特色社会主义的根本原则”。2013 年,《关于全面深化改革若干重大问题的决定》绘就了“实现共同富裕”的改革蓝图。2016 年,《中华人民共和国国民经济和社会发展第十三个五年规划纲要》着手落实了“减贫”“扩大基本养老保险和医疗保险覆盖面”“推进个人所得税和消费税改革”等一系列推进共同富裕的具体措施。2017 年,党的十九大《决胜全面建成小康社会夺取新时代中国特色社会主义伟大胜利》报告提出,2035 年“全体人民共同富裕迈出坚实步伐”,21 世纪中叶“全体人民共同富裕基本实现”。2020 年,党的十九届五中全会进一步提出,到 2035 年“人的全面发展、全体人民共同富裕取得更为明显的实质性进展”。2021 年 6 月 10 日,中共中央、国务院颁布了《关于支持浙江高质量　发展建设共同富裕示范区的意见》,标志着中国已进入加速推进“共同富裕”的实施轨道。2021 年 8 月 17 日,中央财经委员会第十次会议强调,“共同富裕是全体人民的富裕,是人民群众物质生活和精神生活都富裕,不是少数人的富裕,也不是整齐划一的平均主义,要分阶段促进共同富裕”,“鼓励勤劳创新致富,坚持在发展中保障和改善民生,为人民提高受教育程度、增强发展能力创造更加普惠公平的条件,畅通向上流动通道,给更多人创造致富机会,形成人人参与的发展环境”,“坚持以人民为中心的发展思想,在高质量发展中促进共同富裕,正确处理效率和公平的关系,构建初次分配、再分配、三次分配协调配套的基础性制度安排”,“扩大中等收入群体比重,增加低

---

① 参见韩振峰:《中国共产党探索共同富裕的历程及经验启示》,载《光明日报》2022 年 3 月 2 日,第 11 版。

收入群体收入，……，形成中间大、两头小的橄榄型分配结构”，“要促进基本公共服务均等化，加大普惠性人力资本投入，完善养老和医疗保障体系、兜底救助体系、住房供应和保障体系”，系统阐述了“共同富裕”的基本内涵、推进原则、推进思路、目标安排和重大举措，全面回答了“为什么要推动共同富裕”“什么是共同富裕”“怎样推动共同富裕”，为共同富裕的深入开展提供了根本遵循。

1. 共同富裕的内涵、实质与关键元素

(1)共同富裕的内涵

共同富裕是“全体人民共同富裕”，是“物质生活富裕”和“精神生活富裕”的统一，不是“整齐划一的平均主义”，而是“分阶段促进的共同富裕”。其中，“共同富裕”所含之“富裕”，意指经济社会发展足以提供给人民群众丰富的物质、富足的精神和宽裕的生活；而“共同富裕”所含之“共同”，意指经济社会发展的成果被共享性地公平惠及全民。共同富裕是发展性概念，涉及经济、政治、文化、社会、生态“五位一体”的全面推进。实现共同富裕不能一蹴而就，是循序渐进的发展过程，必须遵循“以人民为中心”及“在高质量发展中促进共同富裕”的指导思想，首先要通过以先进的生产力和全国人民共同奋斗做大做优“蛋糕”，然后再通过“构建初次分配、再分配、三次分配协调配套的基础性制度安排”分好“蛋糕”，并分阶段地设计实现目标。总体上，实现共同富裕分三步走：到“十四五”末，“共同富裕迈出坚实步伐，居民收入和实际消费水平差距逐步缩小”；到 2035 年，“共同富裕取得更为明显的实质性进展，基本公共服务实现均等化”；到 21 世纪中叶，“全体人民共同富裕基本实现，居民收入和实际消费水平差距缩小到合理区间”。[①]

促进共同富裕的遵循原则主要有四项，即鼓励勤劳创新致富、坚持基本经济制度、尽力而为量力而行、坚持循序渐进。一是鼓励勤劳创新致富原则，意在强调“幸福生活都是奋斗出来的”“共同富裕要靠

① 参见习近平：《扎实推动共同富裕》，载《求是》2021 年第 20 期。

勤劳智慧来创造”,明确劳动是创造财富的“重要源泉”,劳动者是推进共同富裕的核心枢纽,劳动者素质是反映生产力水平并影响共同富裕实现的主导性力量。进而要求,不断“提升全社会人力资本和专业技能”“提高就业创业能力、增强致富本领”①,制度安排上必须“为人民提高受教育程度、增强发展能力创造更加普惠公平的条件”,尤其是“聚焦高校毕业生、技术工人、进城农民工等重要群体精准施策”②,通过赋能处境不利群体而畅通向上流动通道,并合理控制恶性竞争的损耗式“内卷”和阶层固化的绝望式“躺平”,形成人人具有公平参与机会的发展环境,为“全体人民朝着共同富裕目标扎实迈进”夯实动力基础和主体力量。二是坚持基本经济制度原则,意在强调“公有制为主体、多种所有制经济共同发展”的所有制结构和“按劳分配为主体、多种分配方式并存”的分配形式,前者的所有制结构可以在“充分发挥社会主义制度集中力量办大事优越性”基础上制度化激励“人人尽力”的“勤劳致富”乃至“创新致富”,后者的分配形式可以通过合理制度安排逐步提高劳动报酬占比并为“提低扩中”乃至最终形成“中间大、两头小的橄榄型”社会务实基础。三是尽力而为量力而行原则,意在强调“尽力而为”与“量力而行”相结合政策策略原则,前者“尽力而为”体现在“做大分好蛋糕”过程中凡条件具备、群众关切的事情要更大力度、更实举措地“朝着全体人民共同富裕目标”推进,后者“量力而行”体现在依据经济发展水平和财力可接受度有层次地保障和改善民生并坚决防止落入西方“养懒汉”的“高福利主义陷阱”③,其中“尽力而为”主要面向基础性、普惠性、兜底性民生保障领域,尤其是聚焦“经济高质量发展”“收入分配改革”“公共服务优质共享”“城乡区域协调发展”“社会主义先进文化发展”“生态文明建设”“社会治

---

① 吉炳轩:《推动共同富裕取得更为明显的实质性进展》,载《人民日报》2022 年 5 月 21 日,第 5 版。

② 周文:《正确认识和把握实现共同富裕的战略目标和实践途径》,载《光明日报》2022 年 4 月 26 日,第 11 版。

③ 参见赵纪萍:《牢牢把握促进共同富裕的基本原则》,载《光明日报》2021 年 10 月 27 日,第 11 版。

理”“强村富民乡村集成改革”“市民化集成改革”“共同富裕现代化基本单元集成改革”等关键方面重塑“初次分配、再分配、三次分配协调配套的基础性制度安排”及革新共创共享共富的机制体制。[①] 四是坚持循序渐进原则，意指推进共同富裕的方法论原则，实现共同富裕是一个涉及经济、政治、文化、社会、生态“五位一体”和包括“物质生活富裕”“精神生活富裕”的复杂系统工程，人均 GDP 从 1949 年 27 美元到 2025 年高收入国家起点水平的 1.2 万多美元再到 2035 年成为中等发达国家水平的 2.3 万美元[②]，规模巨大的 14 亿多人既不能“等”也不能“急”，需要一件接着一件办、一阶段接着一阶段推，并非一蹴而就，也非各阶段、各行业、各地区齐头并进，需要循序渐进、久久为功，不断总结经验、逐步全面推开。

促进共同富裕的总体思路是，牢牢把握“以人民为中心”的指导思想和“在高质量发展中促进共同富裕”的路径策略，在兼顾“效率”与“公平”总体立场下“构建初次分配、再分配、三次分配协调配套的基础性制度安排”，并通过精准施策税收、社保、转移支付等调节手段确保“扩大中等收入群体比重，增加低收入群体收入”的“扩中提低”目标落地，最终形成“中间大、两头小的橄榄形分配结构”，为实现充满公平正义、人人全面发展的共同富裕社会夯实雄厚基础。从实施层面看，具体的重大举措主要体现在六方面。一是提高发展的平衡性、协调性、包容性；二是着力扩大中等收入群体规模；三是促进基本公共服务均等化；四是加强对高收入的规范和调节；五是促进人民精神生活共同富裕；六是促进农民农村共同富裕。

(2)共同富裕的实质

共同富裕的实质，是在兼顾“效率”与“公平”的总体立场下，通过“构建初次分配、再分配、三次分配协调配套的基础性制度安排”以及

---

① 参见袁家军：《勇当高质量发展推动共同富裕的先行探路者》，载《人民日报》2022 年 5 月 21 日，第 5 版。

② 参见蔡昉：《从“共享生产率”看共同富裕》，载《北京日报》2022 年 1 月 24 日，第 10 版。

精准施策税收、社保、转移支付等调节手段,促进全体人民共创“领先世界的生产力水平”和“共享日益幸福而美好的生活”,即“共同富裕实质是全体人民共创共享日益美好的生活”①。共同富裕的实质意涵,有其清晰的政治、经济和社会表达。

首先,共同富裕的政治表达,主要体现在付诸实现“共同富裕是社会主义的本质要求”,于中国政治实践中,具体可以从“坚持党的领导”和“人民当家作主”两方面来考察。从“坚持党的领导”方面看,中国特色社会主义政治道路是坚持党的领导、人民当家作主和依法治国的有机统一,其中“坚持党的领导”是中国特色社会主义制度最本质的特征和最大优势,而中国共产党是马克思主义无产阶级政党,在半殖民地半封建时期中国共产党成立的初心,就是推翻“三座大山”和带领无产大众开创独立自主的新生活,此后从中国人民“站起来”到“富起来”再到今天的“强起来”,中国共产党始终毫不动摇地坚持“发展为人人、发展靠人人、成果人人享”并且优先兜底保障弱势困难群众的共同富裕,进而有效避免了西方资本主义国家因贫富差距、阶层固化引发的一系列尖锐社会矛盾,并能灵活应对“低收入陷阱”、“中等收入陷阱”以及“高福利主义陷阱”等世界其他经济体遭遇的顽疾,成功开创了中国特色社会主义现代化的伟大事业,共同富裕构成了“党巩固执政地位、提高执政能力”以及体现“坚持党的领导”政治正确的内在要求,实现共同富裕不仅是经济问题,而且是关系党的执政基础的重大政治问题。从“人民当家作主”方面看,中国实行全过程人民民主,确立了人民代表大会制度、基层民主制度、社会主义协商民主制度等完整的制度体系予以无缝隙保障,通过民主选举、民主协商、民主决策、民主管理、民主监督参与完整政治实践和民主过程,充分行使选举权以及知情权、参与权、表达权、监督权构成的“1＋4”完整人民民主权利,最终以完整制度、完整实践、完整权利立体呈现了“人民当家作主”

---

① 刘培林、钱滔、黄先海等:《共同富裕的内涵、实现路径与测度方法》,载《管理世界》2021年第8期。

“共享”政治的生动图景。

其次,共同富裕的经济表达,主要体现在人民共创共享世界领先水平的“物质财富和精神财富”,要求在“高质量发展中扎实推动共同富裕”,即通过高质量发展做优做大“蛋糕”、合理的制度安排公平合理地分好“蛋糕”,并突出体现“勤劳致富”“共创共享共富”的导向。物质财富的实现标准,“十四五”规划提出,2025 年中国迈入高收入国家门槛,2035 年进入中等发达国家方阵。按照世界银行的标准,高收入国家的人均 GDP 要超过 1.2 万美元,而中等发达国家人均 GDP 要超过 2.3 万美元。[①] 从经济层面讲,共同富裕的“富裕”,就是通过高质量发展达到高收入国家、中等发达国家人均 GDP 水平;而共同富裕的“共同”,通过“构建初次分配、再分配、三次分配协调配套的基础性制度安排”,促成共创共享的“幼有所育、学有所教、劳有所得、病有所医、老有所养、住有所居、弱有所扶、环境宜居”目标。而精神财富的实现标准,体现在充分享有“政治权利和自由、经济社会文化权利、人身权、财产权”等基本权利和“依法参与全过程人民民主”“全面而自由地发展”,人人持续享有足够的获得感、幸福感、安全感、公平感和尊严感。[②]

最后,共同富裕的社会表达,主要体现在中等收入群体规模大、高收入及低收入群体规模小的“中间大、两头小”橄榄形外化结构体系与社会平衡、和谐有序的内在价值追求相统一。在外化结构体系上,通过高质量发展、“效率优先兼顾公平的初次分配格局”,尤其是“扩中提低”与“勤劳致富”促进策略,让绝大多数人口过上就业质量高、收入稳定、消费能力强和社会保障好的体面而有尊严的生活,形成持续壮大中等收入群体“基本盘”与激励引导高收入群体、兜底保障低收入群体的橄榄形社会;在内在价值追求上,坚持社会平衡和“公平优先兼

---

① 参见蔡昉:《从“共享生产率”看共同富裕》,载《北京日报》2022 年 1 月 24 日,第 10 版。

② 参见张文显:《共同富裕与法治现代化相辅相成》,载《北京日报》2022 年 1 月 17 日,第 9 版。

顾效率的再分配格局”理念,以“扩中提低”为切入点,形成人人基本权利公平充分保障、人人平等参与社会发展及平等分享社会成果的“创富新格局”,实现新创业成功者及高绩效劳动者自主跑步富裕与低人力资本水平者、失能者、创业创新受挫者等处境不利群体帮扶推动富裕相统一的“共享新局面”,最终向基本公共服务均等化、积累人力资本公平化、参与社会发展机会与改革发展成果共创共建共享化、城乡区域行业发展差距缩小化的共同富裕目标迈进。

(3)共同富裕的关键元素

从推进的目标要求看,共同富裕需要体现“发展性”、“共享性”和“可持续性”三个关键元素的统一。①

首先,“发展性”是实现共同富裕的前提要求,只有通过高质量的发展,才足以成就共同富裕所需的物质条件及精神成果、“中间大、两头小”橄榄形社会结构和政治、经济、社会、文化、生态“五位一体”协调发展格局。

其次,“共享性”是实现共同富裕的关键核心,“共享”代表共同、公平、平等、正义等价值理念,要求人人获得充分平等地保障基本权利、人人有能力机会均等地参与高质量发展过程和共享高质量发展成果,同时还要求通过资源倾斜和制度创新最大限度补偿处境不利群体行使权利及可行能力的不利性,顺畅向上流动通道,最大化促进社会平衡。

最后,“可持续性”是实现共同富裕的不息动力,需要“发展性”与“共享性”的持续推进和融贯协调,即遵循前提是通过体现分配正义的持续发展夯实共同富裕物质基础,但分配正义并非一定能让发展成果“全民共享”尤其是“惠及社会处境不利群体”,甚至会滋生愈演愈烈的贫富分化,进而在持续发展的前提下,还必须启用相较分配正义更为严苛的矫正正义及其由此出发“构建初次分配、再分配、三次分配协

---

① 参见郁建兴、任杰:《共同富裕的理论内涵与政策议程》,载《政治学研究》2021 年第 3 期。

调配套的基础性制度安排”，借以促成人人实质平等与社会平衡和谐，避免“阶层固化”式代际传递和“富者累巨万，贫者食糟糠”的不持续、非正义局面。

2. 实现共同富裕必须健全完善补偿法律制度

在共同富裕的推进过程中，首要的任务是，通过“构建初次分配、再分配、三次分配协调配套的基础性制度安排”，最大限度促进全民有能力“机会均等地参与经济社会高质量发展”，并全面“共享经济社会高质量发展的成果”①。

显然，“全民有能力机会均等地参与经济社会高质量发展”体现的是一种“全民平等参与权”，而“全面共享经济社会高质量发展成果”体现的是一种“全面平等分享权”。毋庸置疑，“全民平等参与权”和“全面平等分享权”得以充分实现，尤其是对于“全民”“全面”指向的处境不利群体而言，则必须通过“制度创新和倾斜”，最大限度消减处境不利群体的既有“弱势不利性”进而有效克服“马太效应”“阶层固化”对处境不利群体“行使自由权利和可行能力”的危害。也就是说，只有通过制度重塑和制度创新，在清除既有的危害共同富裕的制度性影响因素基础上，再体系化构建面向处境不利群体的矫正补偿制度，才足以促成“各种发展要素和发展制度与共同富裕目标匹配”，并能真正保障“各类发展主体有激励有能力朝着共同富裕的目标迈进”。②因此，实现共同富裕必须健全完善补偿法律制度，科学构建与共同富裕目标匹配的补偿法律制度，是推动共同富裕保障制度创新的迫切议程。

对于实现共同富裕的制度构建而言，如果说消除“马太效应”“阶层固化”对社会处境不利群体“行使基本权利和可行能力的影响”，是共同富裕制度重塑和制度创新的迫切使命。那么，致力于初次分配、

---

① 郁建兴、任杰:《共同富裕的理论内涵与政策议程》，载《政治学研究》2021 年第 3 期。

② 郁建兴、任杰:《共同富裕的理论内涵与政策议程》，载《政治学研究》2021 年第 3 期。

再分配、三次分配各个环节的补偿法律制度建设实为重中之重。因为从本质上看,消解制约“社会处境不利群体行使基本权利和可行能力”的制度安排,就是补偿法律制度的核心价值要旨。“补偿法律制度基本原则”之“补偿”,主要体现为公法属性的“补偿”,是国家履行责任的一种方式,即国家对公权力非违法行为或可归责国家性事实行为导致特定主体承受不利益的矫正性救济举措。“补偿”往往与矫正正义的公平保障相关,是突出强调矫正性的“公平正义弥补”,坚守机会平等与结果平等相统一的实质平等原则,其核心要旨体现在对承受不利益的矫正性“弥合”,借以最大化促使处境不利群体相对社会共同体成员能拥有均等地“行使基本权利和可行能力”的共创共建共享机会。补偿法律制度前述“消除弱势不利性”的价值指向及“兜底性保障弱势不利者权益”的制度功能,不仅全面渗透于共同富裕初次分配环节旨在做大做优“蛋糕”而提升人力资本的各类市场竞争不利主体促进制度中,并且还构成了共同富裕再分配环节旨在切好分好“蛋糕”而确保各类市场竞争不利主体均等分享经济社会高质量发展成果的核心制度遵循,同时也是三次分配环节持续有效推进慈善捐赠及公益事业而激发内在动力的关键制度策略。这意味着,补偿法律制度作为前述共同富裕保障制度的必然组成部分,以不同角色融会贯通于共同富裕的初次分配、再分配、三次分配制度体系中,并在不同分配环节发挥功能各异的不可替代性制度价值。初次分配中的补偿法律制度,旨在激励共富而做大做优“蛋糕”,主要包括完善劳动报酬提升制度、构造高质量就业的促进制度、增加贫困阶层财产性收入的保障制度等方面内容;其足以达成两方面的不可替代价值,即一方面是正向激励全民全面做大做优“蛋糕”的人力资本可行能力,另一方面是正向激励低收入阶层增加财产性收入的持续发展能力。再分配中的补偿法律制度,旨在公平矫正而切好分好“蛋糕”,主要包括“税收调节、转移支付的推动型补偿法律制度”“公共产品供给型补偿法律制度”“兜底性救济保障型补偿法律制度”等方面内容;其足以达成的不可替代价值是,促进社会平衡、矫正市场偏差,克服“马太效应”“阶层固化”对人力资本行使基本权利及可行能力的影响，确保全民全面共创共建共享经济社会高质量发展成果，突出强调面向人人尤其是处境不利群体切好分好“蛋糕”。三次分配中的补偿法律制度，旨在共生维系而赠好用好“蛋糕”，主要包括慈善捐赠制度、志愿服务制度、公益事业制度等方面内容；最终达成的不可替代价值是，基于社会共同体成员“共生共存和共同繁荣”的内在需要而自觉自愿地开展互助帮扶活动，对消除弱势不利性、缩小贫富差距和促进社会公平正义发挥有益的补充作用。

3. 亟待确立共同富裕补偿法律制度的统领性原则

目前，基于实现共同富裕的补偿制度建设，暂时还处于示范性探索阶段。具体的制度形态，仍集中停留在政策文件和会议精神层面。其中，较为重要的政策文件有中共中央、国务院《关于支持浙江高质量发展建设共同富裕示范区的意见》《浙江高质量发展建设共同富裕示范区实施方案(2021—2025 年)》《宁波高质量发展建设共同富裕先行市行动计划(2021—2025 年)》等，此外还包括温州、台州等各地方政府以及职能部门出台的共同富裕示范性建设文件；较为重要的会议是，2021 年 8 月 17 日中央财经委员会第十次会议、党的二十大等。

从制度形态上看，在推进共同富裕的会议精神和政策意见中，可以概括出两种形态的补偿制度。一是直接明确规定的补偿制度，包括生态补偿、农房拆旧建新补偿、农村集体强村建设风险补偿、土地征收补偿、公益林经营补偿、普惠性托育机构经营补偿、工伤补偿、工程移民补偿等；二是暂未直接规定但基于社会平衡理念而间接蕴含的补偿制度。

对于直接明确规定的补偿制度，为研究方便，本书以《浙江高质量发展建设共同富裕示范区实施方案(2021—2025 年)》《宁波高质量发展建设共同富裕先行市行动计划(2021—2025 年)》《温州打造高质量发展建设共同富裕示范区市域样板行动方案(2021—2025 年)》《台州市水库移民高质量发展建设共同富裕示范区行动方案(2021—2025 年)》为参考依据，提炼形成八种类型。一是生态补偿，《浙江高质量发展建设共同富裕示范区实施方案(2021—2025 年)》部分条款及《宁波高质量发展建设共同富裕先行市行动计划》重点行动第 40 条明确规定，探索建立生态补偿标准动态调整机制和跨流域生态补偿机制，优化生态效益补偿法律制度；二是农房拆旧建新补偿，《宁波高质量发展建设共同富裕先行市行动计划（2021—2025 年）》重点行动第 22 条规定，探索"单户改建"、"连片联户改建翻建"或"整村整拆整建"的补偿法律制度体系；三是《浙江高质量发展建设共同富裕示范区实施方案（2021—2025 年）》部分条款及农村集体强村公司建设风险补偿，《宁波高质量发展建设共同富裕先行市行动计划（2021—2025 年）》重点行动第 49 条规定，探索农村集体经济发展壮大中建立"村庄经营""强村公司"等金融扶持风险的补偿法律制度；四是土地征收补偿，《宁波高质量发展建设共同富裕先行市行动计划（2021—2025 年）》重点行动第 52 条规定，推进农村土地征收制度改革，完善农村土地征收公益用地认定机制，动态调整征地片区综合地价最低保护标准，提高地上附着物补偿标准，致力于土地征收补偿的"市场价值"标准制度探索；五是公益林经营补偿，《浙江高质量发展建设共同富裕示范区实施方案（2021—2025 年）》部分条款及《宁波高质量发展建设共同富裕先行市行动计划（2021—2025 年）》重点行动第 54 条规定，推进公益林补偿收益权质押贷款制度的完善；六是普惠性托育机构经营补偿，《宁波高质量发展建设共同富裕先行市行动计划（2021—2025 年）》重点行动第 83 条规定，探索普惠性托育机构经营的补偿法律制度；七是工伤补偿，《温州打造高质量发展建设共同富裕示范区市域样板行动方案（2021—2025 年）》主要任务第 17 条规定，健全工伤预防、补偿、康复"三位一体"的制度体系，致力于《工伤保险条例》第 15 条第 1 款第 2 项规定职工"在抢险救灾等维护国家利益、公共利益活动中受到伤害"后"视同工伤"的补偿法律制度探索；八是，工程移民补偿，《浙江高质量发展建设共同富裕示范区实施方案（2021—2025 年）》部分条款及《台州市水库移民高质量发展建设共同富裕示范区行动方案（2021—2025 年）》的发展目标、实施行动中规定，构建全生命周期兜底帮扶的工程移民共同富裕促进制度，基于社会正义立场全面提供生存保障和未来发展需要的教育、就业、参与社会生活等各种机会损失补偿。

间接蕴含的补偿法律制度，是指某些暂未被直接规定但基于维护正义、扶助弱者的社会平衡理念或实质平等精神，对于公民个体生存照顾或基本权利保障意义重大的补偿制度。例如，前述见义勇为、志愿活动等导致特定群体遭受严重的财产权或人身权侵害损失，由此陷入弱势不利的生活危困状态，尽管暂未被政策立法明确规定，也应当纳入补偿制度的体系化建设议程。因为，此类补偿制度事实上融贯于共同富裕推进精神和政策文件的核心内容中，如《浙江高质量发展建设共同富裕示范区实施方案（2021—2025 年）》部分条款及中央财经委员会第十次会议强调的“共同富裕是社会主义的本质要求”“要坚持以人民为中心”“为人民提高受教育程度、增强发展能力创造更加普惠公平的条件……形成人人参与的发展环境……形成人人享有的合理分配格局……重点加强基础性、普惠性、兜底性民生保障建设……正确处理效率和公平的关系，构建初次分配、再分配、三次分配协调配套的基础性制度安排……促进社会公平正义，促进人的全面发展……要提高发展的平衡性……促进基本公共服务均等化，加大普惠性人力资本投入，完善养老和医疗保障体系、兜底救助体系、住房供应和保障体系”，《浙江高质量发展建设共同富裕示范区实施方案（2021—2025 年）》部分条款及中共中央、国务院《关于支持浙江高质量发展建设共同富裕示范区的意见》规定的“共同富裕……是……实现人的全面发展和社会全面进步，共享改革发展成果和幸福美好生活……在更高水平上实现幼有所育、学有所教、劳有所得、病有所医、老有所养、住有所居、弱有所扶……坚持共建共享……让发展成果更多更公平惠及人民群众……建立健全改善城乡低收入群体等困难人员生活的政策体系和长效机制……实现公共服务优质共享”，以及各地方政府建设共同富裕示范区实施方案或行动计划规定的“发展目标”“主要任务”等，均充分体现了补偿制度的本质意涵。由于此类基于共同富裕的补偿制度，高度体现了以弱势不利群体“生存照顾”或“基本权利平等保障”为实质内容的社会补偿，为了方便研究，对暂未被实定法或政策制度穷尽列举的补偿制度,将其统称为"概括性的社会补偿"。

从共同富裕示范性建设实践中的"国家意见"及各地"行动计划(方案)"可看出,不同地方政府以及不同领域、行业,均是各具特色、各取所需地推进了基于共同富裕保障的补偿制度建设,"碎片化"特征十分突出,当下迫切需要驶入体系化的建设轨道。从这个意义上看,宪法确立公平合理补偿原则,对于共同富裕补偿法律制度的建设而言,规范引领的意义十分重大。

(三)宪法确立公平合理补偿原则是推动弱有所扶法治化之需

党的二十大《高举中国特色社会主义伟大旗帜 为全面建设社会主义现代化国家而团结奋斗》报告提出,中国式现代化是全体人民共同富裕的现代化,而"推动共同富裕取得实质性进展"需要"在弱有所扶上持续用力"。[①] 中国全面建成小康社会后,针对绝对贫困群体的"精准扶贫"将渐渐退出主战场,实现中国式现代化的共同富裕已跃升为核心战略任务。这意味着,弱有所扶的关注重点,需要从绝对贫困群体扩展到相对贫困群体。

相对贫困群体的"相对贫困",国外学者普遍认为是指"创造收入和机会"遭遇剥夺[②]而呈现的"社会参与能力不足"[③]。据世界银行的定义,相对贫困主要体现为"缺乏教育、健康、抵御风险能力、对自身需求的表达力和对社会的影响力等"[④]。国内学者则强调,相对贫困既包括收入无法满足一定质量生活的"贫",也包括难以获得基本教育、医疗、住房、就业等而无法满足较好地发展的"困"[⑤]。综合来看,相对

---

① 习近平:《中国共产党第二十次全国代表大会上的报告:高举中国特色社会主义伟大旗帜 为全面建设社会主义现代化国家而团结奋斗》,载《求是》2022 年第 21 期。

② [印度]阿马蒂亚·森:《以自由看待发展》,任赜、于真译,中国人民大学出版社 2002 年版,第 9 页。

③ Townsend,P. ,*The Concept of Poverty*: *Working Papers on Methods of Investigation and Life-styles of the Poor in Different Countries*, London, Heinemann Educational,1984.

④ 世界银行编著:《2000/2001 年世界发展报告:与贫困作斗争》,中国财政经济出版社 2001 年版。

⑤ 林闽钢:《新历史条件下"弱有所扶":何以可能,何以可为?》,载《理论探讨》2018 年第 1 期。

贫困的核心表征是“能力欠缺”,即没有充分成就自主性生存与发展能力而呈现出来的“弱势”,常呈现为因物质资料、参与机会、公共服务等生存与发展条件供给欠缺或遭遇剥夺歧视而陷入的不利性危困状态。不难推导出,相对贫困群体是指由于先天或社会因素处于弱势地位且依靠自身力量无法摆脱不利处境的“生活窘迫和发展困境群体”①。从以上相对贫困群体的内涵界定出发,笔者认为,因公共利益需要过多承担社会义务或非平等对待而遭受特别牺牲的困难人员,迫需具体化为相对贫困群体的明确类型。

在公法原理上,国家非违法公权力行为或事实行为导致私人过度负担社会义务的不利益损害即为“特别牺牲”。在传统社会,特别牺牲主要是公益征收所致,但随着福利和风险时代的到来,已迅猛渗透到预防接种、生态保护、自然资源输出、粮食安全保障等人类生活的方方面面。② 实践表明,特别牺牲型困难人员正在源源不断地浮出水面,部分始于已获补偿立法明确规定(如征收征用补偿、生态保护补偿、自然资源输出补偿、预防接种补偿、外商投资补偿等)但给付标准仍然不足摆脱贫困危机的情形,部分则由于立法“真空”(如见义勇为、参与志愿服务活动、邻近交通干道噪声污染、邻近工业区空气污染、粮食安全保障等导致了不利益损害的承受者)而被迫长期陷入危困无援境地,从中国式现代化的共同富裕目标看,任何情形的特别牺牲型困难人员,都应当全盘纳入精准扶弱的辐射范围。

补偿性“扶弱”制度的不可替代价值,就是能最大化弥合不利性特别牺牲损失,以不利性的存在为事实依据,以不利性的消除为价值目标,面向特别牺牲受害者量身打造财产权、人身权保障的安全防护网。补偿制度的外部关系,是权利义务主体双向互动的妥协结果,且补偿的启动权及选择权均掌控在权利人一方,补偿性“扶弱”十分有利于弱势不利群体自主能动作用的发挥,完全符合共享成果、公平正义的价

---

① 胡玉鸿:《新时代民生保障法治中的“弱有所扶”原则》,载《法学家》2022 年第 5 期。

② 参见韩世强:《国家补偿制度体系化建设的基本原则探析》,载《中国行政管理》2021 年第 8 期。

值追求,可以有效弥合其他扶弱制度的资源性固有缺陷,与救助、保险、福利、优抚、慈善等形成协调配套的“制度矩阵”体系。

补偿性“扶弱”,其秩序目标就是最大限度恢复特别牺牲者至未受侵害前的权利状态,制度实践中主要参照受损标的物之市场价值或人身损害的弥合需要确定给付标准。然而,弱有所扶面向的特别牺牲补偿,并非以弥合特别牺牲损失为终极目的,而是旨在消除特别牺牲型困难人员足以共享成果的“弱势不利”性。显然,共享目标的补偿性“扶弱”,实质是从“社会平衡理念”①出发给予结果不平等“社会共同体”成员以“国家策动担保义务”②的促进性举措。如此一来,补偿性“扶弱”的履行标准,必须以有效的“参照物”为判断基础,由于补偿性“扶弱”是在穷尽所有法定权利保障后仍然相较社会共同体成员存在不利性落差而付诸的“兜底性”补偿,所以只能以社会共同体成员的均值水平和机会成本损失为衡量标杆,如正常同类人的社会保险待遇、生活和就业能力等。③ 当然,为了避免“因祸得福”而造成新不平等的“逆向歧视”④,应当秉持不超过受损者“原有权利水平”的上限,以“社会共同体成员一般权利水平”为基本参照的补偿标准。也就是说,当受损者“原有权利水平”高于“社会共同体成员一般权利水平”时取后者标准,当受损者“原有权利水平”低于“社会共同体成员一般权利水平”时则取前者标准。

足见补偿性“扶弱”的实际开展,其履行标准需要赋予特殊的制度意涵。然而客观上看,特别牺牲型困难人员的补偿性“扶弱”,一直处于制度残缺不全的尴尬状态,必须引起高度警惕。如前述见义勇为、参与志愿活动、公共交通设施噪声、工业区污染等导致的特别牺牲型困难群体,均未被既有的补偿法律制度体系所覆盖,事实上因无明确

---

① Vgl. Rüfner, Einführung in das Sozialrecht, München: C. H. Beck, 1991, S. 119ff.

② Vgl. Eichenhofer, Sozialrecht, Tübingen: Mohr Siebeck, 2003, Rz. 418ff.

③ Vgl. Reinhard, Neuregelung des Sozialen Entschädigungsrechts im SGB XIV in ZRP 2019, S. 220f.

④ BVerfGE 12, 354(367).

支持依据而难以形成弱有所扶“制度矩阵”的有机组成部分。应当看到，推进补偿性“扶弱”制度的完善已经刻不容缓。

补偿性“扶弱”法律制度的完善，实质而言，属于整体补偿法律制度的有机组成部分。如前所述，由于我国补偿法律制度是通过分散立法模式来建构的，叠加补偿性“扶弱”的法律制度建设尚未得到足够关注，甚至诸多领域处于制度空白状态，事先通过宪法确立发挥“权威统领依据”和“兜底规制条款”功能的补偿法律制度基本原则，无论是对于未来的制度体系化推动，还是对于现实干预补偿性“扶弱”“有法可依”的权宜之计，显然都是意义十分重大的。事实上，以宪法确立补偿法律制度基本原则模式来体系化地推动补偿性“扶弱”的立法进程，也是世界范围内的一项法治经验。例如，法国于 1789 年在《人权宣言》第 17 条确立了“公平预先补偿原则”①，此后并循此原则，从立法和判例两维度有序推动了补偿法律制度的完善，其中的“立法补偿”制度，就是专门致力于立法对处境不利群体造成的特别牺牲损失作出补偿规定②，为完善补偿性“扶弱”制度提供了具有独特价值的经验样本；又如补偿性“扶弱”制度较为健全的国家美国，1791 年《美国宪法修正案》第 5 条确立了“公平补偿原则”③。在该原则指引下，通过法院判例逐渐发展出了涵盖“教育、就业、晋升、颁发奖学金、接受政府贷款和分配政府合同”④等领域成熟的补偿性“扶弱”制度体系。其中，《初等和中等教育法》(1965)、《双语教育条例》(1968)、《移民教育紧急法案》(1982)、《不让一个儿童掉队法》(2001)等法案面向少数民族、外来移民和贫困儿童规定了不断优化的“教育补偿计划”就是典型范例；又如德国，“二战”后以 1949 年《德国基本法》第 14 条第 3 款确立的“公平补偿原则”为中心指引，逐渐发展出了面向战争受损者、政治迫

---

① 王名扬：《法国行政法》，中国政法大学出版社 1988 年版，第 738 页。

② 参见张莉：《法国立法赔偿制度评析》，载《行政法学研究》2012 年第 4 期。

③ 林准、马原主编：《外国国家赔偿制度》，人民法院出版社 1992 年版，第 307 页。

④ 刘丽丽：《美“平权法案”在教育中遇到新挑战》，载《学习时报》2014 年 9 月 9 日，第 9 版。

害受损者、注射疫苗受损者等弱势不利群体的社会补偿制度[①],对现代补偿性"扶弱"制度的演绎发展影响深远;再如日本,以1946年《日本国宪法》第29条第3款确立的"正当补偿原则"为中心,确立了影响较大的生活权补偿制度[②],也为完善补偿性"扶弱"制度提供了参考。

不过,必须得面对的客观困难是,无论学术研究还是制度实践层面,补偿性"扶弱"的法律制度建设还面临诸多问题。以2008年汶川大地震的灾后重建补偿及安置为例[③],该事件的灾后重建资金高达1万多亿元,财政部分别将重建资金的支出形式规定为恢复重建、异地安置、就业援助等。基于此,有学者认为,我国应当值此契机发展和完善社会补偿制度。社会补偿权系"自然、社会、政策等风险产生的社会弱势群体向国家和社会追偿的权利",被追偿的对象并无"侵害权利的行为",仅是由于社会主体间对共生系统的维护责任而产生的补偿义务。但是,如此界定社会补偿权是否无限扩大了国家责任?公共财政资金如何负担如此巨大的经济补偿责任?本案例折射的权利内容,与传统的社会保障权利存在较大区别,与征收补偿面向传统意义的补偿权和国家赔偿权也不尽相同,然而其在现代社会中却客观上成了一类越来越广泛的新型权利。尽管中国实定法如预防接种补偿条款已隐约可见此类权利的规定,但至今没有任何立法明确社会补偿权的概念,导致其内涵与外延不清。理论界有学者将此类权利视为"社会补偿权",并试图借此对其功能地位、规范构造与规范领域予以深入探讨。但是,此类权利保障如何付诸具体的生活化实践,仍然没有找到确切答案。在这一背景下,很有必要通过宪法确立补偿法律制度基本原则意义上的公平合理补偿原则,进而创设概括性的补偿条款。一方面,可以为体系化推动补偿性"扶弱"的法律制度建设提供权威统领依据,有效克服后续立法随意与无序导致的价值冲突;另一方面,针对补偿性"扶弱"的法律制度体系"遗漏"领域予以"兜底"性辐射,最终基

① 参见陈新民:《宪法基本权利之基本理论》,台北,三民书局1992年版,第128页。

② 参见杨建顺:《日本行政损失补偿制度借鉴》,载《人民论坛》2012年第2期。

③ 参见娄宇:《论社会补偿权》,载《法学》2021年第2期。

于“公平正义精神”不断推演的“实质平等”原理,在法治实践中实时启用宪法确立的公平合理补偿原则,最大限度保障遭受损失者生命健康及基本生活安全,促使“弱有所扶”持续发力的国家战略得到实质开展。

第二节 宪法确立公平合理补偿原则的价值逻辑

宪法确立补偿法律制度基本原则意义上的公平合理补偿原则,从根本上讲,就是期许达成公共利益与私人利益两者间最佳度平衡的秩序追求目标。由此,在获得前述制度事实和社会事实论证的基础上,还需要寻求足以达成公共利益与私人利益双向优化及平衡协调的明晰价值立场。

一、功利主义与自由主义的调和:公益与私益平衡

如前所述,通过补偿给付充分保障私人基本权利并最终促进社会正义的实现过程,就是在“优化公共利益”和“保障私人利益”两者之间达成动态调整的最大化平衡。然而,公共利益和私人利益作为两个独立的法益,在两者之间的平衡基准,切入立场不同,相应地可以得出不同结论。以公共利益为考量基点,会走向功利主义倾向;若以私人利益为考量基点,则会走向自由主义倾向。绝对化的功利主义和绝对化的自由主义,都与现代法治国家秉持的财产权、人身权等基本权利保障理念格格不入,所以,理性的价值立场,应当是走向功利主义与自由主义的最佳度调和。

(一)基于公共利益的功利主义倾向:补偿越少越好

基于公益目的,公民个体的自由必须受到限制,此乃现代私人基本权利保障制度的一般法理基础。无论财产权还是人身权领域,概莫能外。私人权利行使伴随社会义务的正当性,与功利主义思想相辅相成,边沁是功利主义法学思想的重要推动者,他坚持“最大多

数人的最大幸福"[①]原则，并以此作为衡量国家法律或制度是否具有正当性的价值基准。大多数人的利益即公共利益，因而，私人利益适当让位于公共利益被认为是符合"大多数人幸福"的正当行为。由此推导出，"在一个共同体中，一个政策的采用如果使得共同体福利的增加超过由此带来的不利益，这样的政策被认为是符合功利原则的"[②]。

现代社会个人生存与发展的"社会关联性"[③]，一定程度肯定了功利主义思想的存在价值。随着福利型社会的推进，个人生存与发展状况与国家福利给付、就业环境及机会、区域薪酬竞争力、城市公共资源及公共服务等整体社会水平的关联度越来越高。黑塞由此指出："个人生存保障与生活形成的基础……建立在每个人的工作以及参与分享由国家提供的生存保障与社会救济的基础上。"[④]拉伦茨也曾对此发出由衷感叹："今天，个人在经济上的保障，与其说依靠自己的努力以及由他们自己采取的预防措施，不如说更多靠的是某个集体、国家或社会保险公司所提供的给付。"[⑤]由此足以看出，作为个人生存与发展基础的财产权、人身权等基本权利，在保障"私使用性"基础上，将越来越多地承担公益实现义务指向"形塑社会秩序的功能"[⑥]。私人权利限制的功利主义倾向在我国有很深印记，从中华人民共和国成立初的"国有化"到如今的服务"共同富裕"大局，都突出强调了国富民强是个人更好享有经济、社会权益的前提基础。

事实上，私人权利负有社会义务的功利主义倾向早已不仅限于观

---

① 徐同远：《边沁的功利主义理论与分析法学思想》，载《比较法研究》2008 年第 6 期。

② 石肖雪：《以财产权保障条款为依托的损失补偿机理——功利主义与自由主义的辩证统一》，载《浙江学刊》2017 年第 1 期。

③ 张翔：《财产权的社会义务》，载《中国社会科学》2012 年第 9 期。

④ Konrad Hesse, Grundzüge des Verfassungsrechts der Bundesrepublik Deutschland, Heidelberg: C. F. Müller Verlag, 20. Aufl., 1999, Rn. 433.

⑤ [德]卡尔·拉伦茨：《德国民法通论》(下册)，王晓晔等译，法律出版社 2003 年版，第 70 页。

⑥ Maunz-Dürig, Grundgesetz-Kommentar, Bd. Ⅱ, München: C. H. Beck Verlag, 2010, Art. 14 Rn. 4.

念层面的讨论,德国早期的《魏玛宪法》第 153 条第 3 款就明确规定,“所有权……使用应同时为公共福利之役务”,且被 1949 年的《德国基本法》第 14 条第 2 款完全继承,甚至还被 1946 年《日本国宪法》第 29 条以及诸多国家的宪法纷纷效仿。《德国基本法》第 14 条第 2 款规定的“财产权负有义务”,结合该法第 20 条和第 28 条确立的“社会国原则”展开体系解释和目的解释,明确传递出的共同意涵是,国家负有建立“公正的社会秩序”的立法义务,尤其是面向社会弱者积极提供足够的法律保护进而达成社会平衡。[①] 我国《宪法》第 13 条第 3 款虽未直接规定“财产权负有义务”的内容,但是,“国家为了公共利益的需要,可以依照法律规定对公民的私有财产实行征收或者征用”,已经表明了公民私有财产权接受公共利益限制的规范内涵。另外,我国《宪法》第 1 条第 2 款规定的“社会主义制度是中华人民共和国的根本制度”,在总纲位置确立了作为中国宪法基本原则的“社会主义原则”,社会主义的本质是“消灭剥削、消灭两极分化”和“实现共同富裕”,[②]这就要求坚定不移地扶持起因于公共利益需要的社会不利性弱者,积极促成“共享发展”的公平正义环境,进而对违背社会正义以及社会平衡的财产自由行为,尤其是经济强势者予以合理限制,具有极大的正当性。

当然,最终意义上,由于私人利益总是处于一定的关联体系中,功利主义思想也能一定程度地实现私人利益。正如马克思所强调的那样:“人的本质不是单个人所固有的抽象物,在其现实性上,它是一切社会关系的总和。”[③]只不过,功利主义的关注起点是公共利益,其基本运行逻辑是建设更好的公共利益来服务私人利益,因此私人利益应当时刻为公共利益让步。从功利主义理念出发,对于起因于公共利益的补偿而言,自然是“越少越好”。必须注意的是,功利原则作为一种方法论,并非意味着赞同“公益优先”,极端化的功利主义,无疑会走向

---

① BVerfGE 11,50(56);BVerfGE 17,210(216);BVerfGE 40,121(133).

② 刘伟:《社会主义本质要求的时代诠释》,载《人民日报》2016 年 12 月 29 日,第 7 版。

③ 马克思、恩格斯:《马克思恩格斯选集》(第 1 卷),中共中央马克思恩格斯列宁斯大林著作翻译局编译,人民出版社 1995 年版,第 56 页。

“多数人的暴政”，无论是对于公共利益本身还是私人利益都会造成致命伤害，由此，绝对强调公共利益的极端化功利主义倾向，必然构成对私人财产权、人身权等基本权利保障的违反，为现代法治精神所不允许。

（二）基于私人利益的自由主义倾向：补偿越多越好

在宪法层面确立补偿法律制度基本原则条款的规范功能，宽泛意义上，意在约束公权力的正当行使。具体来讲，就是赋予私人个体法律强制力借以抵御、反击乃至消解公权力行为对私人利益的过度侵害。如果狭窄地投放在“征收与补偿”的对应范畴，补偿则是以财产权的价值保障方式替代存续保障的实现方式，实质为对征收造成过度损害私人财产权的弥合性救济。私人利益因公共利益需要而适当作出让步，尽管具有正当性，但强制征收等公权力行为或国家可归责性公共事件已经构成了对私人利益的侵害，若再遭遇补偿不公、补偿遗漏甚至野蛮地不予补偿，都必然构成对私人利益的“二次伤害”。所以，补偿权的实现，不容凭借任何理由打折扣。如同有的学者所言，有关征收补偿之间的利益权衡原则，倘补偿再予以私人个体权利保障不利益，则极易形成被侵害者的“双重负担”。[①]

宪法规范意义上的补偿法律制度基本原则条款，阐发出的权利保障理念，是对自由主义思想的真实、生动再现。自由主义起源于19世纪的西班牙，此后，在欧洲及北美国家得到了广泛传播，并发展成为资产阶级的意识形态和政治哲学流派。自由主义主张，应当坚守“以法律限制政府对权力的运用”“保障少数人的权利”等核心思想，认为“生命权、自由权、财产权是不可剥夺的三大基本人权”。伊曼努尔·康德是自由主义法学思想的集大成者，他提出了“人是目的而非手段”[②]的观点，即强调尊重人性、以人为目的、将私人利益作为终极关

① 参见石肖雪：《以财产权保障条款为依托的损失补偿机理——功利主义与自由主义的辩证统一》，载《浙江学刊》2017年第1期。

② ［德］伊曼努尔·康德：《实践理性批判》，韩水法译，商务印书馆1999年版，第95页。

怀目标等思想观念,赢得了世人公认和广泛呼应,如休谟所言:“一切科学对于人性总是或多或少地有些联系……它们总是通过这样或那样的途径回到人性”①。

基于私人利益的考量立场,自由主义理念具有天然的道德基础。具体到宪法层面的补偿法律制度基本原则规范构建上,宪法“补偿条款”作为前述私人基本权利限制条款的制衡,不仅要求起因于公共利益活动的公权力行为必须限定在不过度减损私人利益框架内为之,而且还要求一切起因于公共利益活动的公权力行为不能不择手段地开展,最终建立在私人权利充分实现的基础上。顺着自由主义的方向前行,对于非违法公权力行为造成私人利益损害的补偿而言,自然是“补偿越多越好”。毋庸置疑,如果这种趋势得不到合理遏制,必然走向私人利益绝对化的“丛林法则”式自由主义泛滥,对公共利益乃至私人利益本身都会造成巨大伤害,同样不符合现代权利保障制度的主流。

(三)促成公益与私益平衡的公平合理补偿原则:补偿不多不少

确立宪法规范意义上的补偿法律制度基本原则,旨在为平衡公共利益与私人利益提供宪法统领依据。然而,切入立场不同,平衡的基准也就会大相径庭。若以公共利益为考量基点,那么,宪法规范意义上的补偿法律制度基本原则,其平衡砝码,就会因为优先满足公共利益的需要而偏向功利主义一端,由此衍生的宪法统领依据,主要充当的角色是,促进公共利益进步的工具,很难反映并形成基于公共利益与私人利益平衡目标的独立性制度价值。相反,若以私人利益为考量基点,那么宪法规范意义上的补偿法律制度基本原则,其价值立场,就会偏向自由主义一端,个体权利的“私使用性”会得到充分彰显,“个人排他地、自由甚至是恣意地支配和处分财产”即会跃升为“最基本的规范目标”②,由此而生的宪法统领依据,因强调损害救济和私人权利保障为优先满足前提,进而最大化地塑造了补偿法律制度独立性的权

① [英]休谟:《人性论》(上册),关文运译,商务印书馆1980年版,第6页。

② Vgl. Werner Böhmer, Grundfragen der Verfassungsrechtlichen Gewährleistung des Eigentums in der Rechtsprechung des Bundesverfassungsgerichts, NJW1988, S. 2563f.

利保障价值。但是,过度强调私人利益也会滑向绝对自由主义的极端风险,毫无边界的自由扩张,必然会导致众所周知的“丛林法则”式混乱,甚至随时可能演绎至公共利益的敌对面,完全与前述“形塑社会秩序的功能”相背离,不仅会致命性地阻碍公共事业的进步,而且对私人利益本身也会造成毁灭社会根基、颠覆“连带保障”等不容轻视的巨大伤害。[①] 宪法规范意义上的补偿法律制度基本原则规范,制度设计的价值立场,绝对偏向公共利益或私人利益的任何一端都不具有正当性,兼顾两端的平衡,是唯一的路径选择。易言之,在现代法治国家场景下,纯粹体现公共利益的功利主义导向与纯粹体现私人利益的自由主义导向,都无法使私人基本权利得到有效保障,构建宪法规范意义上的补偿法律制度基本原则规范,理性的价值取向,应当是走向功利主义与自由主义的最佳度调和。一言以蔽之,兼顾公共利益和私人利益两端的平衡协调,是宪法层面确立补偿法律制度基本原则规范最为理想的价值立场。从私人利益角度讲,既能有效反击公权力对私人基本权利的肆意侵犯[②],又能避免极端自由主义给私人利益本身及公共利益造成的无序与破坏;从公共利益的角度讲,既符合新时代促进公共事业进步以及满足全体人民实现美好生活的社会发展需要,又能防止极端功利主义酿成“多数人暴政”而伤害私人利益。

就目前而言,在宪法层面确立功利主义与自由主义最佳度调和立场或公共利益与私人利益最大化平衡立场的补偿法律制度基本原则规范,其第一要义,就是精确修复前述宪法规范体系中“补偿条款”的漏洞。具体讲,就是弥合《宪法》第 13 条“补偿条款”中体现“如何补偿”的规范内容,最终在宪法确立补偿法律制度基本原则的基础上,为平衡公共利益与私人利益提供价值明晰、内容完整的权威统领依据。

本书前文已述,补偿法律制度的演绎实践表明,各国在宪法规范层面确立的补偿法律制度基本原则,可以从学理层面概括为完全补偿

---

① 参见张翔:《财产权的社会义务》,载《中国社会科学》2012 年第 9 期。

② 参见吕世伦、任岳鹏:《“以人为本”的法体系研究》,载《法学家》2006 年第 1 期。

原则、不完全补偿原则、不补偿原则三类。完全补偿原则肇始于私有财产神圣不可侵犯的人权原则，在18世纪末至19世纪初，自由资本主义思想基于反对封建专制需要而较为流行，该原则特别强调对私人财产的全面保护，如征收补偿囊括了直接财产损失、间接财产损失、精神损害和财产的主观价值等内容。毋庸置疑，完全补偿原则十分有利于私人权利的保障，但其绝对性在社会演绎实践中受到了严峻挑战，无论基于经济承受力、公共利益考量等因素都很难付诸真正实现。不补偿原则，则基于国家主权原则思想，强调因公共利益需要征收私有财产无须进行补偿，如苏联时期国有化或征收外国投资者财产过程中就使用了该原则。显然，不补偿原则将国家主权置于个人权保障之上，尽管在战争、紧急状态或政治动荡等特殊情况下具有临时价值，但作为常用的补偿法律制度基本原则受到了国际社会普遍质疑和批评，随着人权法治化、全球化的进一步发展，不补偿原则逐渐被边缘化。不完全补偿原则突出强调充分平衡公共利益和个人权益基础上予以公平、合理的补偿，即因公共利益需要侵害私人利益时，国家从补偿性质、过错程度、经济能力等因素出发，对受损方作出最佳度平衡各方利益的补偿，并非绝对的"完全补偿"或"不补偿"，但在足以较好地平衡公共利益与私人利益的前提下，也存在向"完全补偿"领域或"不补偿"领域延伸的可能性。从现代补偿法律制度的演绎趋势看，不完全补偿原则得到了越来越广泛的应用和认同，必须与时俱进地持续完善、优化具体法律法规和司法解释来推动该原则付诸生活实践。

如前所述，由于不完全补偿原则是在完全补偿原则和不补偿原则之间追求"不多不少"的补偿价值，旨在实现"概括性公平补偿原则"体现的"最大公约数"补偿目标，进而被美国、德国、巴西、法国、日本、韩国、葡萄牙等现行宪法规定的充分补偿、公平补偿、公正补偿、正当补偿、合理补偿、适当补偿等具体原则所蕴含（见图3－1）。

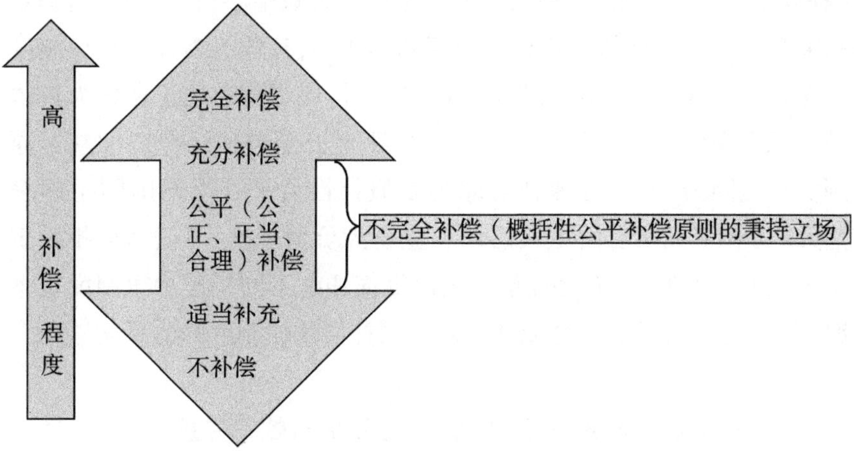

图 3－1　现代立宪主义国家宪法确立补偿法律制度基本原则的体系结构及其补偿程度比较

注:需要特别说明的是,关于西方资本主义国家宪法补偿原则的体系结构及其补偿程度比较,主要吸收了部分研究者基于世界各国土地征收补偿标准的研究结论。参见刘丽、王正立:《世界主要国家的土地征用补偿原则》,载《国土资源情报》2004 年第 1 期。

基于我国的制度经验来看,将公平合理补偿原则上升至宪法规范意义上的补偿法律制度基本原则,同样是遵循不完全补偿原则的价值立场和策略选择。这是因为,我国在宪法层面确立补偿法律制度基本原则,切入起点就是精确修复体现"如何补偿"内容的宪法规范漏洞,这一实现过程显然需要与前述"概括性公平补偿原则"秉持的"补偿不多不少"权衡基准高度契合,进而必然坚持功利主义与自由主义调和立场的价值导向。从实质来看,公平合理补偿原则与概括性公平补偿原则两者之间,是具体与普遍、个性与共性的勾连关系。或者说,公平合理补偿原则是适合中国本土化制度经验的概括性公平补偿原则。因此,将体现具体补偿法律制度共性价值的公平合理补偿原则上升至补偿法律制度基本原则,是充分体现功利主义与自由主义调和立场补偿不多不少的价值选择。

总之,确立宪法统领规范意义上的补偿法律制度基本原则,应当坚持功利主义与自由主义调和立场的制度价值。具体而言,就是以

“补偿不多不少”的概括性公平补偿原则为聚焦中心，在宪法层面确立高度契合国情特征的补偿法律制度基本原则，有效统领补偿法律制度的体系化建设。从我国既有的制度基础看，应当将前述正在成为具体补偿原则聚焦中心的公平合理补偿原则上升至补偿法律制度基本原则。这是因为，公平合理补偿原则是概括性公平补偿原则的中国表达，以功利主义与自由主义的调和立场为价值基准，不仅完全相融于本土化的制度经验，而且凭借其足以纵横透射不同补偿法律制度基本原则的“全能”属性，完全能够有效统领补偿法律制度的体系化进程。

二、分配正义与矫正正义的统一：公平与效率并重

宪法确立补偿法律制度基本原则意义的公平合理补偿原则，应当坚持功利主义与自由主义调和立场的公私益双向优化及平衡。如果说这一价值指引解决了“为何补偿”问题，那么，“如何补偿”的价值立场应当如何遵循？

（一）分配正义：效率优先兼顾公平实现高质量补偿

公平合理补偿法律制度的本质，就是形成公平合理的分配机制。由此，构建公平合理的补偿法律制度，毫无疑问就是要遵循分配正义的价值立场。

所谓分配正义，是指国家在社会共同体成员之间根据个体贡献大小对财富、名誉、权力等合法利益进行有比例地差别分配的原则。分配正义的核心立场，是主张对不同的人给予不同对待，对相同的人给予相同对待，即崇尚按个人贡献比例进行分配，追求差别对待的正义。亚里士多德是分配正义的较早倡导者，他认为，“分配的公正在于成比例，不公正在于违反比例”①。从一定意义上讲，亚里士多德将分配正义界定为形式平等，主张同类人员分得相同东西，若把不相同的东西分给不同类人员或不同的东西分给同类人，均为非正义。亚里士多德的分配正义观的积极意义在于，能够较好地调动人的积极性、创造性，

① ［古希腊］亚里士多德：《政治学》，吴寿彭译，商务印书馆1965年版，第139页。

十分有利于社会财富的积累。不过,亚里士多德主张根据每个人不同的地位、财产、能力或者贡献等因素给予不同的待遇,是公开捍卫人与人之间的不平等和推崇差别待遇,鲜明表现出了其思想的局限性。马克思从历史唯物主义视角推动了分配正义思想的巨大"变革",认为"消费资料的任何一种分配,都不过是生产条件本身分配的结果"①。

在马克思看来,生产资料占有状态也是决定分配的重要因素,不能把分配与生产资料割裂开而孤立地进行。马克思还强调,"扩大的生产在现今的社会制度下引起的生产过剩,是产生贫困的极重要的原因"。② 马克思在深入分析生产资料私有制带来的阶级对立和生存鸿沟基础上得出结论,生产资料所有制差异是阻碍分配正义实现的最大桎梏。马克思分配正义思想的核心,主张阶级平等基础上的分配正义,由此奠定了分配理论的正当性基础。

事实上,现代社会突出强调市场交易活动中的地位平等,极其反对人为等级导致的价格差异。然而,市场分配及交换结果往往取决于供求关系,而恰恰供求关系本身受认知能力、价值观念、制度体系、经济势力等因素影响,任何因素都会影响分配或交换均衡,如制度体系、市场机制缺陷都会导致不正义分配。总体而言,分配结果并非"劳动贡献"或"应得权利"单项决定的,很大程度上取决于社会力量、权力结构博弈的结果,通常有利于强势者,尤其是制定规则的掌权者或拥有资源的优势者更易于获得丰厚分配利益,形成巨大的贫富差距与事实不公。借此,实现分配正义首先要确保分配规则的合理性,即通过壮大弱势者力量来改变畸形的社会力量结构关系。有学者指出,"再分配能力已经成为衡量现代国家成熟与否的重要标志"③。"社会主义根源于平等"④,体现中国特色社会主义现代化本质特质的公平合理补偿,其终极目标,就是通过正义的分配制度,促成人人平等分享社

---

① [德]马克思:《哥达纲领批判》,人民出版社2015年版,第365页。
② [德]马克思:《马克思恩格斯文集》(第1卷),人民出版社2009年版,第688页。
③ 郇雷:《分配正义与当代中国发展》,载《光明日报》2016年12月14日,第13版。
④ 赫曦滢:《马克思空间正义思想及其当代价值》,载《理论探索》2018年第3期。

会财富和发展机会。

显然，实现公平合理补偿，需要国家不断增强再分配能力来积极应对贫富差距。其中，构建实现公平合理补偿的法律制度，就是国家增强再分配能力的具体举措。如前所述，构建实现公平合理补偿的法律制度首先要遵循分配正义。而分配正义，不仅涉及收入、福利、资源等经济利益的合理分配，还需要考虑权利、尊严、身份、荣誉等非经济性利益的合理分配，总体上需要综合多元地形成共同富裕目标"调高、扩中、提低"收入分配调节体系，即在依法保护合法收入的同时，调节和规范高收入群体，并着力扩大中等收入群体规模，提高和保障低收入群体收入，构建"中间大、两头小"的橄榄形分配结构。这一过程中的制度设计，不仅要注重激发人民群众勤劳创新致富和精神富足的内生动力，而且还要确保人民群众共享发展成果的公平正义，客观上只有通过"构建初次分配、再分配、三次分配协调配套的基础性制度安排"才能全面完成任务。初次分配中的公平合理补偿法律制度，旨在有效激励市场竞争而实现勤劳致富，如通过技能培训补偿制度促进就业、创业竞争力的提升，以效率优先而夯实物质基础；再分配中的共同富裕补偿法律制度，旨在规范税收、社保、转移支付等政府调节手段而实现社会资源的再分配，如通过医疗保险补偿制度提升低收入群体公平享受医疗服务的保障待遇；三次分配中的公平合理补偿法律制度，旨在兜底规范初次分配和再分配的遗漏领域，如通过税收减免等补偿制度增加捐赠者的积极性，促进社会资源合理流动，形成和谐共生的文明环境。

不难看出，构建公平合理的补偿法律制度，融贯于初次分配、再分配、三次分配中。从三次分配的关系来看，初次分配是基础，再分配是关键，三次分配是辅助。而初次分配中的公平合理补偿法律制度设计，更多考虑的是遵循市场竞争规律，首先体现的制度价值是效益优先，同时也充分考虑了处境不利者的竞争弱势给予公平的促进性补偿；再分配中的公平合理补偿法律制度设计，主要考虑政府的公平保障，同时何种尺度的公平能最大化激活效率也在考虑中；三次分配中的公平合理补偿法律制度设计,主要在于激发社会主体对慈善事业的参与率,同时适当考虑捐赠者的公平回报。概括初次分配、再分配、三次分配中的公平合理补偿法律制度设计。总体而言,需要坚持效率优先、兼顾公平的价值立场。之所以坚持效率优先,是为了打破平均主义、奖勤罚懒,鼓励人们竞争向上、劳动致富和奋斗精神,不断提高生产效率,千方百计做大做好“蛋糕”,这是实现全民全面公平合理补偿的基本前提。之所以要兼顾公平,是为了更好地促进机会公平的实现,尤其是提升获得做事机会并决定做成事的“自我实现能力”①,最大化激发社会全员的积极性、主动性和创造性,让全体人民都能公平合理地分好“蛋糕”,高质量地实现公平合理补偿以及对美好生活的向往。

总之,实现公平合理补偿法律制度的本质,就是形成公平合理的分配机制,分配正义是实现公平合理补偿的根本底色,构建实现公平合理的补偿法律制度,首当其冲的价值立场就是遵循分配正义。而推进公平合理补偿过程中的分配正义实现,要求构建初次分配、再分配、三次分配协调配套的基础性制度安排。其中,要以初次分配为基础,注重收入分配效率;要以再分配为关键,维护社会公平;要以三次分配为补充,激励道德自觉的慈善精神。

(二)矫正正义:公平优先兼顾效率实现全域性共享

前文已述,补偿法律制度的体系化构建,首要的价值立场就是遵循分配正义。但是,分配正义并非放之四海而皆准,其典型缺陷是会导致实质不平等。分配正义的主旨,是强调以劳动贡献决定的生产效率为导向目标,遵循“能者上、胜者益”的市场竞争法则,形成“得所应得”的分配格局。在“得所应得”的分配导向驱动下,原本占据优越地位(如财富、权力等)的强势群体,牢牢控制着市场的主导权,较容易产生恶意推演行业垄断的冲动,由此侵吞大量社会资源和财富进而最终

---

① Charles Taylor, *What's Wrong With Negative Liberty*, in Philosophy and the Human Sciences: Philosophical Papers Vol. 2, Cambridge University Press, 1985, p. 211 - 213.

形成“既得利益集团”和阶层固化。与之相反，部分社会主体受原生家庭较差、天资智力低下、文化水平不高、信息明显不对称等因素影响，在瞬息万变的激烈市场竞争中，随时有陷落为不利性弱势群体的风险，他们客观上根本无法凭借现有资源通过自身努力获得基本的生存与发展保障。如此情形下，倘若政府对种种不平等现象不依法进行有效干预，放任社会财富和核心资源一味地流向少数人手里，很难避免两极分化和贫富差距现象的滋生蔓延。

通常认为，分配正义受阻或缺位导致的社会不公，需要通过矫正正义来弥补。所谓矫正正义，是指基于公平优先的实质平等追求，在公民个体的财产、地位、荣誉、权利等受到不利益侵害时，要求政府予以公平合理补偿的正义性分配原则。详言之，矫正正义的本质，是在分配正义的追求结果明显出现非正义偏差时，政府予以实质性调整进而弥补个案不足的公平救济行为。由于矫正正义更多依赖于政府的公权力救济，必须对所有人毫无差别地“均等”对待，无论社会个体的财富、身份、地位如何，均享有平等的权利和义务。矫正正义的取向目标，是适度纠偏“所得少于应得”及“所得多于应得”导致的不正义，公平合理地补偿“所得少于应得”的处境不利者，强制矫正“所得多于应得”非法占有现象，促成总体的社会平衡与和谐。正如亚里士多德所言：“尽管平等是较多与较少之间的适度，得与失则在同时既是较多也是较少：得是在善上过多，在恶上过少；失是在恶上过多，在善上过少。又由于平等——我们说过它就是正义——是过多与过少之间的适度，所以矫正正义就是得与失之间的适度。”①

从公法原理上讲，构建最大化体现公平正义的补偿法律制度，不仅要促进形式意义的机会平等，还要保障实质意义的结果平等。首先，机会平等是一视同仁的起点平等，促进机会平等能够较好地防御特权侵害和歧视对待，真正让全民实现公平合理补偿取得实质性进

---

① [古希腊]亚里士多德：《尼各马可伦理学》，廖申白译著，商务印书馆2003年版，第138页。

展。其次,仅仅有机会平等,把“强者”与“弱者”同等程度地对待,“弱者”在同一赛道上的“弱势”处境,极易滋生“强者恒强、弱者恒弱”的结果平等风险,人们在“丛林法则”游戏向度下争取结果平等的社会演进中,有意无意间越来越陷入“等级圈层”的泥潭。最后,法律上的平等,不仅要促进形式意义的机会平等,还要保障实质意义的结果平等,即对处境不利弱势群体担负矫正正义职责的政府以合理性区别对待来促成实质结果平等,并在矫正正义理念的指引下,让社会资源向社会弱势群体倾斜进而最大限度避免“强者对弱者全盘通吃”的“堕落自由”,该矫正正义及其秉持差异原则追求的结果平等,无疑深刻体现了前述公平正义的共性价值。

显然,矫正正义就是在践行“公平优先”原则基础上致力于对“非正义行为的矫正”[①]弥合,即对违反、破坏正义的行为或事实进行纠偏、恢复及弥合,让遭受不利益的受害者获得正义性补偿。不过,“公平优先”并非意味着抛弃效率,高质量发展是实现公平合理补偿的前提和基础,推进中国式现代化的公平合理补偿必须高度重视效率,只有不断提高效率才能做大做好“蛋糕”,持续增大可分配的份额,进而分得更多更好并最终实现高层次的社会公平。所以,公平正义精神指引下的补偿法律制度建设,其秉持的矫正正义观,追求公平的同时又强调效率,是公平优先兼顾效率而实现全域性共享的价值立场。

综上所述,构建体现公平正义价值的补偿法律制度体系,需要坚持体现公平优先兼顾效率的矫正正义价值立场。“矫正正义”的实现路径主要有两条,一是社会资源向处境不利的弱势群体倾斜;二是在尊重和保护公民合法财产权基础上严格打击非法收入来源。前者遵循“差异原则”的弱势倾斜策略,以体现社会主义首要价值的公平正义原则为指引,逐渐消除破坏机会平等和结果平等的现实障碍,确保人人公平享有教育、医疗、就业、社会保障、公共服务、参与政治等方面的

---

① 郁乐:《环境风险分配、传播与认知机制中的道德冲突》,载《吉首大学学报(社会科学版)》2014 年第 2 期。

权益;后者遵循“勤劳守法致富”的原则,对社会财富非法占有甚至掠夺的破坏公平正义行为予以惩罚直至清除,增强全体人民勤劳致富、奋斗进取的信心和动力,达成“扩大中等收入群体、增加低收入者收入、调节过高收入、取缔非法收入”的制度建设目标。

(三)公平合理补偿目标的正义价值:效率与公平双向优化

如前所述,“概括性公平补偿原则”秉持的公平正义精神,构成了现代补偿法律制度的共性价值。淬炼于中国补偿制度经验的“公平合理补偿原则”,与“概括性公平补偿原则”是特殊与一般的关系,毫无例外也应当将公平正义精神作为价值构成的核心。

毋庸置疑,党的十八大以来,实践推演的以“公平合理补偿原则”为聚焦中心的补偿法律制度建设,旨在构建最大化体现公平正义精神的中国式现代化法治保障力量。转换到生活化的操作层面,完善新时代背景下的补偿法律制度,理应坚持的价值立场是,既要足以保障“做大蛋糕”之需,又要能满足“分好蛋糕”之需。其中,“做大蛋糕”是物质基础,是高质量“分好蛋糕”的前提条件,因为蛋糕不大,如何分配都无法实现公平合理补偿;而“分好蛋糕”又是基本保障,是高质量“做大蛋糕”的支持力量,因为市场活动不会自动纠偏起点不平等导致的结果不平等,过大的贫富差距和阶层固化必然会抑制发展效率,并且严重违背公平正义的补偿目标指向。所以,促进共同富裕目标的补偿法律制度建设,是在践行社会主义市场经济框架下“做大蛋糕”的同时兼顾“分好蛋糕”,在“分好蛋糕”的基础上持续推动“做大蛋糕”,最终通过高质量发展和高质量分配共同维系高质量的补偿。

在“做大蛋糕”和“分好蛋糕”的补偿法律制度促进实践中,“做大蛋糕”要求充分体现效率优先兼顾公平,而“分好蛋糕”要求充分体现公平优先兼顾效率,进而说明,“公平合理补偿原则”统领下补偿法律制度体系,完全能够兼顾效率与公平并动态促成两者的双向优化。具体的实现路径主要有两种:一是在必须偏向效率时以适当牺牲合理限度的公平为代价,践行“效率优先、兼顾公平”的价值立场;二是在必须偏向公平时以适当牺牲可接受程度的效率为代价,践行“公平优先、兼顾效率”的价值立场。总体而言,在实现全民全面共同富裕、推进中国式现代化的新时代背景下,更注重“公平与效率的有机统一”①,在公平与效率的妥协过程中,越来越显示出两者具有同等的价值地位,不存在一方相对于另一方的绝对优先权,相互间总是在来回地双向协调及整合优化中保持动态平衡。

综上所述,效率与公平并重及双向优化,是“公平合理补偿原则”的内在要求,需要构建初次分配、再分配、三次分配协调配套的具体补偿法律制度保障其付诸生活化实现。在这个意义上,构建“公平合理补偿原则”指引下补偿法律制度体系,需要遵循的最佳价值立场,就是保持效率与公平的双向并重及互动优化。当下,面对“如何持续提高低收入人群收入并使其收入增速超过高收入人群”“如何扩大中等阶层的规模”“如何有效措施调节高收入”三大现实难题,客观上更需要在公平合理补偿法律制度的健全完善方面即刻性深入推进。对于“提低扩中”的实现,必须遵循“公平优先、兼顾效率”的价值立场,加大处境不利群体资源倾斜性补偿而持续提升低收入人群共富的劳动能力;对于“有效调高”方面,除了加大取缔非法收入力度及税收调节外,还应当坚持“效率与公平并重”的价值立场,通过公平合理补偿激励高收入群体参与三次分配的捐赠动力。总之,公平合理补偿原则意义上的补偿法律制度建设,必须秉持效率与公平并重及双向优化的价值立场来推动。

第三节 宪法确立公平合理补偿原则的理论逻辑

确立宪法统领规范意义上的补偿法律制度基本原则,在遵循前述的正当性价值基础上,还必须归依于充分的理论逻辑。

---

① 孙婉萍:《从“效率优先、兼顾公平”到“公平正义”——社会主义和谐社会的价值取向》,载《黑河学刊》2007 年第 6 期。

补偿法律制度的本质,在于促成公共利益与私人利益的最大化平衡。毋庸置疑,围绕着利益平衡的实现机理展开,便会植根于底层逻辑的论证思路,遵循“道德基础—秩序目标—核心原理—国情依托”递进关系立体化构筑宪法确立补偿法律制度基本原则的法理依据。众所周知,利益平衡的实质,就是通过法律权威促成利益冲突各方走向共容性的合理状态。易言之,利益平衡的实现,需要通过最具稳定性和强制性的法律调整促使利益冲突各方达成共容性妥协,基本的推进策略,就是赋予利益冲突主体间权利义务关系的合理性法律调整。因此,宪法确立权威统领原则意义的公平合理补偿原则,同样应当以赋予代表公共利益与私人利益的冲突主体间合理性权利义务关系为自身特有使命。然而,现代意义的补偿法律制度,在利益冲突主体间的权利义务关系调整上,共同秉持的立场是,以私人主体的基本权利保障及其实现程度为主导性观测依据,并最终借此主导性观测依据判断和倾斜冲突主体间的利益平衡方向。从这一理论前提出发,宪法确立补偿法律制度基本原则意义的公平合理补偿原则,也应当将人权保障理论作为法理依据。换言之,宪法确立公平合理补偿原则应当以人权保障理论为其奠定道德基础。与此同时,为了使补偿法律制度基本原则意义的公平合理补偿原则完美契合秩序诉求、本体构成和未来发展需要,该原则的确立还应当以公平正义理论为其明晰目标旨向,以特别牺牲理论为其构筑核心原理,以本土化的“社会国”理论为其拓展法理依托基础。

一、以人权保障理论奠定道德旨向

现代补偿法律制度在促成公共利益与私人利益平衡的过程中,如前所述,是以私人主体的基本权利保障及其实现程度为主导性观测依据。因此,在宪法规范层面确立补偿法律制度基本原则意义的公平合理补偿原则,应当以最具合法性价值的人权保障理论为其奠定道德基础,并且这一结论放在任何社会场域中都不为过。

在公共利益与私人利益的平衡关系中,私人权利因公共利益需要而受到特定情形的合理限制甚至适当缩减,为一般宪法文化之通念。但是,起因于公共利益需要的公权力行为,对私人权利的合法限制具有正当性,并非意味着可以对私人权利肆意"掏空",必须遵循一定的原则和限度。首先,基于比例原则,对个人权利的限制不能"禁止过度";其次,基于核心权利保障原则,不能将权利限制扩张至所有权利,尤其是人之为人必不可少的本质权利。也就是说,公共利益与私人利益的平衡协调,需要遵循一项基本的价值指引,即无论何种公共利益都要建立在最大化保障公民核心权利基础上。

那么,何种权利是通常意义上的核心权利?按照传统学说,基于补偿的立场探讨权利救济,通常是从财产权保障理论展开,主要立足点是,补偿可以承担前述"三层次"规范结构中"财产权保障条款"的"实现条款"功能,这一主张大致代表了补偿法律制度促进权利实现的主流观点。在此基础上,随着人身权损害补偿以及其他非财产性补偿的出现,财产权保障理论的观察边界需要得到适时突破,确立作为补偿法律制度基本原则的宪法统领原则,必须构建射程范围更为广阔的权利体系支持框架。

个体社会和共同体社会意义上的价值秩序和价值决定都围绕着充分保障人权这一伦理道德基础来建立。人权保障思想构成了补偿法律制度基本原则价值源泉意义上的核心理论思想,在宪法层面确立作为补偿法律制度基本原则的公平合理补偿原则,也以促进人权的充分实现为道义责任。不过,人权作为人之为人必有之道德性权利,只有对于人们"具有重要地位""必不可少"的权利内容,在获得法律规范的确认后方足以构成"基本权利",即被法律规范界定了的人权即转化为强制性权利。我国《宪法》第 33 条第 3 款规定的"国家尊重和保护人权",作为概括性保障条款,为道德人权向基本权利转化提供了宪法基础。如前所述,人权条款提供的仅仅为"社会共同体价值"或"公共价值秩序",进一步法定化的基本权利必须体现"必不可少"。如何界定人权转向基本权利的"必不可少"?学界普遍认为,维护人的尊严是保障人权之首要原则[①],因而,保障人的尊严是必不可少的核心人权。

何谓尊严?“尊严”一词源于外文 dignity,意即应得的和值得的、获得了一定社会地位、荣誉及得到尊重的对待,有自尊、自重、自豪及自我价值的感知等含义。较早提及“人之尊严”的学者是罗马哲学家西塞罗[②],在他看来,人之尊严在于保持“人和动物本质区别的理性”[③]。时至 18 世纪,哲学大师康德超越“理性”认知进一步提出:“人之尊严是一种绝对的、不可购买交换的、超越其他所有价格的一项内在价值,它是唯一的,无可替代的。”[④]晚近以来,尽管“尊严”一词遭遇“毫无思想”“无用概念”“冗余”“空洞”“神学信条之虚幻”等批评[⑤],但并未妨碍人之尊严的制度化探索进程[⑥],而且还一度被称为“一切基本权利的根源”。[⑦] “二战”后,“人的尊严”一致获得了《联合国宪章》与《世界人权宣言》的规定,确认为全人类的普遍价值以及根本法律原则。我国《宪法》第 38 条规定的“人格尊严不受侵犯”,就强调要让人民生活得更加幸福、更有尊严,并借此构成了维护“人的尊严”的制度完善的宪法规范基础。[⑧] 人的尊严即为最低限度的人权,是人权体系中最高位阶的权利内容,也是宪法层面确立补偿法律制度基本原则所必须遵循的伦理道德基础。

---

① 参见俞可平:《论人的尊严——一种政治学的分析》,载《北大政治学评论》第 3 辑,商务印书馆 2018 年版,第 3 页。

② 王晖:《人之尊严的理念与制度化》,载《中国法学》2014 年第 4 期。

③ Marcus Tul lius Cicero:Deofficiis,Ztirich/Stuttgart 1964,Buchl,106.

④ Immanue Ⅰ Kant, Grundlegungzur Metaphysikder Sitten, 1785, Kant's gesammehe Schriftenhg. V. derK-niglich Preul-ischen;Akademieder Wissenschaften,Band Ⅳ,Berlin 1911. S. 434 Z. 29,S. 435 Z. 3f.

⑤ Arthur Schopenhauer,Preisschrifttiberdie Grundlageder Moral,in:Werkeinftinf B-inden, Hg. v. L. Ltitgehaus. Bd. Ill, Ziirich 1988, S. 522f; Ruth Macklin, Dignityisa Useless Concept, British Medical Journal,Vol. 327(2003),p. 1420.

⑥ 如《德国基本法》第 1 条第 1 款就明确规定“人之尊严不可侵犯”“尊重和保护人之尊严是一切国家权力的义务”。

⑦ BVerf GE 93,266(293).

⑧ 参见王晖:《人之尊严的理念与制度化》,载《中国法学》2014 年第 4 期。

然而，人的尊严作为“最低限度的伦理共识”[①]，其本身并非一项具体性权利，只有与基本权利相结合才能走向实现。[②] 那么，何种权利是体现人的尊严的基本权利？传统的人权理论及立法，通常把最低限度的人权理解为“最低程度的生存保障线”[③]。随着人权理论的发展，学者们认为，最低限度的人权不应局限于“底线生存”范畴，还应包括足以维持体面生活（基本生活）的发展权。[④] 例如，我国“美好生活”理念中的最低限度人权至少包括了生存权与发展权。

毋庸置疑，为了不断提高私人权利的保障水平，私人利益因公共利益优化应当接受适当限制。但是，从人权保障理念出发，一切起因于公共利益优化的公权力行为，都必须以不触及“基本权利的本质”为限。因此，基于公共利益与私人利益调和立场的公平合理补偿原则，由于代表了私人利益保障与公共利益优化的“最大公约数”，不仅天然地蕴含了人权保障理念的价值成分，而且还为更好地保障人权找到了平衡社会利益冲突的调节原则。仅就这个意义而言，将体现私人利益保障与公共利益优化“最大公约数”的公平合理补偿原则，上升为补偿法律制度基本原则的宪法统领原则，符合人权保障的最高权利属性要求。特别是置于新时代“以人为本”的制度构建理念背景下，要求体现补偿法律制度基本原则的宪法统领原则，在充分发挥“集中力量办大事”这一体制机制优势而促进公共利益优化的同时，必须全面保障私人个体的生存权与发展权，作为前述功利主义与自由主义调和立场的公平合理补偿原则，无疑是最佳的“身份安置”。从这个意义上看，公平合理补偿原则上升至补偿法律制度基本原则意义的宪法统领原则，

---

① 齐延平：《“人的尊严”是〈世界人权宣言〉的基础规范》，载《现代法学》2018 年第 5 期。

② 参见俞可平：《论人的尊严——一种政治学的分析》，载《北大政治学评论》第 3 辑，商务印书馆 2018 年版，第 3 页。

③ 夏勇：《人权的推定与推行——米尔恩人权观点评述》，载《中国法学》1992 年第 1 期。

④ 参见陈云良、寻健：《构建公共服务法律体系的理论逻辑及现实展开》，载《法学研究》2019 年第 3 期；俞可平：《论人的尊严——一种政治学的分析》，载《北大政治学评论》第 3 辑，商务印书馆 2018 年版，第 3 页。

需要建立在人权保障理念这一权利道德基础之上。

一言以蔽之,人权保障理论蕴含的底线要求,构成了宪法层面确立补偿法律制度基本原则的价值源泉,是整体补偿法律制度体系构建的伦理道德基础。体现功利主义与自由主义调和立场的公平合理补偿原则,天然蕴含了人权保障思想,其阐发出的基本价值立场是:国家在不侵犯基本权利本质内容的生存权与发展权基础上促进公共利益优化,公平合理补偿原则与宪法统领依据意义上的补偿法律制度基本原则,在权利属性和权利意涵上均具有高度一致性。

二、以公平正义理论明晰秩序目标

在宪法层面将公平合理补偿原则确立为统领依据意义上的补偿法律制度基本原则,基于前述人权保障理论奠定的道德基础之上,又必然会导出新的追问:遵循人权保障底线要求的公平合理补偿原则旨在实现何种制度目标?

诚如前文所言,将公平合理补偿原则确立为统领依据意义上的补偿法律制度基本原则,其制度效用的目标旨向,主要在于消解实践中补偿制度体系较为凌乱和弥补某些制度领域缺位以及由此造成的补偿不公,促进社会公平正义。那么,公平合理补偿原则如何能实现公平正义的秩序目标?尽管人权保障理论因框定权利边界而成为公平合理补偿原则入宪的道德基础,但仍然无法就公平合理补偿原则的秩序目标指明方向。因此,公平合理补偿原则上升至宪法统领依据意义上的补偿法律制度基本原则,如何能实现其公平正义的秩序目标,对这一提问的回答,必须寻求新的理论支持。本书认为,"公平正义"的秩序目标,作为一种结果导向的制度诉求,应当遵循最能体现"公平正义"秩序诉求的公平正义理论。

公平正义理论肇始于古希腊的正义思想①,原初意义上是指"平

① 参见石碧球:《追寻正义:古希腊罗马自然法思想的主题》,载《人文杂志》2012年第1期。

衡、和谐、稳定的关系”。在古希腊时期，视正义为有德行的“智慧”，还从个人、国家与社会三方关系出发，认为个人正义是互不干涉地“自己做自己的事”，国家正义是“统治者”不能“只顾自己利益”而“不顾百姓利益”，社会正义是给“低等级”社会精英升迁为“护国者”的发展机会。足见古希腊正义思想已经摄入了通过补偿达成社会平衡的朴素理念。

近现代以来，罗尔斯正义理论[①]是社会正义思想的集大成者，至今一直影响深远。罗尔斯认为，面对“财富和权力的不平等……只有……对地位最不利的社会成员的利益进行补偿的情况下才是正义的”。至于如何补偿不利者的问题，罗尔斯更是提出了堪称经典原则的论断，即“每个人对与其他人所拥有的最广泛的基本自由体系相容的类似自由体系都应有一种平等的权利”，“社会和经济的不平等应这样安排，使它们既被合理地期望适合于每一个人的利益，同时又依系于地位和职务向所有人开放”。罗尔斯针对不利性补偿的两个“正义原则”，一个强调平等对待，另一个强调差别补偿。从序列优先性上看，应当坚持平等原则基础上的差别原则，平等原则旨在实现机会公平的秩序价值目标，而差别原则旨在以不平等手段达成实质平等结果的终极追求。

何种补偿足以实现公私利益平衡的公平正义？从补偿标准的角度看，现代意义上的补偿法律制度普遍认同市场价值标准，但市场价值标准并非万能的，当市场价值标准违反公平正义原则不得适用时，实践中可以通过合理补偿原则秉持的“多因素权衡标准”予以替代[②]；从补偿范围角度看，实定法已经辐射至特别牺牲补偿和衡平补偿，其中，既包括财产权损害补偿也包括人身权损害补偿。不可否认的是，无论补偿标准还是补偿范围的设定，都必须依托宪法确立的补偿法律制度基本原则规范予以概括明确，才能为促成公平正义的补偿法律制

① 参见谭安奎：《超然“物”外：罗尔斯的正义理论与身份政治的疗救》，载《天津社会科学》2021 年第 3 期。

② United States v. Commodities Trading Corp，339 U. S. 121（1950），at 123.

度提供权威统领依据。从制度实践看,如前所述,各国在宪法层面确立的补偿法律制度基本原则,尽管各有不同,但平衡公私利益的价值导向,都趋向于功利主义与自由主义调和立场的"概括性公平补偿原则"。正如日本学者所言,不同补偿法律制度基本原则的分殊,仅有象征意义或形式上的差别,在实际执行中,都得本着公平正义理念而"对受害人给付基本一致的补偿"①。从这个意义上讲,公平正义思想是西方资本主义国家在宪法层面确立补偿法律制度基本原则所共同遵循的理论基础。

在我国的补偿法律制度实践中,《宪法》第1条第2款第1句规定:"社会主义制度是中华人民共和国的根本制度。"学界普遍认为,该条确立的"社会主义原则",构成了我国宪法的基本原则。② 社会主义的本质,就是"最终达到共同富裕"③。而实现共同富裕,必须要首先完善共享发展成果的公平正义保障制度。由此,在宪法层面确立统领依据意义上补偿法律制度基本原则,就必须遵循公平正义导向的制度构建理念。而事实上,鉴于公平合理补偿原则代表了前述公共利益与私人利益平衡协调以及双向优化的基本判断立场,确立宪法统领规范意义上的公平合理补偿原则,客观上完全足以最佳程度地体现其公平正义的价值意涵。并且,由于公平合理补偿原则正在形成具体补偿立法的共性聚焦原则,其体现公平正义的规范意涵,无疑还可以依托宪法权威规范的高涵盖性特征,构筑起最为广泛的无所不及的射程领域。易言之,确立宪法统领规范意义上的公平合理补偿原则,从终极意义上讲,就是基于公平正义秩序目标而对公平正义理论思想的全面遵循。

综上所述,追求公平正义是补偿的秩序目标归向,由此,在宪法层面确立补偿法律制度基本原则意义上的公平合理补偿原则,必须遵循

---

① 杨建顺:《日本行政法通论》,中国法制出版社1998年版,第606~607页。

② 参见胡锦光:《试论中国宪法的基本原则》,载《法学家》1988年第3期;卫之骅:《论新宪法的基本原则》,载《政治与法律》1984年第6期。

③ 刘伟:《社会主义本质要求的时代诠释》,载《人民日报》2016年12月29日,第7版。

公平正义的理论思想。

三、以特别牺牲理论构造核心原理

确立补偿法律制度基本原则意义的公平合理补偿原则,如果说人权保障理论为其奠定了伦理道德基础、公平正义理论为其明晰了秩序目标指向,那么,基于权利保障的伦理道德要求和公平正义的秩序目标指向如何在补偿层面付诸实现?换言之,作为补偿法律制度基本原则的公平合理补偿原则,其促成公共利益与私人利益最大化平衡的"道德要求"和"秩序目标"怎样付诸可操性制度实践?显然,这一提问并不能在人权保障理论和公平正义理论框架下获得答案,需要回到作为补偿核心原理的特别牺牲理论界域求解。

关于平衡公共利益与私人利益的基本判断立场,始终是学界争议的焦点。总括而言,分歧主要表现在:应在承认和保护个体权利的前提下谋求社会发展,还是应注重公共利益与私人利益的贯通与协调。从基本趋势来看,协调论渐成主流观点。协调论源于权利社会化的一般法理,通常认为,促进公共利益与私人利益的协调一致,是"积极政府"更好地实现私人利益的基本手段。因而,私人利益因公共利益需要适当作出让步无可厚非,但必须以不超过可期待的容忍度为限。据此,补偿就扮演了世界通行的平衡角色,即一方面防御起因于公共利益需要的公权力行为肆意侵害私人利益,另一方面作为反击手段对私人主体的"过度负担"要求予以补偿。其中,弥合私人主体"过度负担"之损害,就是补偿法律制度的本质所在。在学理上,因公共利益需要的公权力行为,导致私人利益过度负担的损害,通称为特别牺牲。特别牺牲理论,能够在平衡公共利益与私人利益的判断立场上作出公认性解释,揭示了补偿的内在基础,无疑是宪法规范层面确立补偿法律制度基本原则应当遵循的核心原理。

特别牺牲理论源于德国,早在1794年普鲁士邦国颁布的《普鲁士一般邦法》第75条就规定,任何人的特别权利及利益,是为了公共利益的必要而牺牲时,应予补偿。一定程度上讲,该法条内容构成了特别牺牲理论得以产生的规范基础。到 19 世纪,特别牺牲理论得到了大力推进,并逐步认识到社会发展、国家强大背后基于自由、安全、秩序的公法活动必不可少,由此造成公民权利的牺牲应当容忍。但是,基于平等原则,牺牲必须公平,不公平则必须予以补偿,不能因公共利益需要而使私人利益遭受牺牲后继续由个人承担,应由社会公众一起承担。此后,在法院判例的推动下,特别牺牲理论的内涵不断丰富和扩张。[①] 近年来,在财产权损害补偿的基础上,进一步发展出了人身权损害补偿。根据德国联邦最高法院 1953 年 12 月 19 日针对预防接种作出的"非财产权损失补偿"判决,公共利益活动造成的人身权损害同样是特别牺牲,应当予以补偿。值得注意的是,特别牺牲理论除了在德国获得了长足发展外,还获得了世界各国广泛认同和推动,尤其是美国,在补偿标准客观化方面通过法院案例发展出了反映市场交易价格的"公平市场价值标准"(fair market value)[②],构成了现代补偿制度及补偿实践的核心支柱之一。

总括特别牺牲理论的发展脉络,其恒定不变的基本原理是,在公共利益与私人利益的平衡关系中,起因于公共利益需要的公权力行为,对私人利益的侵害构成了特别牺牲,就应当给予公平合理的补偿,公平合理补偿的基本价值立场,则是旨在对特别牺牲的弥合。至于是否构成特别牺牲的判断,又可以从目的公益性、损害确定性和结果严重性三方面来厘清。首先,目的公益性。对于私人利益的牺牲,必须始于"维护与促进公共利益"目的,只有公益所生之损失,才能基于宪法平等原则而面向"超公共负担(或内在性义务)"的"特别牺牲"给予补偿。其次,损害确定性。受损主体相较其他人必须有确定性的显失公平存在,并且确定性的显失公平已达到了特别牺牲程度,不平等主

---

① 如"二战"后德国联邦最高法院提出,鉴于特别牺牲理论是建立在财产征收征用剥夺的基础上,不足以完全涵盖社会情形,因而,通过 1981 年的赠阅本义务裁定和湿砂石裁定,发展出了立法限制补偿,进一步丰富了特别牺牲理论的基本内涵。参见 BVerfGE 58. 137 ff;BVerfGE 58,300 ff。

② Olin L. Browderet et al. (eds.), *Basic Property Law*, 5th ed., St. Paul, Minn.: West Group, 1989, p. 994 - 999.

体方可获得补偿;相反,单纯的社会义务以及法律基于社会大众的普遍限制性规定,均无须给予补偿。最后,结果严重性,即损害结果超过了公民个体应当负担的内在性义务,进而构成了不得不介入补偿的"特别牺牲"。

通常意义上讲,特别牺牲补偿得以成立的法理基础是实质平等原则。[①] 具体而言,个人权利行使的内在限制无可厚非,但任何限制都应当以平等权以及基本权利的本质内容不受侵犯为前提,当社会限制超越内在的可期待负担时,则本质地转变为局部主体的不平等,必须予以补偿。正如有的学者所言,"少数人为了公共利益而做出牺牲,出于'利益均沾则负担均担'的原则,就必须由国家动用公帑对'特别牺牲者'予以补偿"[②]。基于实质平等原则而给予的特别牺牲补偿,完全建立在"补偿不多不少"的公平正义立场上,与前述功利主义与自由主义融合导向的价值选择具有高度一致性。毋庸置疑,特别牺牲理论的基础原理,完全可以作为宪法规范层面确立补偿法律制度基本原则的核心理论遵循。

易言之,无特别牺牲则无补偿,特别牺牲理论揭示了补偿法律制度的本质形态。作为功利主义与自由主义调和立场的公平合理补偿原则,其恪守的补偿基准,同样是旨在弥合特定主体遭受的特别牺牲。所以,确立宪法统领规范意义上的公平合理补偿原则,深刻蕴含了特别牺牲理论的精神实质,而特别牺牲理论的基本原理,也构成了公平合理补偿原则上升至补偿法律制度基本原则的核心理论遵循。

四、以本土化社会国理论形成国情依托

目前,我国实定法涵盖的补偿范围,已经超越传统意义的特别牺牲补偿而一度扩展到了衡平补偿领域,最为典型的有自然资源补偿、生态效益补偿等。例如,《森林法》(2019 年)第 7 条规定:"国家建立

---

① 参见李惠宗:《行政法要义》,台北,元照出版有限公司 2007 年版,第 664 页。

② 张翔:《财产权的社会义务》,载《中国社会科学》2012 年第 9 期。

森林生态效益补偿制度,加大公益林保护支持力度,完善重点生态功能区转移支付政策,指导受益地区和森林生态保护地区人民政府通过协商等方式进行生态效益补偿。”又如,《水污染防治法》(2018 年)第 8 条规定:“国家通过财政转移支付等方式,建立健全对位于饮用水水源保护区区域和江河、湖泊、水库上游地区的水环境生态保护补偿机制。”再如,《民族区域自治法》(2001 年)第 65 条第 1 款规定:“国家在民族自治地方开发资源、进行建设的时候,应当照顾民族自治地方的利益,作出有利于民族自治地方经济建设的安排,照顾当地少数民族的生产和生活。国家采取措施,对输出自然资源的民族自治地方给予一定的利益补偿。”上述列举,仅代表了衡平补偿的冰山一角,随着福利社会、风险社会背景下公平正义诉求日渐强烈,衡平补偿涉足的范围将越来越广泛。

显然,由于衡平补偿并非以特别牺牲为构成要素,因而,很难基于特别牺牲理论为制度确立提供学理支持,必须寻求新的法理依据。在德国的法制实践中,衡平补偿的触及领域曾一度呈现出高歌猛进的拓展态势[①],首先是“二战”后战争受害补偿和政治迫害补偿[②],近代以来,再次扩展到“危险防止损失补偿”[③]、“暴力犯罪被害人补偿”[④]等领域。总之,在“社会国”思想的影响下,德国的衡平补偿辐射到了政治运动、战争、罢工、地震、洪灾、生态环境、传染病疫情等国家可归责性公共事件所生损害之领域。例如,德国在“二战”后颁布的战争补偿立法就达 80 多项。

---

① 18 世纪的衡平补偿,主要源于 1794 年《普鲁士一般邦法》“序言”第 74 条、第 75 条的规定。“二战”以后,德国的衡平补偿制度,是从立法和判例两方面来推进的。例如,德国联邦宪法法院在 1981 年的赠阅本义务裁定和湿砂石裁定中发展出了“立法限制补偿”,推动了衡平补偿在征收判例实践中的应用。参见 BVerfGE 58,137ff;BVerfGE 58,300ff。

② 参见娄宇:《论社会补偿权》,载《法学》2021 年第 2 期。

③ 如因瘟疫所致的病人职业限制补偿、医务人员殉职补偿等。参见沈开举、杨俊峰:《行政上之损失补偿范围研究》,载找法网 2022 年 5 月 23 日,https://china.findlaw.cn/zhishi/a703763.html。

④ 郭明政:《德国暴力犯罪被害人补偿制度之研究》,载《政大法学评论》1994 年第 12 期。

显然,无论从我国的实定法基础还是从国外法制经验看,在福利社会、风险社会的到来以及人民追求美好生活的叠加影响下,衡平补偿已经成为现代补偿法律制度不可或缺的重要内容,并且必将越来越广泛地扩展到不同社会领域而被具体补偿立法所涵盖。尤其值得注意的是,在促进"实质平等"的功能属性上,衡平补偿呈现出其他补偿类型不可替代的制度价值。因此,确立宪法统领规范意义上的公平合理补偿原则,应当涵盖衡平补偿并对其秉持的价值立场作出明确界定。

衡平补偿(Billigkeitsausgleich),在德国、日本等国又被称为"社会补偿(soziale Entschadigung)",[①]最早源于英国法院基于"公平""善良"基准的裁判原则。现代公法理论上的衡平补偿,源于德国的"社会国"原则思想,旨在通过"积极政府"弥合市场缺陷,实现分配正义、促进实质平等,保障个人自由从消极防御扩展到要求政府积极作为的"积极自由"。[②]

关于衡平补偿的基本内涵,学界表述林林总总。通说认为,衡平补偿以实质平等原则为法理基础,是国家基于实现平等权而主动给予的社会正义补偿。[③] 相较特别牺牲补偿,衡平补偿最为独特的一面,主要体现在"衡平性"上,其基本属性是基于实质平等原则的社会正义补偿,是旨在促进社会整体平衡而向社会不利者实施的补偿。具体展开来看,衡平补偿就是由于公共利益需要的公权力非违法行为或国家可归责性特定事件直接或间接地造成了私人利益损害,却又未达到特别牺牲或者在给予特别牺牲补偿后仍然不足以弥合损失的情况下,国家给予社会不利者矫正正义的促进性补偿。因此,衡平补偿尽管在终极意义上仍然体现了特别牺牲补偿的思想基础,但并不以特别牺牲为构

---

① 所谓社会补偿,实质而言,就是通常意义上的衡平补偿,即因公共利益活动造成权利人不利益的生存照顾之补偿。台湾行政法学会:《行政法争议问题研究》(下),台北,五南图书出版股份有限公司2000年版,第1450~1452页。

② See John E. Chapman, *Compensatory Justice*, New York University Press, 1991, at 45–85, p. 143–178.

③ 王锴:《我国国家公法责任体系的构建》,载《清华法学》2015年第3期。

成要素，所以特别牺牲理论并不能对衡平补偿的价值立场直接作出回答。同时也不难推导出，衡平补偿不同于特别牺牲补偿的不可替代价值，就在于衡平补偿能够天衣无缝地填充特别牺牲补偿无从触及的“真空地带”，进而与特别牺牲补偿整合形成辐射补偿全域的网络体系。

现代补偿法律制度意义上的衡平补偿，肇始于德国的“社会国”原则思想。在早期，克服封建专制和抵抗警察国家统治而谋求个体独立的自由主义思潮兴起[①]，引发教权与王权、国家与社会的彼此分离，进而驶入了国家和社会二元分离的政治和民族国家进程[②]，最终催生了短暂的自由主义泛滥。但是，由于羽翼未丰的自由市场无法为人们提供最低限度生存保障，在如此背景下，不可避免地引发了风起云涌的工人运动，严重冲击了德意志帝国的新生政权。出于缓解社会矛盾之需，俾斯麦政府推进了自上而下的社会保险立法改革，在 1881 年至 1884 年制定了《医疗保险法》《工伤事故保险法》《老年保险法》等旨在提升底层民众福利水平的社会保障法，开启了德国“国家任务”目标的社会国新纪元。[③] 在社会国理念的洗礼下，因提升公共福利需要而导致的公权力干预私权利现象，成了新的关注焦点。到了魏玛共和国时代，1919 年《魏玛宪法》第 151 条规定，在经济生活秩序中必须依据“公平原则”保障每一个人最低限度的尊严。在一定意义上，该条文明确规定的“公平原则”，构成了公民个体社会权保障的规范基础。至此，德国宪法奏响了通过社会权形塑公共秩序的乐章。由于主张私人权利不容侵犯是早前自由主义法治国理念的基本立场，当开启社会国理念的“积极政府”实践后，在约束公权力与保障私权利的两端，因公民社会权发挥中枢桥梁作用而逐渐促成了完善的衡平补偿制度体系。

---

① Vgl. Siehe Karl Thodor Welcker, Die letzten Grunde von Recht, Unrecht und Strafe, Heyer 1812, S. 25f.

② Vgl. H. Ehmke, Staat und Gesellschaft als verfassungstheoretisches Problem, in: Festschrift fuer R. Smend, 1962, S. 23f.

③ Vgl. Cf. R. Castel, Die Meamorphosen der sozialen Frage, 2000, S. 45f.

1949 年《德国基本法》第 20 条、第 28 条分别规定,“德意志联邦共和国为民主、社会之联邦国家”“各邦之宪法秩序应符合本基本法所定之共和、民主及社会国原则”。自此,社会国原则便以基本法形式明确下来,一直延续至今,并且其理论思想及制度体系也在实践中得到不断丰富与发展。

关于社会国原则的基本内涵,各方众说纷纭。但是,德国学者还是在三方面达成了共识。一是“社会国原则之平等”与“法治国原则之自由”都应当予以保障,“社会法治国仍需保留自由法治国之内核”①;二是国家干预经济应体现社会法治国理念,即需要“灵活指引”但并非“全面计划和指导”②;三是《德国基本法》确立社会国原则的规范目标,在于促进社会平衡、追求社会正义,弥合“社会阶层裂痕”③等。不难看出,社会国原则坚持的“积极政府”理念,将“实质平等”视为首要的公共性努力目标,兼顾公共利益和私人利益的平衡立场,不仅有利于激发社会个体的生存与发展潜能,而且还能整体提高社会分享水平与促进公平正义。换言之,实质平等原则是社会国原则付诸实施的法理依据。具体展开,即基于社会衡平性、公平正义性之目标诉求,通过重构公共资源分配关系,尤其是面向公权力非违法行为或国家可归责性特定事件而导致的社会不利者予以资源倾斜,给予受害人“实质平等”的生存与发展保障,最终以“积极政府”策略解决市场失灵问题。

由于社会国原则的法理基础是“实质平等原则”,从这个前提出发足以推导出,社会国原则不仅直接蕴含了“公平合理补偿原则”之价值立场,而且相融于我国宪法基本原则精神。首先,公平合理补偿原则之价值立场。如前所述,坚持功利主义与自由主义的最佳度调和,阐发出的核心意涵是,平等对待因公共利益需要而导致私人利益损害的社会不利群体,起因于公共利益需要的公权力行为或国家可归责性特

① VVDStRL 11 (1952),S. 17f.

② Scheuner, Neuere Entwicklung des Rechtsstaats, 1960. S506f.

③ VVDStRL 11(1952),S. 44f.

定事件造成私人利益损害后，应当给予“恢复至尚未发生损失状态”的补偿，追求的是一种结果平等，均以“实质平等原则”为法理基础，与社会国原则毫无分殊，即社会国原则的价值理念完全可以被公平合理补偿原则所吸纳；其次，我国《宪法》第 1 条第 2 款规定的“社会主义原则”，其本质要义就是“消灭两极分化、实现共同富裕”，旗帜鲜明地阐发出了促进“实质公平”的社会发展立场，与社会国原则内在诉求的“社会衡平性”及“合目的性”价值立场，两者之间具有高度的双向相融性。正如张翔教授所言：“在现代宪法发展史中，维护社会正义、扶助社会弱者的社会平衡理念不仅构成社会主义原则的宪法原旨，而且构成该原则发展变迁中始终不变的稳定内核。中国宪法所确立的社会主义原则实际上也以社会平衡理念为其规范内核。”①进而不难推导出，社会国原则与社会主义原则在价值理念上具有共同的价值聚焦点，在中国特色社会主义的宪法制度框架内植入社会国原则理念，因具有共同法理基础和价值诉求而具有实现的可能。综上两方面论述不难得出结论，在中国特色社会主义的补偿法律制度发展实践中，以张开双臂合理吸纳人类一切补偿法治文明的宏伟胸怀和强大底气，促进“社会国”原则的本土化，完全可以形成宪法确立公平合理补偿原则的国情化支持依据。

一言以蔽之，在宪法规范层面确立统领依据意义上的公平合理补偿原则，其涵盖的补偿范围，在特别牺牲补偿之基础上，还必须将衡平补偿纳入其中。进而要求，依托本土化的“社会国”原则理念，为健全和完善衡平补偿制度提供符合国情需要的法理依据。

第四节 本章小结

在我国宪法层面确立补偿法律制度基本原则意义上的公平合理

---

① 张翔：《“共同富裕”作为宪法社会主义原则的规范内涵》，载《法律科学（西北政法大学学报）》2021 年第 6 期。

补偿原则,其遵循逻辑包括事实逻辑、价值逻辑和理论逻辑,旨在回答的核心问题是,公平合理补偿原则如何能成为我国宪法统领规范意义上的补偿法律制度基本原则?

事实逻辑方面,包括制度事实和社会事实。首先,从制度事实层面看,有两方面的遵循逻辑。一是淬炼于具体补偿法律制度且有"最大公约数"的公平合理补偿原则,具有上升至补偿法律制度基本原则的扎实经验基础;二是"社会主义原则""人权保障原则""平等权保障原则"等宪法基本原则的宪法精神,均集中融入了具有"最大公约数"特质的公平合理补偿原则,进而为公平合理补偿原则入宪提供了权威、体系的合法性支持依据。以上两方面的整合互动,即可形成公平合理补偿原则入宪的双向契合性制度事实依据。其次,从社会事实层面看,突出体现为三方面的遵循逻辑。一是宪法确立公平合理补偿原则旨在概括性涵盖补偿全域。种种迹象表明,确立宪法统领规范意义的补偿法律制度基本原则,进而为整体补偿法律制度的体系化建设提供兜底条款非常必要,公平合理补偿原则入宪具有强烈的社会需求基础。因为体现"最大公约数"特质的公平合理补偿原则,内含了特别牺牲补偿和衡平补偿,足以囊括不同补偿领域而发挥兜底条款的规制效用,将公平合理补偿原则上升至补偿法律制度基本原则更有利于根本性地保障公民个体的基本权利。二是宪法确立公平合理补偿原则是共同富裕制度建设所需,实现共同富裕必须健全完善补偿法律制度,而共同富裕补偿法律制度的体系化建设,又迫切需要宪法确立统领依据意义的公平合理补偿原则。三是宪法确立公平合理补偿原则能推动"弱有所扶"的法治化,推进补偿性"扶弱"制度的完善,同样需要宪法确立统领依据意义的公平合理补偿原则。

在价值逻辑方面,宪法确立补偿法律制度基本原则意义上的公平合理补偿原则,秉持功利主义与自由主义相调和、坚持分配正义与矫正正义相统一的价值立场。一方面,坚持功利主义与自由主义的调和,可以促成公共利益与私人利益的最大化平衡;另一方面,坚持分配正义与矫正正义的统一,可以最佳度达成效率与公平的双向优化。

在理论逻辑方面，确立宪法统领规范意义上的公平合理补偿原则，以人权保障理论为道德旨向、以公平正义理论为秩序目标、以特别牺牲理论为核心原理、以本土化的社会国原则为国情依托，整合构建了公平合理补偿原则入宪的立体化学理支持框架。

总之，通过事实逻辑、价值逻辑、理论逻辑的多维度、立体化论证，系统地回答了公平合理补偿原则足以成为补偿法律制度基本原则的支撑理据。讨论至此，针对确立中国补偿法律制度体系化建设的统领依据，前述两部分内容已经较全面、系统地回答了，在宪法补偿条款中“为什么”以及“如何能”确立补偿法律制度基本原则意义的公平合理补偿原则。显然，研究步伐并不能停歇，作为补偿法律制度基本原则的公平合理补偿原则，到底“是什么”的关键问题还未得到回答。进而又导出了新的问题，作为宪法统领依据意义的公平合理补偿原则究竟有何种具体规范意涵？对此，本书拟在深入剖析公平合理补偿原则的应然内容及构成要素基础上努力予以澄清。

CHAPTER 04

第四章

补偿法律制度基本原则之公平合理补偿原则:规范意涵与构成要素

本书在前述细致的制度梳理基础上提出,公平合理补偿原则正在成为本土化具体补偿立法乃至整体补偿法律制度的共性原则,应当契合我国既有的制度传统尤其是最新发展趋势,将其上升至“宪法补偿条款”明确蕴含的补偿法律制度基本原则,进而确立补偿法律制度体系化建设的权威统领依据和兜底规制条款。循此思路,本书进一步在基于事实逻辑、价值逻辑、理论逻辑的多视角、立体论证基础上,系统回答了宪法确立公平合理补偿原则且足以成为补偿法律制度基本原则的支撑理据。以上努力,对于宪法确立公平合理补偿原则而言,较为全面地澄清了“为什么”以及“如何能”两大前置问题。显然,确立宪法统领依据意义上的公平合理补偿原则,探讨并非可以止步于此,关键还要彻底回答宪法统领依据意义的公平合理补偿原则“是什么”。换言之,在宪法层面确立作为补偿法律制度基本原则意义的公平合理补偿原则,其足以发挥统领依据功能和兜底条款效用的规范意涵应当如何构造?

如前所述,公平合理补偿原则淬炼于我国的具体补偿制度经验,如果将其上升至宪法统领依据意义上的补偿法律制度基本原则,相较前述作为不同补偿法律制度基本原则聚焦中心的"概括性公平补偿原则",两者之间是个性与共性、特殊与普遍的关系。

至今,尚无任何立法对公平合理补偿原则的具体内涵和构成要素作出明确界定。仅从语义结构上看,公平合理补偿原则兼有"公平补偿"与"合理补偿"之双重内容成分。"公平补偿"之称谓,被众多现代立宪主义国家的宪法确立为补偿法律制度基本原则,我国具体补偿立法中也有"公平补偿"的规定,但尚未被宪法确立,也没有形成具体补偿立法的最新聚焦原则。而"合理补偿",同样也被个别国家如葡萄牙在宪法中予以直接规定,在我国的具体补偿立法中也一直长期沿用。种种迹象表明,"公平补偿"与"合理补偿"的原则立场,都有其明确的制度事实依据和独特存在空间。因此,解析公平合理补偿原则的应然规范意涵,需要基于其"公平补偿原则"与"合理补偿原则"的双重规范结构展开,逐一澄清如下追问:"公平补偿"与"合理补偿"各自应当表达什么样的规范意涵?公平合理补偿原则包含的"公平补偿"与"合理补偿"之间存在何种内在结构关系?足以发挥宪法统领依据功能和兜底条款效用的公平合理补偿原则应当赋予何种补偿范围和补偿标准?

第一节　规范意涵:以公平补偿为主、合理补偿为辅的双重构成内容

一、公平补偿:秉持"市场价值标准"的原则立场

至今,对于公平补偿之"公平",尚无任何国家的宪法作出明确界定。放在实证经验的立场观察,"公平"本身就是动态概念,不同社会情景代表的价值导向千差万别,即如恩格斯所说的"因时因地而变"

“因人而异”。[①] 况且，不同于外部体系的规范构成，“公平”意涵属于内部体系的原则和价值证成，往往无法避免主观价值立场。所以，揭示公平补偿所体现的共性精神，必须基于其历史积淀的演绎规律去挖掘、发现和证立。

针对公平补偿的“公平”概念界定，有学者通过对1791年《美国宪法修正案》第5条规定的内容考察后得出结论，历经200多年发展，该条文规定的“公平补偿原则”[②]中何为“公平”，主要体现在“补偿计算”上的争执不休。由此，锁定“补偿计算”的判断立场，可以把握公平补偿中“公平”意涵的核心命脉。

“补偿计算”的判断立场，总体上涉及补偿标准和补偿范围的框定，主要有前述完全补偿说、适当补偿说、公平补偿说之“三分法”。当然，也有个别学者提出，“补偿计算”的判断立场在学理上只存在完全补偿与相当补偿之“二分法”。[③] 总体而言，“三分法”代表了主流观点。从“三分法”出发，完全补偿说主张，因公权力非违法行为或国家可归责性公共事件造成私权主体的利益受损，国家应当对包括财产损失、非财产损失及第三人损失在内的所有损失予以全额补偿，这样方能使受害人恢复至未发生损害前的状态[④]；适当补偿说主张，因公共利益需要的公权力非违法行为或国家可归责性公共事件，造成私人主体的利益损害，为了避免过度增加公共利益成本而不宜补偿间接损失，只要予以直接损失补偿即可[⑤]；公平补偿说主张，因公共利益需要的公

① 《马克思恩格斯全集》（第19卷），人民出版社1963年版，第310页。

② 《美国宪法修正案》第5条规定了“公平补偿”，其规范目的是防止公权力肆意侵犯私权利。其精神意旨，肇始于英国普通法甚至可以追溯至《英国大宪章》（1215年），历史沉淀相当深厚。尤其是条文确立的“公平补偿原则”，在二百多年发展历史中通过美国案例实践不断丰富内涵，对现代补偿法律制度的影响较为深远。

③ 参见杜仪方：《何为禽流感中扑杀行为的“合理”补偿——兼论风险规制与行政补偿标准的新发展》，载《行政法学研究》2016年第3期。

④ 参见张玉东：《公益征收若干法律问题研究》，中国法制出版社2009年版，第202页。

⑤ 参见吴建华、赖超超：《私产在征收征用中的公法保障机制研究》，载《中国法学》2004年第6期。

权力非违法行为或国家可归责性公共事件,造成私人主体的损失补偿,应以公平市场价值标准如数补偿。上述诸说,"完全补偿说"因影响公共利益实现以及具有主观因素弊端而未获普遍宠幸,"适当补偿说"因突出公益优先难免导致私权利减损而一直被谨慎适用,相对而言,"公平补偿说"则因其兼顾公共利益与私人利益的平衡而在经受长期历史检阅后终成主流。例如,德国的补偿,就经历了从古典征收时期之"完全补偿原则"到魏玛共和国时期之"适当补偿原则"再到"二战"后"公平补偿原则"的自觉选择过程(前文已系统论述)。同时,为了追求公平补偿原则的可操作性,美国在司法判例中发展出了"公平市场价值标准"。公平市场价值标准完全以市场交易对价为参照依据①,从目前的共识看,该"市场价值标准"能最大限度地接近客观公平,大致代表了公平补偿之"公平"的精神意旨。

在我国,公平补偿及其秉持市场价值标准的原则立场,同样逐渐被具体补偿立法所蕴含。《土地管理法》第 48 条规定:"征收土地应当给予公平、合理的补偿,……征收农用地的土地补偿费、安置补助费标准由省、自治区、直辖市通过制定公布区片综合地价确定……"同时,《国有土地上房屋征收与补偿条例》第 2 条也规定:"征收国有土地上单位、个人的房屋,应当对被征收房屋所有权人……给予公平补偿。"第 19 条第 1 款第 1 句规定:"对被征收房屋价值的补偿,不得低于房屋征收决定公告之日被征收房屋类似房地产的市场价格。"

秉持市场价值标准的公平补偿原则获得普遍认同,其最大优势在于,能提供一个相对确定的反映市场交易价格的"公平市场价值"。因为就市场交易价格本身而言,尽管最终取决于个人主观定价,但市场成交价来自无限量多数主体的自由竞价,由此形成的价格,充分包含了自主价值选择的实现,带来获得感与公平感,成交双方自然乐意接受这个价格。

---

① See Theodore J. Novak, Brian W. Blaesser & Thomas F. Geselbracht, *Condemnation of Property: Practice and Strategies for Winning Just Compensation*, Wiley Law Publications, John Wiley& Sons, Inc. 1994. p. 124.

但是，补偿法律制度意义上的市场价值，实际上并非来自真实市场，而是没有自由竞价的“虚拟”市场价值。从根本上讲，补偿并不存在多数人参与的自由竞价，多数情况都是限于特定政府与私人主体间的“强制性交易”，进而引发公平补偿原则应坚持何种定价立场的问题。在补偿的实施过程中，对于公共利益与私人利益平衡关系的把握，无论是基于优化公共利益需要，还是私人主体利益因遭受过度牺牲而主张补偿，无疑都具有正当性。关键在于，若基于优化公共利益而提高全民福祉的角度评判，应在最大化满足私人利益基础上坚持公共利益优先，以便实现更高水平的公共福祉保障水平；相反，若基于私人权利的保障角度，“强制性交易”本身就是一种不公平，尊重私人利益优先无可厚非。然而，绝对的公共利益优先和绝对的私人利益优先，都会导致公共利益和私人利益双双受损。公共利益优先立场下，通常以缩减补偿成本来“增加政府促进与保护公共利益的动机”①，如此前提下，一方面会“过度限制”私人利益而增加社会动荡风险，另一方面还会导致政府产生有利可图的“财政错觉”而大肆推进不计成本、浪费资源的公共活动；反之亦然。绝对的私权优位主义，不仅会增加财政负担从而阻碍公益进步，而且私权肆意也会导致权利冲突甚至陷入“丛林法则”之苦，最终同样走向社会动荡。补偿意义上的公平市场价值，需要立足于国家公平、社会公平及个人公平的立体考量立场予以综合权衡。在公共利益方面，需要强迫政府将公共活动的成本内部化，进而使其基于补偿利益衡量而作出理性的行为；在私人利益方面，需要基于前述个人权利的关联性，适度容忍权利的内在限制义务。因此，最好的结果是，在公共利益与私人利益之间，两者达成经济学上的最佳平衡。

显然，实现公共利益与私人利益的平衡，必须厘清谁来定价和如何定价的问题。无论定价权是交给代表公共利益的政府，还是交给代

---

① Thomas W. Merrill, *Incomplete Compensation for Takings*, 11 N. Y. U. Environmental Law Journal 110(2002), p. 133 – 134.

表私人利益的私人主体，任何单方主体都会卷入前述极端化弊病。这是因为，就客观上看，即便现代意义上的“积极政府”，或者以补偿成本内部化“倒逼”政府理性决策的较好情况下，也难免会出现强权集团蚕食公民个体基本权利的“多数人暴政”。[①] 美国的补偿法制实践显示，公平补偿原则首先由前述的宪法来确立，然后通过独立于公权主体(代表公共利益)与私权主体(代表私人利益)双方的第三方司法力量，时刻监视公私益平衡关系不偏离公平补偿原则的基本精神。不难看出，市场价值标准的最终确认权，往往掌握在代表第三方司法力量的法院手里。尤其是在美国，市场价值标准很大程度上就源于法院的大量实践判例[②]，并且在具体案例实践中法官一般会选择可比销售法，以类似财产相同区域最近销售价格以及实际财产重新购买成本综合评定。[③] 通常情况下，法院裁判坚持“财产最高最优用途下买卖双方自愿交易价格”的标准。不过值得注意的是，法院采纳的市场价值标准并非真实交易价，而是评估机构评估的虚拟交易价格。[④] 为避免由此引发显著的二次伤害，美国联邦法院要求在“市场价值难以确定”“给被征收者或公众带来明显不公”两种情况下，不得适用市场价值标准。[⑤] 总之，美国法院发展出来的市场价值标准，并非真实交易价格，并且受补偿的强制交易性质影响，交易价也不可能在“讨价还价”中形成。据此，市场价值标准同样面临法官对价格的计算与衡量是否“真正公平”问题，但总体而言，尽量接近市场真实价格的市场价值补偿标准，在公共利益与私人利益关系的平衡上，建立了一种相对容易操作的实现机制。易言之，秉持公平市场价值标准的公平补偿，从美国的判例经验看，至少包括了三大基本意涵。一是公平补偿以市场价值标

---

① Alexander Hamilton, James Madison & John Jay, *The Federalist Papers*, Clinton Rossiter ed., NAL Penguin, 1961, p. 77 – 84.

② See Olson v. United States, 292 U. S. 246(1934).

③ See Glynn S. Lunney, *Compensation for Takings: How Much is Just?* 42 Catholic University Law Review(1993), p. 721.

④ See United States v. New River Collieries Co., 262 U. S. 341(1923), at 344 – 345.

⑤ See United States v. Commodities Trading Corp., 339 U. S. 121 (1950), at 123.

准为基本的衡量立场;二是公平补偿秉持的市场价值标准,旨在促成公共利益与私人利益的协调平衡;三是公平补偿以公平正义为秩序目标,在市场价值标准明显有违公平正义时不得适用。

从我国的补偿法制实践看,"公平合理补偿原则"之"公平补偿"同样秉持了市场价值标准,但明显有自身独特的内涵和外延边界。我国既有实定法的补偿规定清晰表明,"公平补偿"秉持的市场价值标准,尽管在财产征用征收等市场化领域具有很强的适用性,但并不能满足补偿法律制度的全部射程。这一结论,在诸多实定法的"补偿条款"中得到了充分印证。以我国《土地管理法》第48条规定为例,针对土地征收补偿在确立"公平合理补偿"作为基本原则的同时,又规定"保障被征地农民原有生活水平不降低、长远生计有保障""征收……农村村民住宅……应当按照先补偿后搬迁、居住条件有改善",条文中"原有生活水平不降低""长远生计有保障""居住条件有改善"等具体原则,均是"公平合理补偿"这一基本原则框架下的特别原则,明显需要建立在居民生活水平、社会保障水平、安置保障房建设水平等"多因素综合权衡"的基础上,绝非仅仅通过市场价值标准得以精准量化。因此,我国《土地管理法》第48条规定的公平合理补偿原则,既包含了秉持市场价值标准的公平补偿,但是绝非仅限于此,同时还兼容了"多因素综合权衡标准"的原则立场。可以大胆预测,我国其他具体补偿立法规定的公平合理补偿原则,其规范意涵同样兼容"市场价值标准"和"多因素综合权衡标准"的原则立场。如果说公平合理补偿原则秉持的"市场价值标准",对应了公平合理补偿原则内含的"公平补偿",那么公平合理补偿原则秉持的"多因素综合权衡标准",是否对应公平合理补偿原则内含的"合理补偿"?

二、合理补偿:秉持"多因素综合权衡标准"的原则立场

合理补偿的规范内涵,与公平补偿相似,至今尚未获得任何国家在宪法层面的明确界定,客观上仍然需要通过对各国判例实践或制度规范的梳理,挖掘其意义脉络。

从制度现状看,合理补偿在各国不同立法中同样得到了广泛的规范确立。例如,1982 年《葡萄牙共和国宪法》第 62 条第 2 款规定:"为公共利益的需要征用私有财产,……应给予合理补偿。"同时,我国现行的《防沙治沙法》《电力法》《农村土地承包法》《矿产资源法》等,都规定了合理补偿①,就相关条文所涉的生态保护补偿、承包经营权补偿等具体补偿事项来看,均不具有市场属性,根本无法仅凭前述的"市场价值标准"达成补偿目标。可见,基于制度考量路径不难得出,补偿法律制度基本原则之应然蕴涵立场,应当包含公平补偿秉持的"市场价值标准",但却绝非仅限于此,还需要有"合理补偿"的成分。那么,合理补偿应当秉持何种原则立场?令人遗憾的是,该追问除了未获得任何国家的宪法界定外,也同样没有得到具体补偿立法的明确详尽阐释。这就意味着,揭示合理补偿的内在意涵,唯有通过制度规范路径以外的法院判例梳理来求解。

从判例实践看,"合理补偿"的不可替代价值,主要体现在其追求补偿的"合理性"。也就是说,在法院判例的裁量实践中,"合理性"代表了合理补偿的核心要义。所谓合理性,在哲学语言上,常常阐释为"有道理"②、"合乎情理"③、"忠于真实的情形"④、"可接受结果"⑤等含义。总括而言,合理性是指全面应对影响因素而又正常理智思维地行事的原则立场。追根溯源,合理性原则发端于英国的"韦德内斯伯里案"⑥。通过该案的判决,实质构建了"多因素综合权衡标准"的合理性审查模式。在此之后,秉持"多因素综合权衡标准"的合理性原则,被越来越广泛地应用到补偿的判例裁量中。例如,美国法院针对

---

① 参见 2018 年《防沙治沙法》第 35 条、2018 年《电力法》第 36 条、2009 年《农村土地承包法》第 26 条、2009 年《矿产资源法》第 36 条。

② Max Klbel, *Truth Without Objectivity*, London & NewYork, Routledge, 2002, p. xii.

③ Davdison, *Appendix: Replies to Rorty, Stroud, Mcdowell, and Pereda*, TLH, p. 319.

④ Ludwig Wittgenstein, *Tractatus Logical-philosophicus*, trans. by D. F. Pears & B. F. Mcguinness, London, Routledge & Kegan Paul, 1974.

⑤ Davidson, *On the Very Idea of Conceptual Scheme* (1974), ITI, p. 195 – 6.

⑥ Associated Provincial Picture Houses v. Wednesbury [1948] 1 K. B. 223 (C. A.).

管制性征收是否补偿以及如何补偿的裁量，普遍遵循的立场，就是基于"管制行为性质""对权利人的经济影响""信赖期待的干预程度"等[①]因素综合权衡立场的合理性补偿。不难看出，在司法判例的隐形推动下，合理性原则事实上构成了合理补偿的支撑内核。

作为合理补偿核心要义的合理性原则，其制度价值，在学理探讨上主要有"肯定说""否定说""折中说"[②]三类不同的观点。肯定说认为，合理性原则之制度价值，在制度从善的道义要求上高于其他原则，因而应当贯穿于一切制度制订和施行的全过程。否定说认为，由于合理性原则之价值取向捉摸不定，相较而言，比例原则更具有公平性、客观性和易操作性等显著优势，在解决基本权利纠纷领域，比例原则应当全面取代合理性原则而作为"唯一原则"或"最佳原则"适用。折中说认为，比例原则与合理性原则，两者在解决权利纷争领域各有优势，相较而言，比例原则因易于操作、客观公正而被法院判例广为适用，但针对权利纠纷审查过程中审查内容、审查强度、审查模式、审查理念等方面，合理性原则却更具契合性，由此，主张比例原则与合理原则应当区分并用。本书更倾向于折中说，明确反对否定说。肯定说具有一定的说服力，但事实上被折中说所覆盖，此处不再赘述。接下来，本书在简要辩驳否定说的基础上，重点阐发合理性原则的独特功能与内在价值。

总体上看，否定说主张"比例原则全面取代合理性原则"的观点，明显失之偏颇。众所周知，通说认为比例原则包含"适当性原则""必要性原则""狭义比例原则"三项子原则。其中，适当性原则要求，因公共利益需要导致公权力合法限制私权利的目的以及追求目的之措施必须具有正当性；而必要性原则要求，采用最温和的手段和最小侵

---

① 参见王玎：《论管制征收构成标准——以美国联邦最高法院判例为中心》，载《法学评论》2020 年第 1 期。

② 参见肖石灵：《合理原则：解决积极和横向权利纠纷的更优路径》，载《财经法学》2019 年第 6 期。

害的方式实现目的利益[①];狭义比例原则要求,在目的利益(公共利益)与受损利益(私人利益)之间按占比程度,就高作出权衡与保护选择。[②] 比例原则解决基本权利纠纷及实现利益平衡的最大优势在于,框架稳定、标准明确客观、裁量结果接近公众正义观等。但是,比例原则的核心是消极审查,即通过比例设置预防公权机关借用公共利益之名造成私人利益的“过度限制”,由此产生的审查优势,并非意味着放之四海而皆准。最为典型的例证是,随着现代福利型社会的到来,面向大量基本权利的审查必须归依“积极政府”全力应对,这恰恰是比例原则望尘莫及的。以“积极政府”的姿态审查基本权利,不仅要求国家满足“最低核心义务”,而且还应通过公共利益优化穷尽最大能力和倾其拥有资源提高公民的权利保护水平。因此,以“积极政府”姿态审查权利纠纷和公私利益平衡过程中,必须对接国家的现实承载能力,而非单纯比例原则的“比例手段”即可一劳永逸。以比例原则发祥地德国为例,2010 年发生的 Hartz Ⅳ案,[③]争议焦点落脚在德国社会保障法规定是否构成对《德国基本法》的违反。德国联邦宪法法院根据“立法机关有无考虑公民生存需要之目的”“立法机关选择的计算方式是否根本性适合最低生活保障需要”“立法机关是否完整并正确地考虑了必要的事实”“计算结果是否保持在合理的范围内”作出了否定判决。法院认为,立法机关在“考虑必要的事”“计算结果”等方面都不符合要求。在本案中,联邦宪法法院最终选用了基于“目的”“手段”“事实”“结果”等多因素权衡的合理性审查模式作出了裁定。对于本案,作为比例原则首推者的德国联邦宪法法院之所以没有适用比例原则,是因为根本无法获得比例审查所需的实质审查标准。由此不难看出,比例原则并非万能。基于以上论述,否定说之主张不攻自破。

---

① See Robert Alexy, *Constitutional Rights and Proportionality*, 22 Journal Jor Constitutional Theory and Philosophy of Law,53,54(2014).

② See Robert Alexy, *Constitutional Rights and Proportionality*, 22 Journal Jor Constitutional Theory and Philosophy of Law,61(2014).

③ 125 BVerfGE 175 (2010).

不同于否定说,折中说的可行之处在于,遵从了司法裁判必须最大化穷尽影响因素而作出公平正义的决断。以合理性原则为核心要义的合理补偿,尽管与公平补偿的意涵很难作出严格界分,但比较而言,两者的最大区别在于,公平补偿主要与前述的市场价值标准勾连,而合理补偿包含市场价值因素但仍然需要建立在"目的""手段""公平正义结果""客观规律""社会道德"等多因素的综合衡量基础上。①也就是说,公平补偿主要建立在市场价值标准的客观秩序基础上,而合理补偿则建立在多因素的综合权衡标准基础上。

"多因素综合权衡标准"的秉持立场,对于基本权利的审查,尤其是公共利益与私人利益之间的平衡具有不可替代性优势。以前述"韦德内斯伯里案"的法院判决为例,案情大致为:根据1932年英国《星期天娱乐法》的规定,电影院可以在星期天向公众开放,但需要经过管理部门批准,并且便于管理需要,管理部门可以附加条件。本案原告韦德内斯伯里向被告管理部门申请获批,但被附加了"未满十五岁儿童不得入内"的限制条件,原告由此诉诸法院要求判决附加条件无效并裁定被告越权。法院在判决书中提出了如下裁判说理:法院一般不介入行政机关的决定并推翻之,法院只有基于以下情形方介入行政机关的决定并予以推翻,即"行政机关没有考虑应当考虑的因素而合理行使裁量权""行政机关没有将不相关因素排除在考虑范围之外""行政机关做出决定荒唐到任何理智的人都不可想象"。本案判决要求行政机关"发现多重相关因素""恰当地考虑相关因素""平衡各项因素"作出行政决定的审查标准,实质地构建了合理性审查模式的雏形,并由此确立了以"多因素综合权衡标准"为核心要义的合理性原则。② 本案订立的三项审查标准,经法院发展逐步形成了"多重审查标准"和"多层级的审查强度"。在审查标准上,法院审查公权力是否侵犯私权利的标准包括:"公权机关应完整并正确地考虑必要的事实,并且将结

---

① 参见罗豪才:《行政法学》,北京大学出版社2001年版,第24页。

② See Aharon Barak, *The Judge in a Democracy*, Princeton University Press, 2006, p. 69.

果控制在合理范围内”[①]；“公权机关在恰当的情形下来实现私人权利，公权机关之决定公平、合理且符合正义与衡平原则”[②]；“公权机关提供的保护实用、有效”[③]。在审查强度上，法院审查公权力是否侵犯私权利从两个路径不断增加审查强度：一方面，公权机关涉及的私人权利属于基本权利，则采用较为严格的审查标准，对于涉及一般权利则相对放松，总体上随着私人权利的重要性逐级增加审查标准；另一方面，随着公权机关对私人权利的干涉强度逐级增加审查标准，私人权利被干涉强度越大，法院审查越严。[④] 合理性原则的多重审查标准和多层级审查强度，不仅赋予了法院审查复杂权利纠纷的灵活性需要，而且与复杂权利的价值和利益多元性特征形成了高度契合。[⑤]

总之，“合理补偿”的原则立场，尽管没有被大多数国家直接规定在宪法条文中，但并非意味着忽视合理补偿的重要性，德国“社会国”原则发展出来的衡平补偿，实质而言，就是坚持了合理补偿的原则立场。

我国的补偿法制实践不同于英美法系国家的判例推动模式，而是以成文法形式赋予法律原则应对复杂社会关系的丰富内涵。如前所述，合理补偿原则也一直被我国具体补偿立法所沿用，尽管对于合理补偿原则的“合理”，暂时还没有立法予以规范界定，但基于整体补偿法律制度的体系阐释，足以还原合理补偿原则中“合理”的真相。从前述《防沙治沙法》《电力法》《农村土地承包法》《矿产资源法》等规定的“合理补偿”以及《土地管理法》第48规定的公平合理补偿原则，足以清晰推导出，公平合理补偿原则之“合理补偿”，不同于秉持“市场价值补偿标准”的“公平补偿”，包含但不限于市场价值标准，主要体现

---

① See 125 BVerfGE175(2010), para. 143.

② See City of Johannesburg v. Blue Moonlight Properties, 2012(2) SA104, para. 96.

③ See Xand Y v. The Netherlands (1985) 8 EHRR 235, para. 30; Von Hannover v. Germany (2005) 40 EHRR 1para, 78.

④ See R. v. Ministry of Defence, ex Parte Smith[1996] QB. 517(C. A.).

⑤ See Jonas Christofferson, *Fair Balance*; *Proportionality, Subsidiarity and Primarity in the Europen Convention on Human Rights*, Martinus Nijhoff, 2009, p. 76.

为“多因素综合权衡标准”的补偿立场。

事实上，世界上任何一个国家都必须承认，市场价值标准的补偿和非市场价值标准的补偿均兼而有之。因此，对于补偿法律制度基本原则的确立而言，合理补偿的考量成分不可或缺。合理补偿的核心，就是追求公平正义目的之“多因素综合权衡标准”。据此，合理补偿至少有三方面的显著意涵。一是合理补偿坚持多标准、多层级权衡，即以“多重审查标准”和“多层级审查强度”相结合的模式，对公权力行为限制私人权利是否进行了充足的综合衡量与取舍予以审查，秉持标准包括“完整、正确地考虑必要的事实并且将结果控制在合理范围内”“公平、合理且符合正义与衡平原则”“恰当、有效”等内容，审查强度随着公民权利重要程度和被干预强度逐级增加；二是合理补偿要求开展积极正面权衡，不仅要求国家满足“最低核心义务”，而且还应以“积极政府”姿态穷尽最大能力和倾其拥有资源提高公民的权利保护水平，审查重心是在综合衡平的基础上要求国家积极作出合理行为；三是合理补偿追求直接性、结果性、兜底性权衡，即直接基于“多重审查标准”“多层级审查强度”和积极正面理念高效率地给出审查结果，在权衡手段上包括但不限于比例原则（通常只用比例原则的最后一项狭义比例原则），在权衡标准与内容上包括但不仅限于市场价值标准，兜底性涵盖一切权利保障领域。

讨论至此，前述“多因素综合权衡标准”是否对应公平合理补偿原则内含的“合理补偿”，答案不言自明。进一步引出的问题是，公平补偿秉持“市场价值标准”的原则立场，而合理补偿秉持“多因素综合权衡标准”的原则立场，那么，公平合理补偿原则内含的“公平补偿”与“合理补偿”之间是一种什么样的内在结构关系呢？

三、公平合理补偿原则：覆盖补偿全域的“全能补偿”

淬炼于我国具体补偿制度的公平合理补偿原则，正在成为具有“最大公约数”特质的共性聚焦原则。尽管如此，倘若将其上升至宪法统领依据意义上补偿法律制度基本原则，那么公平合理补偿原则的规范属性必将发生巨大变化。具体而言,宪法规范意义上的公平合理补偿原则,是补偿法律制度基本原则的宪法规范表达,需要对补偿立法承担价值指引的体系化统领任务和愈合制度真空的兜底性涵盖任务。不过,无论是体系化统领任务还是兜底性涵盖任务的完成,如前所述,都必须在宪法层面确立“内容完整、价值明晰”的补偿法律制度基本原则。由此,在宪法层面确立补偿法律制度基本原则意义上的公平合理补偿原则,其规范内涵除了必须囊括“公平补偿”与“合理补偿”的双重意义表达外,还应当厘清“公平补偿”与“合理补偿”两者间的内在结构关系。但是,仅孤立地基于文义和法条解释,很难穿透补偿法律制度基本原则的底层脉络和价值理念,自然无法揭示公平合理补偿原则的构成全貌。因此,对于公平合理补偿原则内含的“公平补偿”与“合理补偿”,要全面把握两者间的内在结构关系,显然还需要深入到补偿法律制度基本原则得以证立的基础原理中去寻找答案。

(一)基础原理溯源:从特别牺牲理论到衡平补偿理论

前文已述,公法意义上的补偿思想源于法国,较早的制度形态为国王的“特权状”。法国大革命前的旧制度时期,国王是全国土地事实上的主人,私人仅有用益物权,必要时国王就会以“特权状”形式收回土地并予以补偿,补偿标准由国家机关自主决定。不难看出,法国大革命前针对土地收回的补偿,并非建立在公平正义目标的公私利益平衡基础上,更多是国家机关认定的“合理”。直到法国大革命时期,自由主义思潮兴起,主张私人财产神圣不可侵犯。1789 年《人权宣言》第 17 条规定,财产是不可侵犯与神圣的权利,除非合法认定的公共需要对它明白地提出要求,同时基于公正和预先补偿的条件,任何人的财产皆不可受到剥夺。本条规定,大致确立了公用征收补偿的基本原则,即公正补偿原则。此后,公正补偿原则被法国一直沿用至今。伴随法国补偿制度同向演绎的法理基础,是公平负担理论。该理论兴起于大革命前,在大革命期间得到了普罗文斯(Provence)的大力发展。普罗文斯结合当时法律总结提出:“如果居民为整个社团蒙受损失或为之提供物资,那么他理应受到补偿。但如果他仅承受了施加于每个居民的（普通）负担，则又另当别论。”[①]普罗文斯的学说，代表了公平负担理论的主干，在他看来，国家应为公民平等设置义务，当特定主体因公共利益承受义务超过均等额度时，就超过部分应当基于平等原则获得补偿，而人人应当均等负担之容忍义务则不得补偿。显然，肇始于18世纪法国大革命前的公平负担思想，其立足点是国家平等设置社会义务和人人平等负担社会义务。法国在公平负担思想指引下确立的“公正补偿原则”，总体上坚持了公共利益优位主义，国家对于“超过均等额度”而非公平负担社会义务的受损者予以弥合性补偿。公平负担理论尽管先后接受了大革命时期自由主义思想以及近代以来公平正义思想的洗礼，但其以公共利益为中心的格局始终未变，进而引发的结果是，个人权利难免来自“多数人暴政”甚至极端情形下肆意剥夺的风险。

18世纪至末19世纪初，随着特别牺牲理论的兴起，真正实现了补偿理论的伟大跨越，较好地完成了对公平负担理论的关键性修正。相比于公平负担理论，特别牺牲理论更注重公共利益与私人利益的平衡，认为“优化公共利益”最终意义上是“旨在保障个人的自由和充分发展”[②]，强调公共利益成本应当由受益公众承担，因公共利益需要不得不把应当由受益公众承担的成本转嫁给个人或特定群体时，则构成了个人权益的特别牺牲，国家应当予以公平合理补偿。换言之，对于个人权利保障而言，因公共利益需要而不得不侵犯的私人利益超过一般社会容忍义务即构成“特别牺牲”，国家就应当基于实质平等原则予以公平合理补偿。奥托·迈耶是特别牺牲理论的大力倡导者，他强调，为了每个人赖以维持个人权利的公共利益，个人财产权不可能受到法律绝对公平以及毫无限度的保护，然而，当个人财产权益因公共利益需要而丧失或减损存续保障，那么至少替之以价值保障作为弥补。反之，当个人权利因公共利益需要遭受的限制未达到特别牺牲程

① 张梓太、吴卫星：《行政补偿理论分析》，载《法学》2003年第8期。

② BVerfGE 33，303（333）.

度,则视为可容忍之社会义务,国家无须补偿。[①]

特别牺牲理论源于德国的古典征收,1794 年《普鲁士一般邦法》第 75 条规定,任何人的特别权利及利益,是为了公共利益的必要而牺牲时,应予补偿。一般认为,该规定标志着特别牺牲原则正式产生。[②]19 世纪初,在著名法学家奥托·迈耶的大力推动下,特别牺牲理论得到了进一步完善,后来历经 200 多年的发展和反复验证,最终获得了各国广泛公认,并被誉为现代补偿法律制度的核心理论支柱。特别牺牲理论之所以在历史长河的洗礼中经受长期实践检阅后最终成为世界主流,是因为这一理论建立在充分保障私人权利的伦理道德基础上,同时又高度契合了近现代社会兼顾效率与公平、注重公共利益与私人利益平衡的共同演绎趋势。

特别牺牲理论最早是以土地为中心标的,后来随着扩张征收过程进一步延展到其他的私人财产。值得注意的是,无论征收土地还是其他私人财产,由此引发的补偿,在延续 200 多年来的判例实践中经过反复比较甄别后,最终都选择了以"公平补偿"秉持的"市场价值标准"作为主要实现参照,从德国到美国乃至其他西方资本主义国家,几乎无一例外。

然而,在社会变迁中,随着人们权利意识的提升,参与社会的机会平等和分享发展的结果平等,逐渐进入公众关注视野,特别牺牲理论再度面临挑战。一方面,某些起因于公共利益需要的公权力非违法行为,尤其是间接行为,尽管的确导致了私人利益损害但并非都符合特别牺牲的构成要素,如德国"二战"后大量立法规定的战争受害人补偿、政治事件受害人补偿等;另一方面,某些起因于公共利益需要的私人利益损害,尽管按照特别牺牲原理给予了补偿,但仍然不足以弥合私人利益的损害,需要在特别牺牲补偿秉持的"公平市场价值标准"基础上追加"二次补偿",如美国判例及制度实践中的"加成补偿"[③],盛

① 曹竟辉:《国家赔偿立法与案例研究》,台北,三民书局 1988 年版,第 9 页。

② 郑全新:《中国行政补偿制度研究》,载《行政法学研究》1993 年第 3 期。

③ 参见刘连泰:《征收补偿中的主观价值》,载《法学家》2020 年第 2 期。

行于美国许多州的征收补偿过程中，财产补偿价格超过了公平市场价值的125% ~150%，甚至还有逐年增加的趋势。此类“加成补偿”并非完全遵循了特别牺牲补偿秉持的“公平市场价值标准”，并且还在美国财产权“多补总比少补好”的一般观念驱动下获得了不小生存空间。在上述两种情形下，公权力非违法侵害行为造成私人利益的损害，导致私人主体陷入实质不平等的“社会不利”状态时，国家一直袖手旁观并默许其放任自流，显然违背了现代“积极政府”的基本价值理念。这是因为，当“实质不平等”现象泛滥成灾后，必将会对公共利益与私人利益之间达成平衡的社会根基造成致命打击。正是基于对特别牺牲理论及其制度实践的缺漏愈合需要，便逐渐形成了现代补偿法律制度范畴越来越重要的衡平补偿。

衡平补偿思想，最早源于英国法院基于“公平”“善良”基准的裁判原则。[①] 作为国家制度形态的衡平补偿，如前所述，则源自德国的社会国原则。社会国原则的本质，旨在通过“积极政府”的公共权力干预促进社会资源再分配，借此消除贫弱、增进福利，最终实现平等保障公民基本权利和维护公平正义的目标。[②]社会国原则的核心内涵主要表现在两方面：一是增进福利与基本生存保障相统一。国家再分配公共资源过程中对私人权利进行限制，以更好地提升福利水平而获得正当性基础，并且提升公民参与社会发展、分享社会资源的发展能力也是“积极政府”应有之义，国家必须倾尽所有资源和最大能力提升公民的福利水平与分享能力，公民个体也基于授权国家再分配社会资源而科以其特定负担。但是任何凭借公共利益需要而导致私人利益损害的公权力非违法侵害行为，都不能触及维护人的尊严的基本生存保障，因为人的尊严高于国家利益而处于一切利益权衡的“第一顺序位阶”，借此创设了生存保障意义上的衡平请求权。二是公民基本权利保障的实质平等与防御“超级国家”[③]侵害相统一。社会国原则理念下，授

① 参见司坡森：《论补偿》，中国政法大学2004年博士学位论文，第12页。

② Vgl. Hartmut Maurer, Staatsrecht Ⅰ, 3 Auflage, C. H. Beck, 2003, S. 247.

③ Klaus Stern, Staatsrech Ⅰ, C. H. beck, 1980, 20Ⅳ4, S. 890.

权国家再分配公共资源的关键，在于期许国家更好地保护公民的基本权利，并且要求国家履行权利保障责任的程序具有正当性，必须最大化追求公平正义的“实质平等”。由此，国家未保护好公民个体基本权利因违反实质平等原则而创设了公民个体的衡平请求权。不难看出，衡平补偿存在于两个层面，一是起因于公民生存照顾意义的衡平补偿，二是起因于基本权利“实质平等”保障的衡平补偿。

对于生存照顾意义的衡平补偿，我国“以人为本”理念的法治实践更进一步赋予了其新意涵。传统意义上，国家对生存照顾意义的衡平补偿，更多体现在政府政策框架下予以灵活推进的应对策略。党的十八大以来，随着中国“美好生活”理念的渗透和“共同富裕”战略的付诸实施，已经开始在某些重要领域推进稳定性法律调整的创造性探索，前述2019年《土地管理法》第48条的相关规定就是有力证明。我国补偿立法之所以如此，是因为基于生存照顾的衡平补偿，实质体现在为“国家策动的作为或不作为”承负“担保义务”①，现代国家负有倾其所能提升公共福祉之积极作为义务，未尽职或积极策动导致私人利益受损之际，国家皆有平衡社会共同体成员利益而肩负不利益承受者的补偿担保义务。② 尤为重要的是，随着全面建成小康社会决胜阶段的到来，“有尊严的生活”已经明显超越了“最低生活保障标准”，进而急需启用“社会共同体成员一般生活标准”的新标杆，借以为各类可归责国家行为导致的不利益承受者构筑法定化防护网，即通过衡平补偿促使受害人的生存权与发展权实现状况恢复至新标杆水平。例如，计划生育政策推动的多孩家庭婴幼儿哺育补偿、乡村振兴战略中的集体农业规模化经营风险补偿、刑事犯罪导致的犯罪受害人补偿、突发公共卫生事件造成的财产权和人身权受损补偿等，都应当渐次纳入法定化运行轨道予以强力推动。另外，还需要特别注意的是，生存照顾意义上的衡平补偿往往会与社会救助、社会保险等传统社会权产生“竞

---

① 参见娄宇：《论社会补偿权》，载《法学》2021年第2期。

② Vgl. Eichenhofer, Sozialrecht, Tübingen: Mohr Siebeck, 2003, Rz. 418ff.

合重叠”。① 其中，社会保险以参保缴费为受益前提，社会救助则以收入少于最低生活保障标准为成立条件；而在现代福利社会和风险社会背景下，国家可归责性突发事件所致的不利益承受者，客观上无法通过社会保险或社会救助以及其他法定化权利获得平等保障的情形大量存在。此际，显然需要赋予受害者足以获得“社会共同体成员一般生活标准”的衡平补偿权。② 这样一来，当社会发展或自然变迁过程中的突发性“宏观事件”③导致受害人生存权与发展权遭受侵害，而又无法通过社会救助、社会保险等传统社会权救济时，国家理所当然要承担起补偿责任，衡平补偿理应担当干预重任，并天衣无缝地发挥“愈合漏洞”的兜底涵盖功能。总之，生存照顾意义上的衡平补偿，作为兜底性的生存权与发展权保障手段，显然需要围绕着“社会共同体成员一般生活标准”的补偿参照，综合种种影响因素更为全面地考量社会不利益承受者的补偿需要。

基于权利保障“实质平等”的衡平补偿，旨在实现“作为基本权利的平等权”，并非都赋予其“独立的规范内容”。④ 目前来看，中国的具体补偿立法虽还尚未大量涉及，但已明显被前述“共同富裕”“弱有所扶”的国家战略规划及相关实施政策全面涵盖。从思想源头上讲，衡平补偿系社会国原则及其意涵的“社会平衡理念”发展而来，⑤其核心要义是促进社会共同体成员的基本权利获得平等保障，包括社会参与权、共享成果权、福利给付权、公共服务保障权等，最终目标在于“保障个人的自由和充分发展”⑥。因此，当国家可归责性公共事件导致个人不利益而面临结果不平等时，获利的社会共同体就应当分摊

---

① 参见娄宇：《论社会补偿权》，载《法学》2021 年第 2 期。

② Vgl. Zacher, Entwicklung einer dogmatik des Sozialrechts, in Abhandlung zum Sozialrecht Ⅱ, 2008, Baden-Baden: Nomos, S. 339f.

③ Vgl. Zacher, Entwicklung einer dogmatik des Sozialrechts, in Abhandlung zum Sozialrecht Ⅱ, 2008, Baden-Baden: Nomos, S. 339f.

④ 参见娄宇：《论社会补偿权》，载《法学》2021 年第 2 期。

⑤ Vgl. Rüfner, Einführung in das Sozialrecht, München: C. H. Beck, 1991, S. 119ff.

⑥ BVerfGE 33, 303(333).

利益受损者之不利性负担，作为社会共同体代表的国家显然应当通过公共财政再分配付诸落实。[①] 换言之，衡平补偿的运行机制，就是以"社会整体连带责任"衍生的社会共同体力量，达成特定风险与损失分担的社会化效果。这充分表明，衡平补偿是针对陷入实质不平等的社会不利益承受者给予社会共担性补偿。而客观上看，这种基于实质平等原则的衡平补偿，更加注重"接近基本权利核心"的结果平等，尤其是现代社会条件下突发公共卫生事件、政策导向、社会改革等导致了大量社会不利益承受者的基本权利不平等，较为需要足以让不利益承受者恢复至"社会共同体成员一般权利标准"的结果平等补偿。如此一来，衡平补偿的实现途径，必须以有效的"参照物"为判断基础，这是因为，衡平补偿是在穷尽所有法定权利保障后，相较社会共同体成员仍然存在不利性落差而付诸的"兜底性"补偿，履行标准只能以社会共同体成员的平均水平和机会成本损失为衡平参照，即通过衡平补偿促使因特定事件承受不利益的受害者足以恢复到标杆水平，如社会保险待遇和受害人原有生活和就业能力等均是有效的"参照"样本。[②] 当然，为了避免"因祸得福"而造成新不平等的"逆向歧视"[③]，应当秉持不超过不利益承受者"原有权利水平"、以"社会共同体成员一般权利标准"为基本参照的补偿立场。总体上看，基于"实质平等"的衡平补偿，其秉持的补偿立场，并非唯一的"市场价值标准"，而是以公民个体基本权利实现保障为遵循逻辑的"多因素综合权衡标准"。站在中国式现代化的推进立场看，将"共同富裕""弱有所扶"等国家战略规划及实施政策意涵的衡平补偿思想有序纳入到补偿立法规划范畴，显然构成了当下致力于补偿法律制度体系化建设的重要切入点。

---

① Vgl. Hase, Soziales Entschädigungsrecht, in: von Maydell/Ruland (Hrsg.), Sozialrechtshandbuch, Baden-Baden: Nomos, 2003, S. 1380 ff.

② Vgl. Reinhard, Neuregelung des Sozialen Entschädigungsrechts im SGB XIV in ZRP 2019, S. 220f.

③ BVerfGE 12, 354(367).

通过上述分析足以推导出，无论是基于生存照顾还是实现平等权面向的衡平补偿，遵循的法理基础都是实质平等原则，其构成要素主要包括三方面内容。一是行为要件。衡平补偿并不以公权力行为造成的直接损失为必要前提，而是对促进公共利益过程中公权力非违法行为或国家可归责性公共事件造成的"弱势不利性"予以矫正救济，其行为属性是，起因于"非个别情形"下而偶然性地造成了特定主体的实质不平等，如战争损害补偿。二是标准要件。衡平补偿是基于社会发展的"衡平性"及追求公平正义的"合目的性"需要，国家给予消除公民个体"弱势不利性"的实质平等补偿，其标准要件是不超过受害人"原有权利（生活）水平"、以"社会共同体成员一般权利（生活）标准"为基本参照。三是程序要件。衡平补偿是以私人主体向国家提出申请为启动要件的补偿，由于衡平补偿需要面向"非个别情形"下的社会公众，究竟何种原因造成了何种主体"实质不平等"以及主张多少额度的补偿，均以私人主体提出具体主张以及足够证据为产生补偿救济的启动要件。

诚然，透过衡平补偿的本体内涵和构成要素还可以清晰看到，衡平补偿尽管同样在特别牺牲理论的覆盖射程内，但其行为要件、标准要件和程序要件都无法基于特别牺牲理论得到合理阐发。衡平补偿作为一种独立的补偿类型，显然有其不可替代性价值，最为突出之处表现在两方面。一是衡平性价值，即从"实质平等"原则出发，对于公民个体的基本权利保障，对原本面向大众一视同仁的公权力行为，因偶然因素导致被害主体遭遇了不平等对待并陷入弱势不利状态时，国家基于社会平衡需要而向受害主体提供公平合理的补偿；二是合目的性价值，坚持实质公平正义的衡平补偿，其内在根据，并非针对特别牺牲损失的弥合，而是追求结果平等的公平正义，即对既已存在的实质不平等尤其是"弱势不利"者予以合理补偿。应当看到，衡平补偿的"衡平性"和"合目的性"价值的达成，较好地实现了对诸如预防战争、政治事件、自然灾害、犯罪活动、遏制风险以及其他国家可归责性事件导致的社会不利益承受者给予矫正性补偿,即给予了社会不利益承受者矫正正义面向的“不平等”到“平等”纠错性救济。这不仅是我国社会主义现代化平衡发展所必需,而且有效填充了特别牺牲补偿以及传统社会保障救济制度的漏洞。不言而喻,针对生存照顾以及基本权利行使的“平等”纠错,并非单一的市场价值标准足以达成,往往需要遵循“多因素综合权衡标准”。

综上所述,补偿法律制度的理论思想及其演绎脉络清晰表明,公平补偿秉持的“市场价值标准”,尽管凭借其客观真实性和易于操作性优势,构成了现代补偿法律制度的主导性遵循立场,但并非足以全面替代合理补偿原则秉持的“多因素综合权衡标准”。对于宪法统领依据意义的公平合理补偿原则而言,其秉持的原则立场,“市场价值标准”与“多因素综合权衡标准”缺一不可。

(二)内在结构关系:穷尽公平补偿基础上兜底适用合理补偿

就前述的理论梳理大致可以推导出,宪法确立补偿法律制度基本原则意义的公平合理补偿原则,对于其应当具备的规范意涵而言,“公平补偿”秉持的“市场价值标准”与“合理补偿”秉持的“多因素综合权衡标准”缺一不可,只有两者协同、契合,才能于宪法层面构筑足以发挥统领依据功能和兜底条款效用的补偿法律制度基本原则规范。那么,公平合理补偿原则所含“公平补偿”与“合理补偿”之间的“协同、契合”究竟代表了何种结构关系?

纵览各国宪法确立的补偿法律制度基本原则及其规范结构,从古至今,一直都以财产征收与补偿为中心形成了经典的“齿唇条款”,并又以“齿唇条款”的制度框架为基轴,不断阐释着公共利益与私人利益的双向优化过程及其平衡妥协样态。围绕着这条中心线索展开,可在涓涓流淌的历史长河中,回溯、捕捉到其真实演绎轨迹,进而逐渐廓清补偿法律制度基本原则条款的内在构成机理。

在德国,对于平衡公共利益与私人利益的价值立场,联邦普通法院较为认同的观点是,公平补偿原则秉持的“市场价值标准”,实质反映的是被征物的“市场价格或再取得价格”。[①] 并且,德国联邦普通法院还在1964年3月12日的判决中明确强调:“补偿应优先体现市场价格,即通常以被征收人得以该补偿金取得同种或等值的物的状态价格来计算。”[②]足见,公平补偿秉持的“市场价值标准”,不仅是德国宪法层面确立补偿法律制度基本原则的基本价值立场,而且被德国联邦普通法院在判例中裁定为“优先适用标准”。然而,由于秉持市场价值标准的公平补偿原则,以前述的特别牺牲理论为法理基础,其涵盖的补偿类型或补偿领域,主要是针对特别牺牲的补偿,随着衡平补偿的兴起,仅仅依靠“市场价值标准”面向的补偿立场客观上已经力不从心。这是因为,衡平补偿是以社会平衡的生存照顾和基本权利保障的实质平等需要为出发点,针对公权力非违法行为或国家可归责性公共事件造成了公民个体的“弱势不利性”,却尚未达到特别牺牲程度或者特别牺牲补偿仍不足以消除“弱势不利性”的情形时,国家基于消除“弱势不利性”而给予的合理补偿。[③] 这也意味着,并非可以仅仅通过市场化手段计算出衡平补偿的标准额度,只能建立在财政基础、生活水平等多因素综合权衡的基础上。与之相随,德国联邦宪法法院在判例实践中发展出了基于“实质平等”的合理补偿原则。[④] 但总体而言,由于特别牺牲补偿与衡平补偿之间的关系,如前所述,是穷尽特别牺牲补偿之后再启用衡平补偿。相应地,公平补偿及其秉持的“市场价值标准”与合理补偿及其秉持的“多因素综合权衡标准”之间的关系,同样是在穷尽前者基础上再启用后者。根据上述原理,德国法院对宪法上补偿法律制度基本原则的判例适用,阐发的遵循立场是,在优先适用公平补偿及其秉持的“市场价值标准”基础上,再兜底适用合理补偿及其秉持的“多因素综合权

① 参见李祎恒:《不动产财产权征收之衡平补偿研究》,南京大学2013年博士学位论文,第53页。

② BGHZ41,354－358.

③ 参见李祎恒:《不动产财产权征收之衡平补偿研究》,南京大学2013年博士学位论文,第110页。

④ BVerfGE 100,226 ff.

衡标准”。

再从美国的判例及制度实践看,美国的补偿法律制度,始终建立在分权制衡的法治原则基础上。正是基于特殊的社会事实,追求形式公平是美国补偿法律制度及其判例实践的基本逻辑。1791年《美国宪法修正案》第5条规定:“未经公平补偿,不得为公共使用而征收私人财产。”美国宪法由此确立了国家征收补偿制度的两大核心原则,即公共使用原则和公平补偿原则。在长期的历史进程中,美国为了解决贫民窟和推进居住环境改善①,公共使用原则被联邦最高法院的判例屡屡扩张,进而公平补偿原则“如何体现公平”成为关注焦点。在这一背景下,美国联邦最高法院在反复比较的判例实践中,最终形成了稳定可行的“公平市场价值标准”。由于补偿意义上的市场价值是虚拟交易价格,为了避免私人主体定价不公,财产价格坚持“最高最优使用”的用途标准。迄今为止,最高最优使用用途的公平市场价值标准,一直都代表着公平补偿原则的核心价值立场。尽管如美国联邦最高法院所指出的那样,公平正义目标的补偿标准某些情形下可能会偏离市场价值,但就整体的补偿法律制度目标设计而言,“公平市场价值标准仍然是唯一”②最可行的标准。如前所述,公平补偿及其秉持的市场价值标准,凭借其接近客观真实性和易于操作性的比较优势,成了美国裁判实践中优先适用的原则立场。

无论是德国还是美国,在比较法上,都呈现出了一些共同特征,法院判例基于补偿法律制度基本原则的适用,越来越倾向于公平补偿及其秉持的市场价值标准。同时,由衡平补偿发展出来的多因素综合权衡标准,也获得了两国法院裁判的垂青。③ 总体而言,公平补偿及其秉持的市场价值标准,其优越性和主导地位已经得到世界公认,毋庸置

---

① See Jeffrey T. Powell, *The Psychological Cost of Eminent Domain Takings and Just Compensation*, 30 Law & Psychology Review(2006), p. 216.

② 宋志红:《美国征收补偿的公平市场价值标准及对我国的启示》,载《法学家》2014年第6期。

③ 438U. S. 104, 1978.

疑具有优先适用性。换言之，随着市场价值标准普遍得到认同，凡足以通过市场价值标准裁判的个案，法院不宜介入太多主观因素，优先适用公平补偿及其秉持的市场价值标准。但与此同时，在穷尽市场价值标准的基础上，对于市场失灵的补偿领域而言，如衡平补偿、人身权损害补偿等，只有启用合理补偿及其秉持的“多因素综合权衡标准”，宪法确立的补偿法律制度基本原则才能兜底性地辐射个人权利保障需要。

我国的补偿法律制度在推进实践中，同样坚持了“市场价值标准”优先适用、“多因素综合权衡标准”辅助兜底的原则立场。例如2011年《国有土地上房屋征收与补偿条例》第19条第1款第1句明确规定：“对被征收房屋价值的补偿，不得低于……类似房地产的市场价格。”又如，作为前述各类补偿条款中具体补偿原则共性价值聚焦的“公平合理补偿原则”，2019年《土地管理法》第48条在规定该原则的基础上，于第3款中明确规定：“征收农用地的土地补偿费、安置补助费标准由……区片综合地价确定。”也就是说，同样以体现市场价值标准的“区片综合地价”为征收补偿通用标准，然后针对农民征地的特殊保护，可以补充适用“原有生活水平不降低、长远生计有保障”的原则，借此抵御市场价值标准造成特殊群体补偿程度不足的可能风险。2019年修正的《土地管理法》对补偿标准秉持的立场，一定程度上反映了我国补偿标准的法定化演绎导向，其他具体立法中补偿条款规定的“公平合理补偿原则”。无一例外，共同遵循的逻辑是，凡能够通过市场化手段补偿的一律明确规定使用“市场价值标准”，而在无法通过市场化手段衡量的情境下则启用“多因素综合权衡标准”。

综上所述，世界各国的补偿法律制度基本原则，尽管具体称谓各有不同，但内在的价值立场却日渐融合，总体方向是，以秉持市场价值标准的公平补偿为优先基础原则、以秉持多因素综合权衡标准的合理补偿为兜底补漏原则。这一趋势，代表了现代补偿法律制度体系对宪法确立补偿法律制度基本原则的共性规范要求。显然，宪法确立补偿法律制度基本原则意义的公平合理补偿原则，应当体现的规范结构关系,无疑是在穷尽公平补偿基础上再辅之以兜底性的合理补偿。也就是说,在公平合理补偿原则内含的公平补偿与合理补偿之间,公平补偿及其秉持的“市场价值标准”具有优先适用属性,而合理补偿及其秉持的“多因素综合权衡标准”具有兜底补漏功能。

行文至此,对于宪法层面确立补偿法律制度基本原则意义上的公平合理补偿原则,其应当体现的规范内涵已经有了清晰轮廓,即以公平补偿为原则、以合理补偿为补充的契合原则,其中公平补偿秉持“市场价值标准”,而合理补偿则秉持“多因素综合权衡标准”。然而,对于宪法统领依据意义上的公平合理补偿原则来说,如前所述,其统领指引功能和兜底条款效用的真正发挥,在界定宪法规范意涵的基础上,还必须赋予该原则价值明晰的补偿范围和补偿标准。那么,如何赋予公平合理补偿原则明确的补偿范围和补偿标准呢?

第二节　构成要素:完整明晰的补偿范围和补偿标准

通常认为,补偿范围和补偿标准构成了补偿法律制度的核心支柱。正是在这个意义上,宪法确立具有统领指引功能和兜底条款效用的公平合理补偿原则,必须精确赋予其补偿范围和补偿标准的原则立场。

一、公平合理补偿原则的补偿范围

(一)补偿范围总概:特别牺牲补偿与衡平补偿的统一

所谓补偿范围,简言之,就是起因于公共利益需要的公权力非违法行为或国家可归责性公共事件,直接或间接地造成私人利益的损害后,足以获得补偿的范围边界。补偿范围的展开方向,从制度经验看,可供选择的主要集中在行为范围和权益范围两方面。其中的行为范围,重在明确私人主体可以就哪些起因于公共利益需要的侵害行为请求补偿;而权益范围,重在明确私人主体可以针对哪些权利损害请求补偿。基于学理上的界定,补偿范围的观测基点,是确立补偿的广度,即文义上的"界线以内"。[①] 当然，也有学者提出，补偿范围的界定，应当从广度和深度两方面来综合判断。[②] 本书赞成前一种观点，这是因为补偿深度即补偿强度或补偿程度，其主要体现的是补偿标准。因此，本书中的补偿范围，主要基于补偿的广度展开讨论，旨在为补偿的规范领域明确基本边界。

概括地讲，作为宪法统领依据意义上的补偿法律制度基本原则，其含义的补偿范围，与特定国家的国情传统密切相关。一般情况下，综合实力越强、法治水平越高、权利保障越好的国家，补偿法律制度基本原则折射的补偿范围就越宽广；反之，就会趋于狭窄。关于补偿范围的边界框定，相关著述层出不穷，但归纳至学理，无外乎广义说和狭义说两种。

广义说认为，补偿的范围，从权益范围维度看包括财产权损害补偿和人身权损害补偿，从行为范围维度看包括特别牺牲补偿和衡平补偿。以此为基础，广义说又进一步发展出了"二分法"和"三分法"。我国台湾地区学者是"二分法"的主倡者，其中之代表李建良先生提出，公法上的补偿可分成两类，即特别牺牲补偿和衡平补偿。[③] 其中，特别牺牲补偿又分为财产权益类补偿和非财产权益类补偿，财产权益补偿包括公用征收补偿、财产权限制补偿（具体又细分为六种[④]）、公权力附随效果补偿、违法无责之公权力行为损失补偿四大类；非财产权益类补偿，主要是以生命权和健康权为核心的人身权损害补偿。衡平补偿分为因危险防止损害补偿、政治或战争受难补偿、犯罪被害人补偿、公务员照顾补偿四类。"三分法"的代表王锴教授，则将补偿区

---

① 参见舒新城：《辞海》，光明日报出版社2003年版，第301页。

② 参见张灵俐：《新疆生态移民补偿机制研究》，石河子大学2015年博士学位论文，摘要部分。

③ 参见台湾行政法学会：《行政法争议问题研究》（下），台北，五南图书出版股份有限公司2000年版，第1194页。

④ 我国台湾地区学者李建良先生将财产权限制的特别牺牲补偿分为六类，即财产使用或收益的禁止与限制补偿、财产权公益利用补偿、财产权利用的妨碍补偿、财产权予以除去补偿、即时强制的措施（排除危险的措施）补偿、行政行为的废止补偿。

分为征收征用补偿、公益牺牲补偿和衡平补偿三类；同时，借鉴李建良先生的观点将征收征用补偿再分化为财产权使用或收益的妨碍补偿、行政强制措施补偿和信赖保护补偿。[①]

狭义说认为，补偿的核心是行政补偿，特指行政行为所造成的特别牺牲补偿，或者说是行政机关推进公共利益活动的伴随性义务。狭义说的倡导者王太高教授提出，行政补偿包括“公益征收补偿、公用征用补偿、行政活动调整之损害补偿和行政行为附随效果之损害补偿”[②]。

本书认为，作为宪法统领依据意义上的补偿法律制度基本原则，在补偿范围方面，应当坚持广义说的立场。这是因为，补偿法律制度基本原则意涵的补偿范围，不仅必须足以覆盖既有实定法的范围，而且还应当拥备统领未来立法的前瞻性射程。客观上看，衡平补偿已经大量出现在具体立法中。例如，德国 1950 年至今制定的战争补偿法共计 80 部、1034 条，就属于典型的衡平补偿。又如，中国《森林法》第 7 条和《水污染防治法》第 8 条都规定了“生态效益补偿”，也属于典型的衡平补偿。因此，宪法确立补偿法律制度基本原则意义上的公平合理补偿原则，其在补偿范围方面，毫无疑问应当坚持广义说的立场。同时，为了方便研究，本书更倾向于采用“二分法”的类型化策略，即补偿的范围包括特别牺牲补偿和衡平补偿。

（二）基于实定法的观察：从特别牺牲补偿扩展到衡平补偿

前述基于行为和权益路向的补偿范围探讨，从学理上回答了，宪法确立补偿法律制度基本原则应当意涵的补偿范围是，包括特别牺牲补偿和衡平补偿的构成立场。显然，该结论能否成立，还需要回到实定法层面进行印证性观察。这是因为，立足实定法的观察截面，可以为补偿法律制度基本原则应当意涵的补偿范围提供“底线”判断，同时也是补偿法律制度基本原则明晰其补偿范围的制度基础。换言之，作为补偿法律制度基本原则的公平合理补偿原则，其应当意涵的补偿范

---

① 参见王锴：《我国国家公法责任体系的构建》，载《清华法学》2015 年第 3 期。

② 王太高：《行政补偿范畴研究》，载《南京大学法律评论》2005 年第 1 期。

围,首要的判断依据,就是足以辐射实定法既已明确的补偿范围。立论基础得以明晰后,即可依托前述类型化的学理方法论,对公平合理补偿原则应当意涵的补偿范围进行确定性概括。首先,借用前述中国台湾地区学者李建良先生的"二分法",一切补偿类型,划分至学理,无外乎特别牺牲补偿和衡平补偿;其次,以中国实定法为观察依据,在特别牺牲补偿和衡平补偿的"二分法"基础上,将财产权、人身权等基本权利损害的可能补偿范围再类型化,即可清晰勾勒出公平合理补偿原则应当意涵的补偿范围构成图谱,如基于财产权损害的特别牺牲补偿再类型化为公益征收补偿、公益征用补偿、信赖利益保护补偿、公权力附随效果补偿、管制性征收补偿、无因管理损害补偿等。因此,对于公平合理补偿原则的补偿范围框定,应当遵循的基本思路是,通过实定法的全面梳理,充分印证和阐释广义说以"特别牺牲补偿"和"衡平补偿"为顶层构架的"二分法"学理概括。

客观上看,我国现行具体补偿立法明定的补偿范围,其射程领域已经清晰透射出了广义上的涵盖立场。具体来讲,实定法既已明确规定了广义上的特别牺牲补偿和衡平补偿,进而必然要求,宪法统领依据意义的补偿法律制度基本原则应当将特别牺牲补偿和衡平补偿涵盖其中。也就是说,在宪法层面确立补偿法律制度基本原则意义的公平合理补偿原则,其含义中的补偿范围,必须足以辐射至实定法既已触及的特别牺牲补偿和衡平补偿。

需要进一步澄清的是,特别牺牲补偿和衡平补偿都涉及人身权与财产权的保障(见表4-1)。其中,财产权侵害的特别牺牲补偿,又可以再类型化为公益征收补偿、公益征用补偿、信赖利益保护补偿、公权力附随效果补偿、管制性征收补偿、无因管理损害补偿等;而人身权侵害的特别牺牲补偿,客观上主要以特定的身份属性为判断标的,概括类型足以阐释其法理基础及意涵范围,无须再类型化。衡平补偿是基于社会发展"衡平性"及"合目的性"需要而给予足以消除"弱势不利性"的等额补偿,无须区别权益内容和类型划分即可较好地阐释其内在构成机理和外在适用条件。

表4-1 我国具体立法规定的"补偿范围"抽样比较

<table>
<tr><th>立法出处</th><th>法条内容</th><th colspan="2">实定法既已触及的补偿范围</th><th>"宪法补偿条款"覆盖的补偿范围</th></tr>
<tr><td>2019年《土地管理法》第48条第2款</td><td>征收土地补偿:土地补偿费、安置补助费以及农村村民住宅、其他地上附着物和青苗等的补偿费用、被征地农民的社会保障费用</td><td rowspan="9">特别牺牲补偿</td><td rowspan="7">财产权损害补偿</td><td rowspan="7">覆盖</td></tr>
<tr><td>2013年《传染病防治法》第45条</td><td>临时征用房屋、交通工具以及相关设施、设备的</td></tr>
<tr><td>2021年《种子法》第14条</td><td>选育林木良种建立测定林、试验林、优树收集区、基因库等而减少经济收入的补偿</td></tr>
<tr><td>2019年《行政许可法》第8条第2款</td><td>变更或者撤回已经生效行政许可给公民、法人或者其他组织造成财产损失的依法给予补偿</td></tr>
<tr><td>2020年《国防法》第58条第2款</td><td>公民和组织因国防建设和军事活动在经济上受到直接损失的补偿</td></tr>
<tr><td>2019年《城乡规划法》第50条</td><td>依法修改已许可和已审定规划的损失补偿</td></tr>
<tr><td>2021年《消防法》第49条第2款</td><td>专职消防队、志愿消防队扑救外单位火灾损失补偿</td></tr>
<tr><td>2016年《疫苗流通和预防接种管理条例》第46条(2020年已废止)</td><td>预防接种损害补偿</td><td rowspan="2">人身权损害补偿</td><td rowspan="5">未覆盖</td></tr>
<tr><td>2009年《矿山安全法》第38条</td><td>矿山事故中伤亡的职工人身权侵害补偿</td></tr>
<tr><td>2001年《民族区域自治法》第65条第1款</td><td>自然资源输出补偿</td><td rowspan="3">衡平补偿</td><td rowspan="3">财产或人身损害补偿</td></tr>
<tr><td>2019年《森林法》第7条</td><td>森林生态效益补偿</td></tr>
<tr><td>2017年《水污染防治法》第8条</td><td>饮用水水源保护区区域和江河、湖泊、水库上游地区的水环境生态保护补偿</td></tr>
</table>

续表

<table>
<tr><th>立法出处</th><th>法条内容</th><th colspan="2">实定法既已触及的补偿范围</th><th>“宪法补偿条款”覆盖的补偿范围</th></tr>
<tr><td>2018 年《电力法》第 36 条</td><td>制定电价成本补偿；电力建设公平负担补偿</td><td rowspan="2">衡平补偿</td><td rowspan="2">财产或人身损害补偿</td><td rowspan="2">未覆盖</td></tr>
<tr><td>2019 年《铁路法（修订草案）》第 10 条</td><td>公益性铁路运营亏损补偿</td></tr>
</table>

注：表 4－1 的内容，是对本书其他图表的综合。

基于上述分析，再结合实定法的基本体例，公平合理补偿原则上升至宪法统领依据意义上的补偿法律制度基本原则，其应当蕴含的补偿范围，可大致划分为：财产性特别牺牲补偿再类型化的公益征收补偿、公益征用补偿、信赖利益保护补偿、公权力附随效果补偿、管制性征收补偿、无因管理损害补偿以及概括性独立类型的人身权损害补偿和衡平补偿。①

1. 公益征收补偿

公益征收补偿也称“公用征收补偿”，是起因于公共利益需要的公权力行为，造成私人主体财产所有权被依法剥夺、转移而引发的补偿。相较其他补偿类型，公益征收补偿的客体，主要是土地等不动产，同时也包括私人动产。我国在 2019 年修正《土地管理法》第 48 条就对土地征收补偿作出了全面规定。另外，2019 年修订的《森林法》第 21 条也规定了林地、林木征收补偿。《外商投资法》第 20 条第 2 款规定：“……国家为了公共利益的需要，可以依照法律规定对外国投资者的投资实行征收或者征用。征收、征用应当依照法定程序进行，并及时给予公平、合理的补偿。”《民法典》第 117 条规定：“为了公共利益的需要，依照法律规定的权限和程序征收、征用不动产或者动产的，应当给予公平、合理的补偿。”《民法典》第 243 条第 1 款、第 245 条、第 327 条、第 338 条还分别规定：“为了公共利益的需

① 需要说明的是，本书的补偿类型划分，旨在对实定法有一个列举式检阅，以此说明中国宪法补偿原则的底线涵盖范围，并未深入关切分类本身的法理和逻辑。

要，依照法律规定的权限和程序可以征收集体所有的土地和组织、个人的房屋以及其他不动产。”“因抢险救灾、疫情防控等紧急需要，依照法律规定的权限和程序可以征用组织、个人的不动产或者动产。被征用的不动产或者动产使用后，应当返还被征用人。组织、个人的不动产或者动产被征用或者征用后毁损、灭失的，应当给予补偿。”“因不动产或者动产被征收、征用致使用益物权消灭或者影响用益物权行使的，用益物权人有权依据本法第二百四十三条、第二百四十五条的规定获得相应补偿。”“承包地被征收的，土地承包经营权人有权依据本法第二百四十三条的规定获得相应补偿。”总而言之，前述《土地管理法》、《森林法》、《外商投资法》及《民法典》的相关规定，都属于典型的公益征收补偿，其涵盖的补偿范围，客观上已经包含了动产、不动产乃至土地承包经营权在内的私人财产权保障。

综上所述，公益征收补偿作为补偿的核心构成部分，应当毫无保留地被宪法统领依据意义上的公平合理补偿原则所涵盖。

2. 公益征用补偿

公益征用补偿，是指起因于公共利益需要的公权力行为，造成私人权利被依法限制而引发的补偿。公用征用补偿与公用征收补偿法律制度的本质区别是，公用征收补偿以转移标的物所有权为目的，公益征用补偿仅为暂时占用。“征用”并没有让私人主体彻底丧失标的物所有权，公权机关征用完成后应当如数返还给被征用人。

公益征用补偿之“征用”，系基于法律明确规定而成立。如《传染病防治法》第45条第2款第2句规定：“临时征用房屋、交通工具以及相关设施、设备的，应当依法给予补偿；能返还的，应当及时返还。”值得注意的是，某些法定意义上的“征用”，事实上与“征收”很难划清界限。例如，在传染病疫情等紧急状态下，“征用”口罩等一次性标的物，“征用”之后根本无法归还具有本质效用的被征用物，有学者认为实质已转化为“征收”。[①] 但从前述《传染病防治法》第45条第2款规定的

---

① 参见沈岿：《大理“征用”口罩引发的修法问题》，载网易网2020年2月11日，https://www.163.com/dy/article/F52RN1650530W1MT.html。

"能返还的，应当及时返还"看，即便无法返还标的物，也并非可以直接按"征收"来对待。也就是说，"征用"之成立源于法律明确规定，自动转化为"征收"的结论可能缺乏法理支持基础。然而，在"征用"之后根本无法归还具有本质效用的被征用物情形下，仍旧按"征用"来予以补偿，客观上会导致补偿不公现象。因为，对于私人主体来说，在"征用"与"征收"所对应的补偿中，受益程度差距巨大。因此，如何破解现行"征用"补偿立法面临的补偿不公难题，迫切需要进一步探讨。限于主题，本书不再深入展开。

毋庸置疑，公益征用补偿将是一种长期存在的补偿类型，应当被作为宪法统领依据意义的公平合理补偿原则所涵盖。

3. 信赖利益保护补偿

信赖利益保护补偿，是指因公共利益需要而依法变更、废止已生效的公权力行为，造成了私人主体的期待利益损失，国家给予利益受损者的补偿。公权力行为尤其是授益性行为，一旦作出即对私人主体形成一定的信赖，基于信赖保护原则，公权力行为变更、废止等调整造成私人主体的损失，理应予以补偿。

在我国，信赖利益保护补偿逐渐被越来越多的具体立法所覆盖。现行《行政许可法》第 8 条第 2 款规定："行政许可所依据的法律、法规、规章修改或者废止，或者准予行政许可所依据的客观情况发生重大变化的，为了公共利益的需要，行政机关可以依法变更或者撤回已经生效的行政许可。由此给公民、法人或者其他组织造成财产损失的，行政机关应当依法给予补偿。"《城乡规划法》第 50 条规定："在选址意见书、建设用地规划许可证、建设工程规划许可证或者乡村建设规划许可证发放后，因依法修改城乡规划给被许可人合法权益造成损失的，应当依法给予补偿。经依法审定的修建性详细规划、建设工程设计方案的总平面图不得随意修改；确需修改的，城乡规划主管部门应当采取听证会等形式，听取利害关系人的意见；因修改给利害关系人合法权益造成损失的，应当依法给予补偿。"《矿产资源法》第 36 条规定："国务院和国务院有关主管部门批准开办的矿山企业矿区范围内已有的集体矿山企业,应当关闭或者到指定的其他地点开采,由矿山建设单位给予合理的补偿,……”

信赖利益保护补偿,充分体现了补偿旨在平衡公共利益与私人利益的本质特征,无疑应当为宪法统领依据意义的公平合理补偿原则所涵盖。

4. 公权力附随效果补偿

公权力附随效果补偿,是指合法公权力行为实施过程中,对私人主体造成了偶然且难以预料的附带性损失后,对利益受损者给予的补偿。公权力附随效果补偿,在德国公法理论上被称为“具有征用效果的侵害”,损害结果并非公权力主体事前有目的、有预见和本意使然,而是公权行为正常行使过程中的偶发性损害,“派生效果多属于事实行为”。换言之,公权力附随效果补偿的公权力行为,原本无必然的特定侵害性,但其附随效果事实上对私人主体造成的利益损失已构成了特别牺牲,所以应当给以补偿。

从公法理论上看,公权力附随效果补偿包括公共工程施工损害补偿(如施工噪声等影响附近商业经营而偶然造成重大损失的应予补偿)、国家公害行为补偿(如军机经常性地飞临养鸡场上空偶然导致鸡场主重大损失的应予以补偿)、公共交通噪声补偿(如城市交通或飞机场起降噪声偶然导致特定居民重大损失的应予以补偿)。[①] 在我国的实定法层面,个别领域同样涉及公权力附随效果补偿。例如,2016 年《疫苗流通和预防接种管理条例》(2020 年已废止)第 46 条规定,“因预防接种异常反应造成受种者死亡、严重残疾或者器官组织损伤的,应当给予一次性补偿”“因接种第一类疫苗引起预防接种异常反应需要对受种者予以补偿的”“因接种第二类疫苗引起预防接种异常反应需要对受种者予以补偿的,补偿费用由相关的疫苗生产企业承担”“国家鼓励建立通过商业保险等形式对预防接种异常反应受种者予以补

---

① 参见赵颖:《论公共应急行政补偿——以范围和程序为主》,载《理论与改革》2012 年第 1 期。

偿的机制”。此外,2020 年《国防法》第 55 条第 2 款规定:“公民和组织因国防建设和军事活动在经济上受到直接损失的,可以依照国家有关规定获得补偿。”预防接种损害补偿、国防建设和军事活动损害补偿,都是公权力正常行使过程中偶发地造成私人主体严重损害的补偿,属于典型的公权力附随效果补偿。

总体上看,随着公民权利意识的提高,公权力附随效果补偿将会逐渐被更多的具体立法触及,毫无疑问也应当被宪法统领依据意义的公平合理补偿原则涵盖其中。

5. 管制性征收补偿

管制性征收补偿,是主要由美国法院发展出来的一种补偿类型[①],我国学者称之为“准征收补偿”,是指公权力行为导致私人财产权严重减损而产生类似征收损失的补偿。[②] 管制性征收补偿起因于有目的的公权力限制行为,但限制私人主体财产权并没有导致财产权私人使用性的完全丧失,或者说国家并非完全取得了财产权利而只是一定程度上限制了私人权利。例如,我国司法实践中出现的“中国天眼”建设导致 FAST 核心区房屋管制而引发居民损失的补偿,即为管制性征收补偿的典型案例。[③]

管制性征收补偿与公权力附随效果补偿的关键区别在于,前者是有目的之损害补偿,后者为无目的之意外性损害补偿。管制性征收补

---

① 一般认为,制度(判例)形态的管制性征收,源于美国 1922 年“宾夕法尼亚煤炭公司诉马洪案”(Pennsylvania Coal Co. v. Mahon),该案的法官霍尔姆斯提出了管制“走得太远”的约束理论,即如果管制“走得太远”,产生与征收同样的效果,就构成“管制性征收”。参见 Pennsylvania Coal Co. v. Mahon, 260 U. S. 393, 415 (1922); Pennsylvania Coal Co. v. Mahon, 260 U. S. 393, 422 (1922)。

② 对于管制性征收的概念,相关论述可参见彭涛:《规范管制性征收应发挥司法救济的作用》,载《法学》2016 年第 4 期;刘连泰:《确定“管制性征收”的坐标系》,载《法治研究》2014 年第 3 期;许迎春:《论美国管制性征收制度及其对我国的启示》,载《法治研究》2019 年第 4 期。

③ 参见耿宝建、黄瑶:《管制性征收理论在行政审判中的引入与运用——以“中国天眼”建设中的管制性征收为例》,载《人民司法》2019 年第 1 期。

偿在美国获得了司法实务界及理论界的一致高度关注。[①] 在我国,有学者提出,从司法实践来看,“法院逐步承认土地利用管制对土地权利人造成的实际损失”[②]。从实定法看,管制性征收补偿已经被既有的成文法所覆盖。例如,《种子法》第 14 条规定:“单位和个人因林业草原主管部门为选育林木良种建立测定林、试验林、优树收集区、基因库等而减少经济收入的,批准建立的林业草原主管部门应当按照国家有关规定给予经济补偿。”显然,该法条规定的“选育林木良种”,属于公权力行为,而且是有目的、有计划的公共利益促进行为,也是足以常识性地预料到必然造成特定私人主体的权利限制,但为了“选育林木良种”之公益需要不得不实施该行为,并直接采取限制私人主体对林木财产权的使用、收益或增加其他额外负担,由此造成“减少经济收入”,具有特别牺牲属性,理应予以补偿。

总之,管制性征收补偿同样应当被宪法统领依据意义的公平合理补偿原则涵盖其中。

6. 无因管理损害补偿

无因管理损害补偿,在学理上又被称为“国家公务受益补偿”[③]或“公益牺牲补偿”。公法上的无因管理损害补偿源于私法概念,即在原本未受委托或无法定根据的情形下,为他人提供管理服务且符合他人客观意思但由此遭受特别牺牲者所主张的补偿。私法上的无因管理损害补偿,借用到公法领域后,特指不具有公共权力身份的私人主体实施了公权力行为,并造成了私人主体自身的特别牺牲,由此违反了“实质平等原则”,因而应当给予公平合理的补偿。

我国学界对无因管理损害补偿的理论探讨[④]起步较早,实践中,无因管理损害补偿主要因公务协助、见义勇为等公益需要而产生。在实

---

① 参见耿宝建、黄瑶:《管制性征收理论在行政审判中的引入与运用——以“中国天眼”建设中的管制性征收为例》,载《人民司法》2019 年第 1 期。

② 彭涛:《规范管制性征收应发挥司法救济的作用》,载《法学》2016 年第 4 期。

③ 参见司坡森:《论补偿》,中国政法大学 2004 年博士学位论文,第 9 ~ 12 页。

④ 参见宁立成:《论公法上的无因管理引起的国家补偿》,载《江汉论坛》2003 年第 1 期。

定法层面,无因管理补偿同样为立法所覆盖。例如,2019 年《消防法》第 49 条第 2 款规定:“单位专职消防队、志愿消防队参加扑救外单位火灾所损耗的燃料、灭火剂和器材、装备等,由火灾发生地的人民政府给予补偿。”又如,2012 年《人民警察法》第 34 条第 2 款规定:“公民和组织因协助人民警察执行职务,造成人身伤亡或者财产损失的,应当按照国家有关规定给予抚恤或者补偿。”上述两部立法规定之补偿,都属于典型的无因管理损害补偿。

综上所述,确立宪法统领依据意义的公平合理补偿原则,明显应当将无因管理损害补偿包含其中。

7. 人身权损害补偿

人身权损害补偿,公法理论上也称为“非财产性权利的损失补偿”,是指生命、健康、自由等人身权因国家公共利益需要而遭受公权力非违法性侵害后主张的补偿。人身权侵害补偿的制度经验,源于德国联邦最高法院 1953 年 12 月 19 日针对“预防接种”案[①]作出的支持“非财产性权利的损失补偿”判决。案由是:公务医生履行普遍义务向儿童甲提供了接种手术服务,通常情况下“接种”会有轻微及短期不适,然而,甲却意外遭遇了长期性的严重健康损害,导致了“接种”本身意外之附随性损害(叠加于公权力附随效果补偿)。针对甲遭遇的长期的严重健康损害,联邦最高法院认为,“接种”平等施于人人,应当接受轻微及短期不适之自然、正常后果,但“巨大而非正常的健康伤害”则构成特别牺牲。以后的德国法院判例中,特别牺牲补偿从财产权扩展到了“非财产性的人身权损害补偿”领域。况且,1949 年《德国基本法》第 2 条第 2 款[②]的规定也明确阐发,对于生命和健康权的保护程度应当不低于财产权。

对于非财产性的人身权损害补偿,其权利内容建立何种开放体系尚存分歧。按德国公法理论之通说,私人主体可以基于生命权、健康

---

① 伏创宇:《强制预防接种补偿责任的性质与构成》,载《中国法学》2017 年第 4 期。

② 《德国基本法》第 2 条第 2 款规定:“人人有生命与身体之不可侵犯权……个人之自由不可侵犯……此等权利唯根据法律始得干预之。”

权、自由权等特定含义之人身权主张特别牺牲请求权。并且,《德国基本法》也明确规定,人身权保障包括前述的生命权、健康权和自由权。在我国,学界对人身权之特别牺牲纳入补偿范围不存在任何分歧,但是对于人身权的哪些权利内容可以纳入特别牺牲补偿以及如何补偿?尚未达成共识,总体的理论探究也十分贫乏。

就我国的实定法看,可以确立两个层面的观察视角,即"显性涵盖的权利"和"隐性涵盖的权利"。首先,对于具体补偿立法"显性涵盖的权利",我国诸多补偿规定都已经涉及了人身权,权利内容主要包括生命权和健康权。如 2012 年《人民警察法》第 34 条第 2 款规定:"公民和组织因协助人民警察执行职务,造成人身伤亡或者财产损失的,应当按照国家有关规定给予抚恤或者补偿。"2009 年《矿山安全法》第 38 条规定:"矿山企业对矿山事故中伤亡的职工按照国家规定给予抚恤或者补偿。"该两法条分别规定的"人身伤亡……给予补偿"和"伤亡的职工……给予补偿",均仅仅包括"身心健康伤害"和"生命死亡"两项权利,尚未涉及人身自由权。其他具体补偿立法,对于人身权损害补偿的规定也大致如此。其次,从法律精神"隐性涵盖的权利"看,人身自由权、人格权的损害补偿,间接地深藏于中国的所有实定法规范中。这是因为,我国《宪法》第 37 条第 1 款、第 38 条第 1 款分别规定,"中华人民共和国公民的人身自由不受侵犯""中华人民共和国公民的人格尊严不受侵犯"。该宪法条文,对中国补偿法律制度建设具有最高的立法约束效力,进而要求人身自由权、人格权也应当辐射至一切补偿立法和司法领域。同时,《民法典》第 109 条、第 990 条第 1 款分别规定,"自然人的人身自由、人格尊严受法律保护""人格权是民事主体享有的生命权、身体权、健康权、姓名权、名称权、肖像权、名誉权、荣誉权、隐私权等权利"。由此看出,通过《宪法》第 37 条第 1 款和第 38 条、《民法典》第 109 条和第 990 条第 1 款以及前述《人民警察法》第 34 条第 2 款、《矿山安全法》第 38 条等具体立法规定的体系解释,即可清晰导出,我国的实定法层面,人身权损害补偿的权利内容大大超越了生命权、健康权和自由权,还涵盖了作为人格权法定构成部分的姓名权、名称权、肖像权、名誉权、荣誉权、隐私权等具体权项。

综上所述,人身权是任何情况下都不容被侵害的“基本权利之实质核心”,即便在公共利益面前,也需严格遵循比例原则,起因于公共利益需要而不得不损害私人主体的人身权时,也必须对私人主体遭受的特别牺牲予以公平合理补偿。

8. 衡平补偿

衡平补偿,在德国等国又称“社会补偿”,最早源于前述英国法院体现“公平”“善良”基准的裁判原则,作为一种普遍的国家制度形态,则由德国的社会国原则发展而来。对于衡平补偿的定义,大致有三类不同观点。

司坡森认为,衡平补偿是指基于公平正义立场而针对自然事件、社会事件、犯罪活动等非公权力行为直接造成的私人利益牺牲者,在没有一般补偿立法保护前提下给予的补偿。[①]

李祎恒认为,衡平补偿是国家基于实现社会正义以及“衡平性”“合目的性”考量而针对处于“弱势不利性”受害者予以主动补偿。该定义同样强调,衡平补偿旨在实现社会正义,并非基于传统意义的损失弥合,而是主动消除“弱势不利性”的促进性补偿。[②]

王锴教授认为,衡平补偿是国家为了实现社会正义,基于社会国原则而主动给予的补偿。他进一步提出,衡平补偿区别于其他补偿的主要特点是,“受损失者尚未构成特别牺牲”,“属于非个别情形(往往人数众多)”,“与公权力无直接关联”,“经过较长时间的累积或较为间接的关联而形成”[③]。

本书认为,衡平补偿作为一种独立的补偿类型,同样具有区别于其他补偿的显著法律特征。综合前文衡平补偿的历史脉络、法理基础、独特内涵及构成要素分析大致推导出,衡平补偿的显著法律特征

---

① 参见司坡森:《论补偿》,中国政法大学 2004 年博士学位论文,第 9 ~ 10 页。

② 参见李祎恒:《不动产财产权征收之衡平补偿研究》,南京大学 2013 年博士学位论文,第 118 页。

③ 参见王锴:《我国国家公法责任体系的构建》,载《清华法学》2015 年第 3 期。

主要包括五方面。一是衡平补偿的价值取向，以社会国原则及其意涵的“社会平衡理念”[①]为观念指引，旨在促进社会共同体成员的基本权利实质平等，包括社会参与权、共享成果权、福利给付权、公共服务保障权等“实质核心权利”的充分实现，进而最终“保障个人的自由和充分发展”[②]。当可归责国家的公共事件导致个人不利益而面临结果不平等时，代表社会共同体的国家应当予以矫正性合理补偿。[③] 二是衡平补偿的行为属性，实质为“国家策动的作为或不作为”承负“担保义务”。[④] 依此，国家未尽职或积极策动导致利益受损之际，国家均有平衡社会共同体成员利益而负担不利益的补偿担保义务。[⑤] 三是衡平补偿的实现标准，必须以有效的“参照物”为判断基础，社会保险待遇、受害人原有生活和就业能力等均是有效的“参照”样本。[⑥] 基于充分保障“弱势不利者”恢复至原有权利水平和避免新不平等的双向考量，应当秉持以“受害人原有权利（生活）水平”为上限、“社会共同体成员一般权利（生活）水平”为基本参照的补偿标准。四是衡平补偿的制度功能，与传统意义以行政补偿为主的特别牺牲补偿不同，并非仅仅规制公权力合法（或非违法）行为造成特定主体的损失弥补，而是在于最大化填补传统权利保障的制度漏洞，愈合前述特别牺牲补偿以及社会保险、社会救助等传统权利救济与保障的制度“真空”风险，客观上大大超越了针对传统型特别牺牲补偿设计的制度辐射范围。[⑦] 五是衡平补偿是基于平等权保障而产生的社会共同体义务，“国家未尽生存照顾职责导致公民生命和健康受损之客观结果时，公民即可享有此权

---

① Vgl. Rüfner, Einführung in das Sozialrecht, München: C. H. Beck, 1991, S. 119ff.

② BVerfGE 33, 303(333).

③ Vgl. Hase, Soziales Entschädigungsrecht, in: von Maydell/Ruland (Hrsg.), Sozialrechtshandbuch, Baden-Baden: Nomos, 2003, S. 1380 ff.

④ 参见娄宇：《论社会补偿权》，载《法学》2021 年第 2 期。

⑤ Vgl. Eichenhofer, Sozialrecht, Tübingen: Mohr Siebeck, 2003, Rz. 418ff.

⑥ Vgl. Reinhard, Neuregelung des Sozialen Entschädigungsrechts im SGB XIV in ZRP 2019, S. 220f.

⑦ Vgl. Zacher, Entwicklung einer dogmatik des Sozialrechts, in Abhandlung zum Sozialrecht Ⅱ, 2008, Baden-Baden: Nomos, S. 339.

利，例外情况下，特定人群也享有针对机会成本损失的经济补偿权”①。如军人及家属优抚补偿、疫苗接种健康受损补偿、“不真正的工伤补偿”②等均属于衡平补偿。

关于衡平补偿的辐射范围，德国公法理论认为，主要包括四种类型的“补偿”③。一是危险防止损失补偿。德国已明确立法，因瘟疫捕杀患病动物的受损者、病人职业限制的受损者、医务人员殉职等，均给予补偿。二是暴力犯罪被害人补偿。德国1976年颁布，并于1984年修订的《暴行受害者补偿法》明确规定，因暴力犯罪行为遭受损失的人，可以得到补偿。三是政治迫害或战争受难补偿。德国对于政治迫害事件或战争所受损失者都给予补偿，从1950年开始，德国共制定了战争补偿法80部、1034条。四是德国社会法规定的补偿。德国社会法明确规定，献血人、证人等特定主体基于特别事件的人身损害，应当予以补偿。

对于衡平补偿的范围界定，除了上述四种传统类型外，近年来学者们提出的“财产权社会义务调和制度”④也值得关注。研究者认为，规定“财产权内涵与边界”的立法，既不构成违宪也不构成征收，但在实施过程中，往往会因个案偏离正常轨道而偶然使财产权主体陷入“弱势不利”状态。此刻，国家即应当通过补救措施予以纠偏，履行“具有调和义务的内涵和边界之界定”义务。也就是说，立法机关确定“财产权内涵与边界”会造成财产权的限制，因而，立法主体作出“财产权内涵与边界”规定时，应确保“财产权内涵与边界”的规定不违反宪法合比例原则和平等原则，并明确“例外规定”“免除规定”“过

① 娄宇：《论社会补偿权》，载《法学》2021年第2期。

② 根据我国《工伤保险条例》第15条第1款第2项规定，职工在抢险救灾等维护国家利益、公共利益活动中受到伤害的视同工伤。工伤系职工在工作时间和工作场所内，因工作原因受到的事故伤害，上述情形不满足工伤认定的要件，因此在法律性质上不是工伤，可以称为“不真正的工伤”。

③ T. Wülfhorst, Soziale Entsch digung - Politik und Gesellschaft, 1994, S. 19, 21.

④ 陈征：《征收补偿制度与财产权社会义务调和制度》，载《浙江社会科学》2019年第11期。

渡规定”等调和措施。国家提供调和性补偿的法理根据，是偶然陷入危困状态的私人主体超过可期待容忍度而构成了特别牺牲。法院对于“财产权内涵与边界”的规定进行调和性审查，包括调和手段与调和额度审查。对于调和手段的审查，要求排除超过利益相关主体容忍度的不具有期待可能性的方法；对于调和额度的审查，不以市场价值为参考，而是以消除利益受损者的“弱势不利性”为核心基准。从根本上讲，“调和制度”实质上无异于法国、德国司法判例中发展出来的“立法补偿”①。学者们提出，当“财产权内涵与边界”的规定导致公民个体陷入“弱势不利”困境时，法律应当明文赋予受害人衡平补偿的请求权。② 由此可见，调和制度意义上的立法补偿，纳入衡平补偿的补偿范围正在成为一种趋势。

在我国的补偿法律制度实践中，体现衡平补偿的规定越来越多，主要有如下几类：一是自然资源、生态效益补偿，如《森林法》第 7 条、《水污染防治法》(2018)第 8 条规定了“生态效益补偿”“生态保护补偿”，《民族区域自治法》第 65 条第 1 款规定了“输出自然资源补偿”；二是成本公平负担补偿，如《电力法》第 36 条规定“电价成本公平负担补偿”；三是公益经营亏损补偿，如 2019 年《铁路法(修订草案)》第 10 条规定了“公益性铁路运营亏损补偿”。此外，前述中国式现代化进程中推行的“共同富裕”和“弱有所扶”战略规划及其实施政策，天然蕴含了基于“基本生存照顾义务”和“基本权利实质平等保障”等方面的大量衡平补偿理念，后续补偿立法应当有序吸纳关切重要民生的内容。

综上，衡平补偿已经越来越广泛地被具体补偿立法所覆盖，宪法层面确立补偿法律制度基本原则意义上的公平合理补偿原则，无疑也

---

① 在法国，最高行政法院通过“小花牛奶公司案”判决发展出了“立法补偿”(韦宝平：《论国家赔偿范围的拓展趋势》，载《江苏社会科学》2000 年第 6 期)；在德国，学者也将立法补偿视为概括性侵害平等权的特别牺牲补偿(Gunter Darig. Zuruck zum Klassischen Enteignungsbegriff, *Juristen Zeitung*, Bd. 9,1954)。

② BVerfGE 100,226 ff.

应当将其涵盖。

（三）补偿范围的宪法意涵：兜底性辐射补偿全域

如前所述，宪法确立补偿法律制度基本原则意义上的公平合理补偿原则，其应当涵盖的补偿范围，“底线”要求是足以覆盖实定法既有的特别牺牲补偿和衡平补偿。然而，宪法确立补偿法律制度基本原则意义上的公平合理补偿原则，其规范效力目标，是为补偿法律制度的体系化建设提供权威统领依据和兜底规制条款。因此要求，公平合理补偿原则涵盖的补偿范围，必须具有弥合制度“真空”和引领未来发展的“全域覆盖”效力。也就是说，作为补偿法律制度建设统领依据意义的公平合理补偿原则，其补偿范围的宪法意涵是：兜底性辐射补偿全域。那么，“特别牺牲补偿＋衡平补偿”类型框架是否足以周延公平合理补偿原则“兜底性辐射补偿全域”的补偿范围？

显然，回答“特别牺牲补偿＋衡平补偿”能否达成补偿范围的“全域覆盖”，仅凭实定法层面的规范梳理，很难得出富有建树的实质性结论。因为我国尽管出台了数量庞大的具体补偿立法，但却始终未能建立在补偿法律制度基本原则统领的体系化发展轨道上，进而导致具体补偿立法的既有类型，很难周延到整体补偿法律制度的应然范围。再进一步看，传统征收补偿“齿唇条款”仅限财产保障的行为范围和权益范围，在现代补偿法律制度发展中正在被无限扩张的新兴领域不断突破。一方面，随着补偿理论和司法实践的推动，基于实质平等原则的衡平补偿越来越广泛地被纳入补偿范围；另一方面，随着福利社会、风险社会的到来，类似社会权补偿的新型权利等不断涌现。仅仅依托实定法的类型列举，根本无法应对现代社会条件下补偿范围的快速扩张态势，必须凭借“最大公约数”的概括性补偿类型予以兜底涵盖。所以，公平合理补偿原则作为宪法层面待确立的补偿法律制度基本原则，其应当蕴含的补偿范围，无疑需要通过“概括类型”的分立场来进行判断。

那么，如何塑造足以蕴含补偿法律制度基本原则补偿范围的“概括类型”？本书认为，相较而言，“特别牺牲补偿＋衡平补偿”的“两分法”，是针对补偿范围构造“概括类型”的最佳实现路径。这是因为，

“特别牺牲补偿和衡平补偿”的整合效用，足以辐射至补偿法律制度的一切应然涵盖领域。

首先，特别牺牲补偿面向的补偿范围，其基本意涵是：所有起因于公共利益需要的公权力非违法行为，造成了私人利益的损害，凡超过了社会义务的可容忍程度都应当予以补偿。对此，德国宪法学家格哈德·安修斯曾一针见血地指出，因公共利益需要的公权力非违法行为，只要对私人利益构成了个别侵犯就应当予以补偿，而非个别侵犯的普遍性法律规定，则是无须补偿的个人社会义务。① 据此，特别牺牲补偿面向的补偿范围，其含义的构成要素可以从四方面来概括。一是目的要件的构成，凡起因于公共利益需要的公权力非违法行为，都构成了特别牺牲补偿之目的范围，并且该范围具有无限拓展的外在张力，因时因势随着公共利益需要的变化而不断发生变化；二是原因要件的构成，只要构成了特别牺牲的公权力非违法损害，就符合主张补偿的法理要求；三是行为要件的构成，足以主张特别牺牲补偿的“公权力非违法行为”，包括公权力合法行为、公务受益行为、无因管理行为等，传统意义上财产征收引发的补偿仅为其中之一尊；四是权益要件的构成，特别牺牲补偿指向的权益范围，涵盖了财产性损害补偿和人身性损害补偿。

其次，衡平补偿面向的补偿范围，其基本意涵是：从生存照顾的社会平衡和基本权利的实质平等保障需要出发，凡起因于公共利益需要的公权力非违法行为或国家可归责性公共事件，直接或间接地造成了私人利益的损害，致使不利益的承受者陷入“弱势不利”状态时，国家都应当予以矫正性补偿。由此，衡平补偿面向的补偿范围，其含义的构成要素可以从两方面来概括。一是普通构成要素，衡平补偿意涵的补偿范围，首先要符合补偿的一般法理要求，其普通构成要素与特别

---

① Vgl. Gerhard Anschutz, Die Verfassungsurkunde fir den PreuBischen Staat vom 31. Januar 1850：ein Kommentar fur Wissenschaft und Praxis, Scientia Verlag, 1974, S. 156 ff. Oto Kimminich, Eigentum. Enteignung. Entschadigung：eine Kommentierung des Art. 14 GG, 3 Auflage, Heitmann, 1976, Rn. 125：Friedrich Wilhelm Giese, Der ofentlich-rechtliche Aufopferungsanspruch, F. Enke, 1936, S. 38.

牺牲补偿并无本质差异；二是特殊构成要素，衡平补偿意涵的补偿范围，其独到之处主要表现在，不以特别牺牲为原因要件，而是以出现"弱势不利性"为给付补偿的判断基准，即凡起因于公共利益需要的公权力非违法行为或国家可归责性公共事件导致承受社会不利益者陷入"弱势不利"状态，但尚未构成特别牺牲或者给予了特别牺牲补偿但仍然不足以摆脱"弱势不利性"的情形，均可以向国家主张衡平补偿。这就意味着，衡平补偿事实上扮演了填充特别牺牲补偿不足的"兜底条款"角色。值得注意的是，随着前述中国式现代化推进中"共同富裕"和"弱有所扶"战略全面实施，粮食主产区跨省横向补偿、生态保护跨省横向补偿、乡村振兴补偿、山区海岛开发补偿、新质生产力培育补偿等重要领域，潜伏着衡平补偿的巨大制度拓展空间。

综上，"特别牺牲补偿 + 衡平补偿"之契合，构成了补偿范围的全貌。"特别牺牲补偿 + 衡平补偿"的"两分法"，无疑为塑造体现补偿法律制度"最大公约数"的"概括性补偿类型"提供了最佳实现途径。与此同时，对于构造补偿法律制度建设的体系化统领依据和兜底性规制条款而言，还可以凭借"两分法"形塑足以覆盖全域的"概括性补偿类型"，为其功能发挥的证立提供强大学理论据支持。不言而喻，宪法确立补偿法律制度基本原则意义的公平合理补偿原则，作为"权威统领依据"和"兜底规制条款"的宪法规范表达，选择其含义"兜底性辐射补偿全域"的补偿类型载体，理所当然也需遵循"特别牺牲补偿 + 衡平补偿"的整合并用策略。

二、公平合理补偿原则的补偿标准

（一）补偿标准总概：财产权、人身权、衡平补偿标准的统一

关于补偿标准的确切定义，学界尚未达成共识。目前主要有如下几种代表性观点。阚英教授认为，补偿标准是公权机关基于公平正义原则依法给予权利人补偿的"计算方法和计算依据"①；杜仪方教授认

① 参见阚英：《论我国的行政补偿标准》，载《政法论丛》2006 年第 1 期。

为,补偿标准有别于补偿判断标准,补偿判断标准面向“是否补偿”的证立,而补偿标准则着重在于确立“补偿的具体数额”①;王太高教授认为,补偿标准主要体现为对私人主体造成损害的补偿力度,深受财产的权利构成及计算价格的日期等因素影响②;郑全新教授认为,补偿标准与补偿原则不能混为一谈,因为事实上,原则与标准在词义和法理上都大有不同,原则是法律必不可少的共性基础或本源性原理,而标准是衡量的准则和遵守的尺度,即补偿原则是具有较强指导性和概括性的统领依据,而补偿标准则是体现补偿程度的具体性、操作性额度。③

纵览以上诸观点,无论说明意图或者强调方向如何不同,有一点始终是高度一致的,即补偿标准体现的是可操作性具体补偿额度或补偿尺度。因此,补偿标准明显区别于补偿原则和补偿判断标准。首先,补偿标准有别于补偿原则,补偿标准是补偿原则的具体化,而补偿原则是补偿标准必须遵循的共性价值立场;其次,补偿标准有别于补偿判断标准,补偿法律制度基本原则意涵的补偿标准,其核心任务在于树立“如何补偿”的统领依据,主要体现为“补偿多少”的程度标准,而并非基于“是否补偿”的判断标准。总之,宪法确立的补偿法律制度基本原则所蕴含的补偿标准,特指统领补偿额度或补偿尺度的程度标准。

进一步引发的问题是,公平合理补偿原则作为宪法统领依据意义的补偿法律制度基本原则,其应当秉持何种构成意涵的补偿标准?毋庸置疑,廓清补偿标准的构成意涵,必须与补偿范围相对,显然也需要围绕着足以涵盖补偿全域的特别牺牲补偿和衡平补偿分别展开。

对于特别牺牲补偿而言,通常以恢复特别牺牲者至未受侵害前的权利状态为补偿程度标准。因此,明晰特别牺牲补偿的补偿标准构成,需要解决的核心问题是,精确判断特别牺牲补偿需要弥合的“特别

---

① 参见杜仪方:《财产权限制的行政补偿判断标准》,载《法学家》2016 年第 2 期。

② 参见王太高:《行政补偿制度研究》,苏州大学 2003 年博士学位论文,第 75 页。

③ 参见郑全新:《论中国实定法行政补偿的基本原则》,载《国家行政学院学报》2014 年第 2 期。

牺牲损失”,包括财产权面向的“特别牺牲损失”和人身权面向的“特别牺牲损失”。特别牺牲补偿的理论思想,发展至今已经固化了一套成熟的基本原理,主要体现为:特别牺牲补偿遵循“利益均沾则负担均担”的原则,特别牺牲成立以是否遭受“相较他人不公平、不可预期”之损失为判断依据,特别牺牲补偿之程度标准在于矫正“平等原则违反”而却又排除一般性社会义务补偿。[①] 换言之,足以弥合“特别牺牲损失”的平等原则,是特别牺牲补偿的实质判断基准。那么,何种补偿程度才能更好地体现愈合“特别牺牲损失”的实质平等?从补偿法律制度较为完善的美国和德国来看,两国法院在经过反复对比后,最终一致选择了补偿标的物的“市场价值标准”为主导标准。德国联邦普通法院认为,《德国基本法》第14条第3款规定的“公平补偿原则”,其实质内涵就是标的物的“市场价格或再取得价格”。[②] 例如,德国联邦普通法院在1954年6月10日的判决中写道:“只有特别理由才能低于标的物一般价格予以非完全补偿”;[③]又如,联邦普通法院在1962年11月8日的判决中继续指出,对特别牺牲应以现实价格补偿,即“以再取得同种类、同价值客体所拥有针对所有人的交易价格或者交换价值”[④];再如,联邦普通法院在1964年3月12日的判决中进一步强调:“补偿必须是现实价格,即为通常被征收人得以该补偿金取得同种或等值的物的状态价格来计算。”[⑤]不难看出,德国补偿制度及判例实践秉持的“市场价值标准”,实质体现为补偿标的物的“完全交易价格”[⑥]。在美国,如前所述,同样一直秉持了市场价值补偿标准,并通过法院判例发展出了一套较为精致的前述补偿标的物“最高最优”计价体系。在我国,市场价值补偿标准也正在越来越广泛地被具体补偿

---

① 参见张翔:《财产权的社会义务》,载《中国社会科学》2012年第9期。

② 参见李祎恒:《不动产财产权征收之衡平补偿研究》,南京大学2013年博士学位论文,第53页。

③ BGHZ 13,395－397.

④ BGHZ 39,189(199f).

⑤ BGHZ 41,354－358.

⑥ Leisner, Walter, Die Höhe der Enteignungsentschädigung, NJW 1992,1409.

立法所确立。2011 年《国有土地上房屋征收与补偿条例》第 19 条第 1 款第 1 句规定："对被征收房屋价值的补偿，不得低于……类似房地产的市场价格。"2019 年《土地管理法》第 48 条第 3 款第 1 句规定："征收农用地的土地补偿费、安置补助费标准由……区片综合地价确定。"前述条例中的"类似房地产的市场价格"和《土地管理法》中的"区片综合地价"，客观上都坚持了市场价值标准，并且 2019 年新修正的《土地管理法》，在一定程度上反映了中国补偿标准的立法演绎导向。总体上看，特别牺牲补偿面向的补偿标准，各国较为统一的原则立场是，体现补偿标的物"完全交易价格"的市场价值标准。当然，市场价值标准的主导性认同，并非意味着其绝对完美。一方面，如前所述，某些例外情形下，市场价值标准难以为继的财产权补偿领域，仍然必须有可行的替代标准；另一方面，特别牺牲补偿还包括非财产性的人身权损害补偿，通说认为，非财产性的人身权损害补偿，不可能也不可以采用物理性的市场价值标准。因此，特别牺牲补偿面向的补偿标准，至少有两种类型，一是财产权补偿的市场价值标准及例外情形的替代标准，二是人身权损害的补偿标准。

对于衡平补偿而言，在补偿标准上需要解决的核心问题是，基于追求实质正义而消除"弱势不利性"的补偿标准构成。由于衡平补偿不是以特别牺牲的发生及弥合为必须构成要素，旨在针对社会不利益承受者提供足以消除"弱势不利性"生存照顾或权利保障，致力于达成"社会共同体成员一般权利（生活）水平"的生存与发展状态。由此，衡平补偿面向的补偿标准，无须就财产权补偿标准与人身权补偿标准区别对待，都是在遵循实质平等原则基础上最大化消除"弱势不利性"的等额补偿。

综上，作为宪法统领原则的公平合理补偿原则，其蕴含的补偿标准，就是指体现补偿程度的基本遵循立场。与补偿范围相对，公平合理补偿原则应当意涵的补偿标准，需要从代表"公约数概括类型"的"特别牺牲补偿"和"衡平补偿"二分路径展开，然后借此形成以财产权损害补偿标准、人身权损害补偿标准和衡平补偿标准为具体构成内容的操作体系。

(二)财产权损害补偿标准

财产权损害的补偿标准，如前所述，各国通常秉持的是市场价值标准，例外情形下辅之以可行的替代标准。

1. 财产权补偿的市场价值标准

特别牺牲补偿所秉持的市场价值标准，就本质而言，是国家对特别牺牲者所受财产权损害给予模拟市场交易价格的对等补偿。也就是说，财产权损害补偿所秉持的市场价值标准，是借用虚拟的市场价格来确立的。尽管市场价值补偿标准相较其他补偿标准更易于操作和更接近客观公平，但市场价值补偿标准仍然源自强制交易下的虚拟市场，最终体现补偿标准的“价格”，主要取决于评估价，而评估价又取决于被征收物的使用用途和评估时点，这意味着，评估标准、用途标准和时间标准都会对市场价值标准构成实质影响。

(1)评估标准

评估标准，是市场价值补偿标准的核心支持要素之一，不同的评估技术路径，产生的结果完全不同。因此，只有确保评估标准的正当性，才能最大化促成公平合理原则秉持的市场价值标准更接近标的物真实价值。

在美国，法院常用的评估方法有四种：第一，最近销售价格法，即查阅被征标的物最近的销售价格；第二，比较销售价格法，即查阅相同区域与被征标的物类似标的物的最近销售价格；第三，收入资本化法，即对被征标的物实际或潜在的利润、租金等收益予以资本化；第四，重置成本法，即按被征标的物的重建成本折算。除上述方法外，当事双方均可提出对各自有利的评估报告。[①] 实践表明，征收人提出的评估

---

① 在美国，当事人可以委托资产评估公司出具被征财产评估报告，美国的资产评估公司实行自律管理，自律管理组织是监督评估促进委员会(美国评估自律管理组织联合体)。1989 年联邦政府颁布了《金融机构改革、复兴和实施法案》，借以规范评估人员从业资格和职业道德要求，并成立了联邦金融制度监察委员会评估公司分会，进一步强化对从业人员和自律管理组织的监管。

价“更接近公平市场价值”[①],然而,法院最终采用何种方法或几种方法,主要是“法院依据案件的具体情形决定”。

在美国的评估标准中,处于中立裁判方的司法机关具有权威性主导作用,可以较大程度地保证评估标准在平衡公共利益与私人利益关系中的公平正义价值。

相较于美国,德国的评估机制公权力的主导色彩稍显浓厚。在德国,标的物的交易价格,通常由专业委员会进行评估,2010 年德国联邦政府颁布的《德国不动产估值条例》(Immobilienwertermittlungsverordnung),就是最重要的评估依据。[②] 根据《德国不动产估值条例》规定,评估方法有三种:比较价值评估法,即从众多交易样本中选取与待评估标的物高度相似的物来确定市场价值;收益价值评估法,即依据标的物的市场化平均收益率予以确定;物品价值评估法,即根据重置标的物并扣除折旧后的投入额来确定。根据《德国不动产估值条例》第 10 条规定,土地的市场价值,应当优先采用比较价值评估法予以确定。[③] 并且,根据《德国建筑法典》[④]第 196 条规定,每个区域都应当建立反映土地发展状况、交易价格平均数值等内容的区域土地标准价值。同时,为了方便查明土地标准价值,德国联邦政府发布了并不构成法律约束力但却有很强指导意义的《德国土地标准价值评估指南》(Bodenrichtwertrichtlinie),明确规定了“如何建立土地标准价值区域和土地标准价值”[⑤]。值得注意的是,即使德国的价值评估体系非常完善,评估结果也必须经过严格的司法审查后方可适用。联邦最高法院特别强调,针对个案,法官可以自由选择评估方式,但必须遵循的核

---

① See Yun-chien Chang, *An Empirical Study of Court-Adjudicated Takings Compensation in New York City*: 1990 – 2003, 8 Journal of Empirical Legal Studies (2011), p. 384.

② Immobilienwertermittlungsverordnung vom 19. Mai 2010 BGB1. I S. 639f.

③ 参见袁治杰:《德国土地征收补偿法律机制研究》,载《环球法律评论》2016 年第 3 期。

④ 德国在 1960 年颁布了《德国联邦建筑法》(Bundesbaugesetz, BGB1. I S. 341),该法于 1987 年连同其他法律被整合为《德国建筑法典》重新颁布。

⑤ Aust/Jacobs/Pasternak, Rn. 627.

心原则是，要最大化得出公平补偿结果。[①] 从一定意义上讲，德国对评估结果提出必须坚持严格司法审查原则的要求，同样可以有力地保证评估标准在平衡公共利益与私人利益关系中的公平性。

在我国，如前所述，房屋征收补偿秉持的“类似房地产的市场价格”和土地征收补偿秉持的“区片综合地价”，本质而言，客观上也都坚持了市场价值标准。与之相对，尽管我国的土地尚无自由交易属性，但针对城市房屋征收补偿的房屋价值评估制度及其实施机制，都已经得到了相应确立。《国有土地上房屋征收与补偿条例》第 19 条第 1 款第 2 句规定：“被征收房屋的价值，由具有相应资质的房地产价格评估机构按照房屋征收评估办法评估确定。”第 2 款规定：“对评估确定的被征收房屋价值有异议的，可以向房地产价格评估机构申请复核评估。对复核结果有异议的，可以向房地产价格评估专家委员会申请鉴定。”为了具体化条文中的“按照房屋征收评估办法评估确定”，《国有土地上房屋征收评估办法》第 13 条进一步规定：“注册房地产估价师应当根据评估对象和当地房地产市场状况，对市场法、收益法、成本法、假设开发法等评估方法进行适用性分析后，选用其中一种或者多种方法对被征收房屋价值进行评估。被征收房屋的类似房地产有交易的，应当选用市场法评估；被征收房屋或者其类似房地产有经济收益的，应当选用收益法评估；被征收房屋是在建工程的，应当选用假设开发法评估。可以同时选用两种以上评估方法评估的，应当选用两种以上评估方法评估，并对各种评估方法的测算结果进行校核和比较分析后，合理确定评估结果。”另外，我国还积极探索出针对评估结果进行司法审查的本土化监督机制，在最高人民法院发布的第二批征收拆迁典型案例中，制度化确立了“对评估报告进行适度审查”的指导意见。[②] 具体案例方面也取得了实质成果，如 2019 年最高人民法院 4368

---

① Weiß, in: Jäde/Dimberger/Weiß, Baugesetzbuch Kommentar, 6 Aufl., § 95, Rn. 4.

② 参见最高人民法院：《人民法院征收拆迁典型案例（第二批）》（吉林省永吉县龙达物资经销处诉吉林省永吉县人民政府征收补偿案），载中国法院网 2018 年 5 月 15 日，https://www.chinacourt.org/article/subjectdetail/id/MzAwNMhMNYABAA.shtm。

号判决就明确指出:"司法审查的最终性,决定了人民法院对评估机构的资质、评估机构的选定、评估时点、评估方法等进行审查,以确保评估报告合法、真实、有效,保障被征收人合法的征收补偿利益。"[①]总体而言,我国针对市场价值标准的评估,公权力主导性确立了完善的运行机制及制度体系,并对评估从业者、评估机构及评估方法均作出了体系化规定。同时,在公权力主导性形成评估结果的基础上,也建立了监督评估结果的本土化司法审查机制,一定程度上确保了评估标准的正当性。

综上,对于公平合理补偿原则意涵的市场价值标准确立而言,必须归依于客观真实的评估标准。各国的评估实践表明,完善的制度体系及有效的第三方司法审查,是确保评估标准接近客观真实的逻辑前提。对此,我国还应当进一步在"以人为本"的社会主义法治实践中,探索充分发挥司法审查监督功能的实现路径,为最大化促成评估结果的正当性贡献"中国方案"。

(2)用途标准

市场价值补偿标准是虚拟的强制交易价格,即标的物基于不同可期待用途产生的"交易价格"。正是在这个意义上,被征收(征用)财产的用途,往往构成了市场价值标准的重要内涵。

在美国,通常情况下的市场价值标准,采用的是最高最优使用用途标准。"最高最优使用"的基本含义,主要表现为"更高经济价值的最高最优使用用途"。首先是"能带来最大利润的用途"[②];其次是"财产本身可用的、实际可行的任何用途,包括但不限于现有用途,排除推测性的未来用途"[③]。上述两方面的成立,必须由财产权主体提出客观可

① 参见"李某冰、马某娟诉济南市政府不履行法定职责纠纷案",最高人民法院行政裁定书(2019)最高法行申4368号。

② 宋志红:《美国征收补偿的公平市场价值标准及对我国的启示》,载《法学家》2014年第6期。

③ J. L. Slackman, 4 Nichols, The Law of Eminent Domain §12B. 12 (N. Y.: Matthew Bender, Rev. 3rd ed. 1989).

能性证明，然后由法院审查认定。司法审查大致从四个方面来判断“最高最优”是否实质存在：一是物理可行性，标的物的物理条件与主张之最高最优用途相符合；二是法律可行性，即标的物的最高最优使用具有合法性；三是经济可行性，即最高最优使用用途真实或潜在地存在且足以带来最高利润，可以是单项用途也可以是多项用途[①]；四是时间近期性，即最高最优使用用途在近期能够实现而非遥远的将来，实践中一般坚持“征收（征用）前即已存在”或至少“拟议用途有合理可能”。

德国对于被征标的物用途标准的认定，没有采用美国的最高最优使用标准，而是坚持了“质量时点”（Qualit ätsstichtag）的实际状态标准。质量时点，即根据被征物实际状态确定市场价值的时间点。根据《德国建筑法典》第 93 条第 4 款规定，认定被征物实际状态的时点就是征收决议送达时间点。[②] 事前指定占有（Vorzeitige Besitzeinweisung）[③]情形下，则以事前指定占有时点来确认被征物的实际状态。被征物的实际状态，即标的物现有的质量状况，既包括自然状态，也包括明确会实现的未来预期、标的物特性等影响交易价格的因素。[④] 德国联邦最高法院奉行“拿走多少就补多少”的核心思想，征收（征用）决定作出前，建筑规划方案、城市发展方案等类似情况导致的市场价值变化，一般不纳入补偿标准的考虑范畴。[⑤] 因此，为了避免私人主体不当得利或过度受损，实践中往往会出现质量时点提前的情况，此乃德国司法判例

---

① See United States v. Powelson, 319 U. S. 266, p. 276; 63 S. Ct. 1047, p. 1052 - 1053 (1943).

② Weiß, in: Jäde/Dimberger/Weiß, Baugesetzbuch Kommentar, 6 Aufl., § 93, Rn. 9.

③ 依据《德国建筑法典》第 116 条规定，如果所追求的措施的立即实施基于公共利益的考虑较为紧迫，则征收局可以应申请通过决议指定征收申请人占有被征收人的土地。也就是说，在这种情况下征收决议尚未作出，而被征收人的土地却已经被占有，从而造成了损害。

④ See Aust/Jacobs/Pasternak, Rn. 994; BGHZ 28, 160 = NJW 1959, 148; Beschluss der 2. Kammer des Ersten Senats vom 19. September 2007 - 1 BvR 1698/04.

⑤ BGHZ 28, 160 = NJW 1959, 148.

发展出来的“征收的前效果”原则(Vorwirkung der Enteignung),[①]并被《德国建筑法典》第96条第2款第2项实定法化。该项原则,从大量法院判决[②]看,有利于精准界定被征收人真正“失去的东西”。

在我国补偿法治实践中,关于征收(征用)补偿的用途标准,《土地管理法》第48条第3款明确规定了“制定区片综合地价应当综合考虑土地原用途”[③]。客观上看,农用地的“原有用途”标准,受到法律交易限制而没有反映市场真实价格[④],如此背景下,在制定“区片综合地价”过程中,仍然坚持单一的“原有用途”标准,是否会影响补偿标准的公平正义价值,显然应保持谨慎态度。就完善路向看,鉴于我国农用地对农民生存保障的特殊属性,“最高最优使用用途标准”势必更有推广价值。

综上,被征标的物的用途标准,是市场价值补偿标准的重要构成内容,相较而言,“最高最优使用用途”标准具有普适推广意义,宪法层面确立补偿法律制度基本原则意义上的公平合理补偿原则,也应当在“原有用途”标准基础上将“最高最优使用用途”标准涵盖其中。

---

① “征收的前效果”原则,是在德国司法实践中发展起来的一项征收补偿法上的基本原则,主要基于征收过程往往是一个漫长的过程,这个过程中,被征标的物往往会因为与征收有关的一系列因素其价值在征收决定之前已经发生变化,因此就有必要把质量时点提前,既避免被征收人获得本不属于他的利益,也避免被征收人可能遭受的损失。依据联邦最高法院的判决,最常见的可以引发征收的前效果的就是建筑禁令、变更冻结令以及有法律拘束力的建筑规划。例如,在具体征收决定作出之前,由于建筑规划等要素影响到土地价值,包括升值和减损两方面的可能,而这种价值的变化在征收补偿中不应当被考虑,进而质量时点就应提前到建筑规划未作出的时间点。参见 Hettich, Matthias, Effektiver Rechtsschutz im Bau-, Enteignungs-und Fachplanungsrecht, in Rensen/Brink (Hrsg.), Linien der Rechtsprechung des Bundesverfassungsgerichts, S. 434; BGHZ 28, 160 = NJW 1959, 148; Molodovsky/Bemstorff, EnteignungsR Bay, Art. 8, Rn. 5. 4. 1。

② Vgl. BGH, Urt. 26. 1. 78, MDR 78, 557; BGH, Beschluss vom 27, Mai 2009; Aust/Jacobs/Pasternak, Rn. 995.

③ 《土地管理法》第48条第3款第2句规定:“制定区片综合地价应当综合考虑土地原用途、土地资源条件、土地产值、土地区位、土地供求关系、人口以及经济社会发展水平等因素……”

④ 房绍坤:《土地征收制度的立法完善——以〈土地管理法修正案草案〉为分析对象》,载《法学杂志》2019年第4期。

(3)时间标准

被征标的物尤其是不动产,在不同时点会反映不同价格,尽管市场价值标准是拟制价格,但评估的时间基准在事实上影响当事人切身利益,所以采用精确的财产评估时间基准非常重要。

美国判例实践中秉持的公平市场价值标准,财产评估的时间节点,原则上是财产被征日。然而,由于征收补偿程序从启动到结束有若干可能影响被征物价格的时间节点,如征收补偿“前夕”、征收补偿启动日、政府实际占有标的物日、诉讼日以及传唤日(或传唤送达日)、补偿支付日等,财产评估基准日的最终选择,通常以最有利于公平正义目标的达成为核心依据。但在实践中,传统的财产被征日标准,在对究竟何为“最有利于体现公平正义目标”的把握上,会面临“征收贬值”或者“征收溢价”困扰。“征收贬值”多为拟议公权力行为造成被征财产的市场价值降低,如城市公共交通规划预期噪声对周边房产的不利影响,法院的应对方法各不相同①,在具体操作上主要有三种:一是严格执行财产被实际征收之日的公平市场价值标准②;二是回溯财产评估时间至拟议公共权力行为对被征财产不构成不利影响之前③;三是为了避免非公权力造成价值损失混入补偿而引发事实不公④,执行实际征收日评估价标准的基础上,另行计算拟议公权力行为导致的财产减损额后,最后将两者并入补偿总额中。⑤ “征收溢价”与“征收贬值”相同,多为拟议公权力行为造成被征财产的市场价值增加,对此,法院认为溢价部分不应列入补偿,财产评估基准日也应当回溯至产生征收补偿

---

① See Christopher Serkin, *The Meaning of Value*: *Assessing Just Compensation for Regulatory Takings*,99 Northwest University Law Review(2004 - 2005),p. 697.

② See,e. g. ,Kirby Forest Indus. ,Inc. v. United States,467 U. S. 1,14 - 15(1984); United States v. 3. 95 Acres of Land,470 F. Supp. 572,574(N. D. Cal. 1972).

③ See,e. g. ,City of Buffalo v. J. W. Clement Co. ,269 N. E. 2d 895(N. Y. 1971); Foster v. City of Detroit,254 F. Supp. 655(E. D. Mich. 1966).

④ See,e. g. ,Klopping v. City of Whittier,500 P. 2d 1345,1351(Cal. 1972).

⑤ See,e. g. ,United States v. 38,944 Net Usable Square Feet of Space,No. 87 C 8569, 1989 WL 152806,at 2(N. D. Ⅲ Nov. 21,1989).

溢价之前。①

在德国，被征财产价值评估的时间点，同样构成了补偿标准的重要内涵，大致而言，能否促使特别牺牲者获得被征物相同之价值保障，认为补偿款支付时间具有决定性意义。②《德国建筑法典》（1987）第95条第1款、第113条第1款、第117条第1款分别规定，“被征物交易价值的评估时点是公权机关做出征收决定之时”、“征收决定必须明确补偿方式和补偿额度”，“补偿金已支付或提存后公权机关方可根据申请付诸征收决定之执行”③。这些规定充分说明，公权机关作出征收决定之日，意味着补偿额度紧随确立。有学者指出，“征收决定日”这个时点的被征物评估价值，“最有可能重新获得类似的被征收物”④。不难看出，立法也给补偿金迟延支付留下了可乘之机，倘若迟延支付补偿金期间引发被征物市场价格剧烈动荡，如房价高速上涨期的房屋，被征人拿到迟延给付的补偿款事实上不足重置类似物。照此，德国联邦最高法院根据《德国基本法》第14条第3款“补偿之决定应公平衡量公共利益与关系人之利益”这一规定，发展出了“增值判决”（Steigerungsrechtsprechung），其核心内涵是，补偿迟延支付期间遇被征物价格剧烈波动，进而导致公权机关确定补偿额与重置被征物类似物的价格显著不符时，偏向不利于迟延支付的责任方后变更评估时点。⑤“增值判决”之实质，在于最大化促成公共利益与私人利益的平衡，按照基本法的“公平补偿原则”，保障私人主体获得相当于“失去利益”的应有补偿。

我国征收补偿的财产评估时点，既有实定法已作出了明确规定。《国有土地上房屋征收与补偿条例》第19条第1款第1句规定：“对被

---

① See, e. g., Almota Farmers Elevator & Warehouse Co. v. United States, 409 U. S. 470, 477 - 478 (1973); United States v. Miller, 317 U. S. 369, 376 - 377 (1943).

② Aust/Jacobs/Pastemak, Rn. 676.

③ 袁治杰：《德国土地征收补偿法律机制研究》，载《环球法律评论》2016年第3期。

④ Aust/Jacobs/Pastemak, Rn. 976.

⑤ 参见袁治杰：《德国土地征收补偿法律机制研究》，载《环球法律评论》2016年第3期。

征收房屋价值的补偿，不得低于房屋征收决定公告之日被征收房屋类似房地产的市场价格。”同时，《国有土地上房屋征收评估办法》第 10 条也规定：“被征收房屋价值评估时点为房屋征收决定公告之日。用于产权调换房屋价值评估时点应当与被征收房屋价值评估时点一致。”上述条文内容的核心，就是将被征财产的补偿评估时点确定为“征收决定公告之日”。尽管财产评估时点已经十分明晰，但客观上仍然面临着诸多不确定因素。最高人民法院的案例裁判证明，立法上的“决定公告日”与“签订补偿协议日”“实际支付补偿金日”等往往并不一致①，在近年来房屋价格大幅波动而又基于种种原因迟延支付补偿金的情形下，以“决定公告日”为评估时点确立的补偿额度，事实上很难保障权利人足以重置被征房屋类似的房产，明显需要在制度设计上进一步完善。

综上，被征标的物的评估时点标准，同样是市场价值补偿标准的重要构成内容。我国现行的“征收决定公告之日”，客观上还需更为完善的配套制度。因此，宪法层面确立补偿法律制度基本原则意义上的公平合理补偿原则，对其意涵的补偿标准，在评估时点标准的构成上，应当对“征收贬值”或者“征收溢价”的消解有所体现。

2. 财产损害补偿的替代标准

在特别牺牲的财产补偿标准构成中，以市场价值标准为主导。同时，市场价值标准并非放之四海而皆准，在市场价值标准无法应对的领域，还应当启用“重置成本补偿标准”“加成补偿标准”“收益价值补偿标准”等替代标准。

(1)重置成本补偿标准

所谓重置成本补偿标准，即在被征物尚无既定市场交易价格可参照的情形下，以同等被征物的重置成本价为补偿标准。重置成本补偿标准一般用于“公共设施”被征场合，如公园被征后的重建成本补偿

① 参见居李、李琼、居文诉福州市鼓楼区人民政府房屋征收补偿决定一案，最高人民法院（2018）最高法行再 202 号行政判决书。

等，因为此类公益设施有重置的必要性，但却困于公用产品没有市场交易样本，进而以重置价予以补偿，具有“公对公”的特点。重置成本补偿标准源自美国法院的判例，后来逐渐被其他国家所沿用。① 我国《土地管理法》第48条第4款规定：“……对……农村村民住宅，应当按照先补偿后搬迁、居住条件有改善的原则，尊重农村村民意愿，采取重新安排宅基地建房、提供安置房或者货币补偿等方式给予公平、合理的补偿……”其中“重新安排宅基地建房”，实际上体现了重置补偿标准的构成意涵，即对农村村民住宅拆迁后的补偿，若“采取重新安排宅基地建房”，应当按照建筑重置成本的标准给予补偿。

（2）加成补偿标准

所谓加成补偿标准，是指在市场价值标准基础上，为了弥合附随损失，借以促成结果公平，额外再给以权利人一定比例的补偿。加成补偿的法理基础是实质平等原则，其运行机理是，当市价补偿“存在一个系统性的恒定偏差”②时，导致不能完全弥合强制交易产生的特别牺牲，进而再给以一定比例的追加补偿，借以弥合市价补偿之不足。例如，美国2005年“凯洛诉新伦敦市案”（Kelo v. City of New London）③以后，印第安纳州规定住宅公用征收补偿款按市价的150%支付，密苏里州规定住宅公用征收补偿款按市价的125%支付，密苏里州还针对征收超过50年财产作出了按市价150%支付补偿款的规定。④ 加成补偿在我国暂未出现实定法样本，但作为市场价值补偿标准的一种补充方案仍然值得高度关注。

（3）收益价值补偿标准

所谓收益价值补偿标准，即是以被征收标的物预期收益为依据确定补偿额度的补偿标准。我国《土地管理法》第48条第3款第2句规

---

① See United States v. Commodities Tading Corp. ,339 U. S. 121,123 (1950).

② Richard A. Epstein, *Takings: Private Property and the Power of Eminent Domain*. Harvard University Press,1985.

③ See Kelo v. City of New London,545 U. S. 469,488 – 490(2005).

④ 参见邹爱华：《美国土地征收法的新发展及其对我国的启示》，载《现代法学》2013年第4期。

定的"制定区片综合地价应当综合考虑土地原用途"，其中的"土地原用途"，实际上就暗含了收益价值标准。例如，针对未收割的小麦等季节性农作物，在征收补偿过程中，就应当采用收益价值补偿标准。

总体而言，针对财产权的征收补偿，公平市场价值标准是"通常标准"①，但例外情形下仍然需要启用其他替代标准。所以，在财产权特别牺牲补偿的补偿标准构成上，应当坚持以公平市场价值标准为主导、其他替代补偿标准为补充的框架体系。

（三）人身权损害补偿标准

人身权损害补偿的法理基础，仍然是特别牺牲原理，即因公共利益需要的公权力非违法行为，造成私人主体人身权损害且达到特别牺牲的，应当给予公平合理的补偿。

从各国法制实践看，人身权损害补偿的标准，一般是以补偿法律制度基本原则为统领，再通过具体补偿立法细化或法院判例形成可操作标准。例如在德国，《德国基本法》第 2 条第 2 款规定："人人有生命与身体之不可侵犯权。个人之自由不可侵犯。此等权利唯根据法律始得干预之。"第 14 条第 3 款规定："补偿之决定应公平衡量公共利益与关系人之利益。"依据前述基本法条款的体系解释完全可以推导出，德国法上的人身权损害补偿与财产权损害补偿相同，应当遵循"公平补偿原则"。与此同时，以德国宪法确立的"公平补偿原则"为基础，联邦最高法院在判例实践中发展出了"生命、健康和自由的保护不得少于财产权利保护"的人身权损害补偿标准。又如在日本，《日本国宪法》第 25 条第 1 款规定："全体国民都享有健康和文化的最低限度的生活的权利。"第 29 条第 3 款规定："私有财产在正当的补偿下得收归公用。"与德国类似，依据基本法条款的体系解释完全可以推导出，日本法上的人身权损害补偿与财产权损害补偿相同，应当遵循"正当补偿原则"。与此同时，以宪法确立的"正当补偿原则"为基础，日本法院在判例实践中逐渐发展出了"比财产权具有更高保护价值的生命、

① 刘连泰：《征收补偿中的主观价值》，载《法学家》2020 年第 2 期。

身体、健康损失补偿”标准。[①] 同时，日本学术界与实务界互相呼应，积极主张“生命、身体、健康法益不依照宪法第二十九条第三款的规定予以补偿就会失去平衡”[②]等观点。就实践的司法演绎看，对于起因于公共利益需要的“劳动力限制损害补偿”[③]、“预防接种损害补偿”、“公务协助者损害补偿”等典型人身权损害补偿，日本法院在判例中通过强制类推适用《日本国宪法》第 29 条第 3 款的财产权损害补偿条款，较好地填充了补偿法律制度的盲区。[④] 德国、日本的共性经验说明，宪法统领依据意义上的补偿法律制度基本原则，应当为人身权损害补偿提供补偿标准的基本价值立场，不同具体补偿立法及法院判例以此为中心确立可操作的具体化标准。

我国的补偿法治实践中，实定法层面的具体补偿立法已经广泛触及人身权损害补偿。但是值得注意的是，人身权损害补偿应当秉持何种补偿标准？迄今为止，成文规定还一直语焉不详。[⑤] 例如，《矿山安全法》第 38 条规定：“矿山企业对矿山事故中伤亡的职工按照国家规定给予抚恤或者补偿。”《人民警察法》第 34 条第 2 款规定：“公民和组织因协助人民警察执行职务，造成人身伤亡……应当按照国家有关规定给予抚恤或者补偿。”《疫苗管理法》第 56 条规定：“实施接种过程中或者实施接种后出现受种者死亡、严重残疾、器官组织损伤等损害，属于预防接种异常反应或者不能排除的，应当给予补偿……预防接种异常反应补偿范围、标准、程序由国务院规定，省、自治区、直辖市制定具体实施办法。”《传染病防治法》第 45 条规定：“传染病暴发、流行时，根据传染病疫情控制的需要，国务院有权在全国范围或者跨省、自

---

① [日]盐野宏：《行政法》，杨建顺译，法律出版社 1999 年版，第 519 页。

② [日]宇贺克也：《国家补偿法》，肖军译，中国政法大学出版社 2014 年版，第 391 页。

③ [日]室井力主编：《日本现代行政法》，吴微译，中国政法大学出版 1995 年版，第 193 页。

④ [日]宇贺克也：《国家补偿法》，肖军译，中国政法大学出版社 2014 年版，第 461 页。

⑤ 目前，大量具体补偿立法均未就人身损害的补偿标准表明立场，现有规定尽管列举了医疗、生活保障、工作报酬、合理报酬、股份、资本金等补偿方法，但是，对于“补多少”的操作标准，却并没有予以明确，部分法条中即便规定了“按照国家有关规定”或“由国务院规定”，至今一直处于“无可奉告”的状态。

治区、直辖市范围内，县级以上地方人民政府有权在本行政区域内紧急调集人员……紧急调集人员的，应当按照规定给予合理报酬……”上述“矿山事故的伤亡补偿”“协助人民警察执行职务的人身伤亡补偿”“预防接种导致的死亡、严重残疾、器官组织损伤等损害补偿”“因传染病疫情控制而紧急调集人员所支付的合理报酬”等，都属于人身权损害引发的补偿，就这些条文的规定来看，无论是补偿形式还是补偿额度，都没有给出明确的标准。可见，人身权损害补偿应当坚持何种共性的补偿标准？这显然还是公平合理补偿原则上升至宪法统领原则地位后必须回答的难题。

人身权的最大特点，就是其与特定身份的不可分割性。正是基于这个意义，学界一致认为，人身权损害补偿的标准，并非遵循财产权损害补偿所秉持的市场价值标准，而应当全面贯彻“及时、有效、充分”补偿的指导思想，并借以构建可操作的具体化标准体系。① 从实定法层面看，人身权损害秉持“及时、有效、充分”补偿的指导思想，同样逐步得到了认同。如《疫苗管理法》第56条就明确规定：“国家实行预防接种异常反应补偿制度……预防接种异常反应补偿应当及时、便民、合理……”条文中的“便民”，明显要求人身损害补偿选择最便捷的实现方式，进而达成有效补偿的目标，体现了“有效”补偿思想；而条文中的“合理”，也明显要求人身损害补偿应促成受害者的身心健康恢复至合理程度，最终实现充分补偿的效果，体现了“充分”补偿思想。由此不难推导出，该法条规定的“及时、便民、合理”，实质而言就完全体现了“及时、有效、充分”补偿的指导思想。

“及时、有效、充分”补偿中的“及时”补偿，是人身权损害补偿的程序标准，秉持“及时”补偿的立场，高度体现了人身权与特定身份不可分割性的补偿需要，人的身心健康一旦遭受损害必须及时弥合，否则会造成永远无法恢复完整身心的巨大缺憾。在制度构建层面，及时补偿标准已经得到了具体补偿立法的确认。例如，《疫苗管理法》第

---

① “充分、及时、有效”补偿，作为人身权损害补偿的指导思想，已在理论探讨层面获得了广泛认同。相关论述可参见姜明安：《行政补偿制度研究》，载《法学杂志》2001年第5期。

56 条第 3 款规定,“预防接种异常反应补偿应当及时、便民、合理”;此外,《上海市预防接种异常反应补偿办法》第 4 条第 1 款也规定:“预防接种异常反应补偿工作应当做到公开、公平、公正、及时、便民。”问题在于,及时补偿之“及时”如何界定? 理论上尚未达成共识,实定法上也未作出明确。本书认为,及时补偿之“及时”,主要体现在补偿的程序设计上,要求必须在合理期限内“最快履行”补偿义务的程序标准。对于“最快履行”的程序标准,其道德基础是宪法规定的人权保障原则。人身权作为人权体系中“不可侵犯的实质内容”,基于其“与个体人特定身份不可分割性”的独特价值,凡出现生命权、身体权、健康权、姓名权、名称权、肖像权、名誉权、荣誉权、隐私权等构成的人格权和人身自由权,遭受起因于公共利益需要的公权力非违法行为侵犯,当超过一般社会义务的特别牺牲时,国家就应当在合理期限内“最快履行”补偿义务,以便最大化地消减人身伤痛之苦。

“及时、有效、充分”补偿中的“有效补偿”,是人身权损害补偿的结果标准。人身权损害补偿法律制度的本质,并非在于弥合“财产性的损害”,主要追求目标是促使人身权受害者足以恢复至原有水平的健康状态,即便出现死亡或终身残疾等无恢复可能、权利人拒绝接受恢复等极端情形,抚慰和减轻伤害仍然是优先选择方案。因此,有效补偿标准的“有效”目标达成,主要体现的内涵是,通过支付补偿金、政策性补偿(如减免税费、授予特许权以及特殊疗养、健康护理、抚育孤儿、职业康复培训、心理辅导等特殊照顾)、提供医疗服务等方法的灵活运用,最大限度地消除受害人的生理及心理创伤。需要强调的是,人身权损害补偿的前述补偿形式中,通常采取支付补偿金,但基于有效补偿的补偿标准构成来看,更应该根据个案需要启用灵活多样的补偿方式。

“及时、有效、充分”补偿中的“充分补偿”,构成了人身权损害补偿的程度标准。据学界之通说,“充分”补偿主要体现为已经实际发生的“全部损害补偿”。[1] 所谓全部损害补偿,通常而言,是指通过补偿

① 参见姜明安:《行政补偿制度研究》,载《法学杂志》2001 年第 5 期。

恢复至假定未发生损害情形之原有生活水平的补偿程度。其中的“原有生活水平”，是指假定损害未发生而一直持续至今的应有权利保障水平及生活质量状况。

值得注意的是，人身权损害补偿秉持“及时、有效、充分”的指导思想，具有极大的不确定性。公平合理补偿原则上升至宪法统领原则地位后，其蕴含的共性价值标准，需要进一步赋予“及时、有效、充分”补偿思想具体化的可操作标准，方才具有实践意义。关键在于，公平合理补偿原则意涵的“及时、有效、充分”补偿如何走向可操作标准？显而易见，对于人身权损害的补偿，尽管实定法层面明确规定了医疗、生活保障、工作报酬、合理报酬等补偿形式，然而，实质意义上“补多少”的操作标准，如前所述，在所有具体补偿立法中几乎都“无可奉告”。如何寻求破解之策？对此，日本法院判例中的类推适用经验值得借鉴。具体来看，对于人身权损害补偿的裁判标准判断，日本法院在特定个案遭遇具体化法定标准的法律依据缺漏时，一般的解决方案是，首先类推适用《日本国宪法》第 29 条第 3 款的财产权补偿规定，然后再循此统领原则选择适用足以作出公平裁判的具体法律条文。[①] 因此，对于中国实定法面临的人身权损害补偿，在遇缺乏可操作标准的现实难题时，可以充分吸纳日本法院判例发展出来的类推适用原理，即根据我国《宪法》第 33 条第 2 款、第 3 款规定的“平等权保障原则”“人权保障原则”，类推适用《宪法》第 13 条第 3 款的“财产权损害补偿”规定，然后再分门别类地依个案需要选择适用具有高度“相似性”的法律法规，最终推导出人身权损害补偿的具体构成标准。

易言之，通过“法律类推适用”原理明晰人身权损害补偿标准的额度构成和形式构成，是“及时、有效、充分”补偿思想走向可操作标准的有效实现路径。如此一来，选择适用高度“相似性”的法律法规就变得尤为重要。为了获取更多的支持素材，与补偿责任同属于国家责任体

---

① 李集合：《土地征收征用法律制度研究》，中国政法大学出版社 2008 年版，第 126 ~ 132 页。

系的国家赔偿责任制度，尤其是《国家赔偿法》、《医疗事故处理条例》、最高人民法院《关于确定民事侵权精神损害赔偿责任若干问题的解释》等针对人身权违法损害的国家赔偿标准规定，在尚未出台补偿领域的新法前，可以暂时作为“相似性”法律法规的优先级选择依据。据此，本书以人身伤亡的补偿标准、人身自由限制的补偿标准和精神损害的补偿标准为例对其具体构成逐一展开分析。

1. 人身伤亡的补偿标准构成

对于人身伤亡的补偿标准，至今没有任何立法专门涉及。由此，确立人身伤亡的补偿标准，需要类推适用“高度相似”的法律法规。在“高度相似”法律法规的选择判断中，《国家赔偿法》有关人身伤亡赔偿标准的直接规定可以作为重要参考。

根据《国家赔偿法》第 34 条规定，侵犯公民生命健康权的，赔偿金按照下列规定计算：“（一）造成身体伤害的，应当支付医疗费、护理费，以及赔偿因误工减少的收入。减少的收入每日的赔偿金按照国家上年度职工日平均工资计算，最高额为国家上年度职工年平均工资的五倍。（二）造成部分或者全部丧失劳动能力的，应当支付医疗费、护理费、残疾生活辅助具费、康复费等因残疾而增加的必要支出和继续治疗所必需的费用，以及残疾赔偿金。残疾赔偿金根据丧失劳动能力的程度，按照国家规定的伤残等级确定，最高不超过国家上年度职工年平均工资的二十倍。造成全部丧失劳动能力的，对其扶养的无劳动能力的人，还应当支付生活费。（三）造成死亡的，应当支付死亡赔偿金、丧葬费，总额为国家上年度职工年平均工资的二十倍。对死者生前扶养的无劳动能力的人，还应当支付生活费……生活费的发放标准，参照当地最低生活保障标准执行。被扶养的人是未成年人的，生活费给付至十八周岁止；其他无劳动能力的人，生活费给付至死亡时止。”上述规定，就可以为确立人身伤亡补偿标准而类推适用具体法律法规提供关键支撑。

2. 人身自由损害的补偿标准构成

对于人身自由损害的补偿标准，同样没有任何立法专门涉及，因而仍然需要类推适用“高度相似”的法律法规。在“高度相似”法律法规的选择判断中，《国家赔偿法》有关人身自由损害补偿标准的直接规定，即可以作为重要参考。

《国家赔偿法》第 33 条规定：“侵犯公民人身自由的，每日赔偿金按照国家上年度职工日平均工资计算。”参照《国家赔偿法》的规定，人身自由侵害的补偿标准，同样可以依据“高度相似”的法律法规类推适用具体化操作性标准。

3. 精神损害的补偿标准构成

精神损害补偿，是指因公共利益需要的公权力行为导致私人主体人身权损害及其精神痛苦后，国家给予的抚慰性或理疗性补偿。

精神损害补偿，在中国学界有“否定说”和“肯定说”之争。“否定说”的观点主要体现在两方面：一是公权力合法行为“一般不会给公民造成精神损害”，因而补偿“仅限于直接的物质损失”①；二是“精神痛苦未必能作为独立的救济对象予以承认”，且“缺乏可操作性而难以实施”②。“肯定说”的主要观点是，精神损害属于特别牺牲，公权力行为对于个人的身心损害具有真实性，且宪法及其他法律法规对精神损害补偿秉持“未明令禁止”的开放性态度。③

从世界范围来看，同样存在着截然不同的两种态度。以日本为例，否定方与肯定方一直纠缠不清。在日本实务界，否定意见略占上风，有关补偿标准的“内阁会议备忘录”，就明确记载了不应实施“精神损失补偿及其他类似的名目不明确的补偿措施”④，日本法院在“最判昭 63. 1. 21”判决中也载明对市场价值不产生影响的精神损失不作

---

① 参见张正钊、胡锦光主编：《行政法与行政诉讼法》，中国人民大学出版社 2009 年版，第 251 页。

② 参见邢鸿飞、陈广华、吴志红等：《土地征用及房屋拆迁法律问题研究》，中国方正出版社 2010 年版，第 177～178 页。

③ 参见吴志刚：《农地征收中的精神损害补偿问题研究》，载《浙江学刊》2013 年第 1 期。

④ ［日］宇贺克也：《国家补偿法》，肖军译，中国政法大学出版社 2014 年版，第 418 页。

为补偿对象。[①] 然而，日本学术界却与实务界形成了鲜明反差，不乏精神损害补偿的支持者。盐野宏指出，对于诸如祖传类标的物，包含着权利人深厚的“主观性情感”。与之相对应，“在征地补偿范围中，设立独立的精神性损失补偿项目，被认为是可能的”[②]。宇贺克也一针见血地对实务界观点提出了反驳，认为：“精神性损失补偿否定说未必就是通说……让损失成为补偿义务的不只是财产权保障理念，还有平等原则，因特定人为公共事业而受到超出忍受范围的精神损失，当然要在全体负担中获得调整。精神损失补偿额的计算有困难，这与损害赔偿一样，但不能以此为理由而否定精神损失补偿。”[③]从上述观点来看，日本实务界与学术界的主张，看似互相矛盾，但细究起来绝非如此。法院针对需要通过市场价值标准予以裁决的财产损失补偿，旨在排除“不产生市场价值影响的精神损失”，但并不能由此导出法院裁决否定一切精神损失补偿，对于根本无须通过市场价值标准予以衡量的人身权损害补偿而言，不可或缺的精神慰藉并没有在法院裁判考量之外。

本书认为，起因于公共利益需要的公权力行为，导致了私人主体的精神痛苦，同样构成了特别牺牲，理应予以公平合理的补偿。所以，对于人身权损害补偿而言，精神损失补偿无疑是不可或缺的组成部分。况且，我国《国家赔偿法》第35条明确规定了精神损害赔偿，同属于国家责任的国家赔偿责任和补偿责任，应当保持一致性，因而，承认精神损害的补偿是大势所趋。

精神损害补偿的基本要义，旨在除去公权力行为导致身体健康权完整性丧失所滋生的心理疾苦，最大化地抚平权利人的心理伤痛、恢复权利人的身心健康。由此出发，精神损害补偿的补偿标准，应当主要从补偿形式和补偿额度两方面来考量。

对于精神损害补偿形式的选择，通常以实现补偿目标的有效性为

---

① 参见[日]宇贺克也：《国家补偿法》，肖军译，中国政法大学出版社2014年版，第419页。

② [日]盐野宏：《行政法》，杨建顺译，法律出版社1999年版，第509~510页。

③ [日]宇贺克也：《国家补偿法》，肖军译，中国政法大学出版社2014年版，第420页。

考量基点。对此，我国的实定法目前尚未涉及，仍然需要类推适用“高度相似”的法律法规。最高人民法院《关于审理国家赔偿案件确定精神损害赔偿责任适用法律若干问题的解释》第 4 条规定：“侵权行为致人精神损害，应当为受害人消除影响、恢复名誉或者赔礼道歉；侵权行为致人精神损害并造成严重后果，应当在支付精神损害抚慰金的同时，视案件具体情形，为受害人消除影响、恢复名誉或者赔礼道歉。消除影响、恢复名誉与赔礼道歉，可以单独适用，也可以合并适用，并应当与侵权行为的具体方式和造成的影响范围相当。”据此，尽管支付精神损害抚慰金是最为便捷的实现手段，但仍然应当围绕着消除或减轻心理创伤及其心理痛苦的核心目标，灵活选择心理疏导、心理理疗、恢复名誉、消除影响、赔礼道歉等其他有效形式，使权利人得到最大限度的心理慰藉。

对于精神损害补偿标准的判断，通常以弥合心理伤痛的全面性为考量基点。对此，中国的实定法目前尚未专门涉及，仍然需要类推适用“高度相似”的法律法规。在“高度相似”法律法规的选择判断中，2020 年最高人民法院《关于确定民事侵权精神损害赔偿责任若干问题的解释》、2021 年最高人民法院《关于审理国家赔偿案件确定精神损害赔偿责任适用法律若干问题的解释》有关精神损害赔偿标准的直接规定，均可作为重要参考。最高人民法院《关于确定民事侵权精神损害赔偿责任若干问题的解释》第 5 条规定：“精神损害的赔偿数额根据以下因素确定：(一)侵权人的过错程度，但是法律另有规定的除外；(二)侵权行为的目的、方式、场合等具体情节；(三)侵权行为所造成的后果；(四)侵权人的获利情况；(五)侵权人承担责任的经济能力；(六)受理诉讼法院所在地的平均生活水平。”此外，最高人民法院《关于审理国家赔偿案件确定精神损害赔偿责任适用法律若干问题的解释》第 8 ~ 10 条分别规定：“致人精神损害，造成严重后果的，精神损害抚慰金一般应当在国家赔偿法第三十三条、第三十四条规定的人身自由赔偿金、生命健康赔偿金总额的百分之五十以下(包括本数)酌定；后果特别严重，或者虽然不具有本解释第七条第二款规定情形，但是确有证据证明前述标准不足以抚慰的,可以在百分之五十以上酌定。”“精神损害抚慰金的具体数额,应当在兼顾社会发展整体水平的同时,参考下列因素合理确定:(一)精神受到损害以及造成严重后果的情况;(二)侵权行为的目的、手段、方式等具体情节;(三)侵权机关及其工作人员的违法、过错程度、原因力比例;(四)原错判罪名、刑罚轻重、羁押时间;(五)受害人的职业、影响范围;(六)纠错的事由以及过程;(七)其他应当考虑的因素。”“精神损害抚慰金的数额一般不少于一千元;数额在一千元以上的,以千为计数单位。赔偿请求人请求的精神损害抚慰金少于一千元,且其请求事由符合本解释规定的造成严重后果情形,经释明不予变更的,按照其请求数额支付。”上述法条,体系化地明确了精神损害的具体国家赔偿标准,完全可以为确立精神损害补偿标准而类推适用“高度相似”的法律法规提供选择参考。

4. 人身补偿标准小结

特别牺牲补偿面向的补偿标准,各国普遍遵循的是市场价值标准。然而,市场价值标准并非放之四海而皆准。一方面,如前所述,某些例外情形下,市场价值标准难以为继的财产权补偿领域,仍然需要替代标准;另一方面,特别牺牲补偿除财产权损害补偿外,还包括非财产性的人身权损害补偿,而人身权损害的补偿标准,不可能也不可以采用物理性的市场价值标准。因此,特别牺牲补偿的补偿标准构成,至少包括两类,一是财产权损害补偿面向的补偿标准,二是人身权损害补偿面向的补偿标准。

对于财产权特别牺牲补偿面向的补偿标准,应当树立以市场价值标准为主导、其他替代性补偿标准为补充的补偿标准构成体系。其中的市场价值标准,是评估标准、用途标准和时间标准等实质构成要素的整合结果;而例外情形的替代标准,则是对“重置成本标准”“加成补偿标准”“收益价值标准”等补充性补偿标准灵活选择的结果。

对于人身权特别牺牲补偿面向的补偿标准,应当在坚持“及时、有效、充分”补偿思想的基础上,进一步赋予其具有司法适用价值的可操作标准。鉴于人身权损害补偿的制度供给严重不足,在遭遇法律“真空”时,适宜通过法律类推适用原理明晰人身权损害补偿标准的额度构成和形式构成,借以确立可供个案裁判的具体化“操作标准”。

(四)衡平补偿标准

1. 概括性立场:消除承受不利益的“弱势不利性”

本书前一部分已反复论述,宪法确立补偿法律制度基本原则意义的公平合理补偿原则的补偿标准,应当按照特别牺牲补偿和衡平补偿的类型划分展开构成分析。因此,在厘清特别牺牲补偿蕴含的补偿标准基础上,还必须进一步明晰衡平补偿应当蕴含的补偿标准。

现代补偿法律制度越来越广泛包含的衡平补偿,是基于社会发展“衡平性”及公平正义“合目的性”需要而面向“弱势不利”者提供的主动补偿。① 总体而言,衡平补偿同样起因于国家性事由,因公共利益需要的公权力非违法行为或国家可归责性事实、社会改革、制度实施等导致特定主体承受社会不利益而陷入“弱势不利”状态后,引发了国家致力于社会平衡协调、去除阶层固化的主动补偿。因此,消除承受不利益的“弱势不利性”的状态,即为衡平补偿的概括性标准。从我国社会主义现代化的探索实践看,迫切需要通过大力发展衡平补偿促进“弱有所扶”持续发力、推动全民全面共同富裕取得实质性进展,最终在应对西方资本主义国家“高福利陷阱”及“实质平等危机”的世界难题上贡献“中国智慧”,立于“人类命运共同体”高度共建共享补偿法治文明。就这个意义而言,宪法确立补偿法律制度基本原则意义的公平合理补偿原则,更应当将消除“弱势不利性”内化为坚不可摧的重要价值定力。那么,何为“弱势不利性”以及如何能消除“弱势不利性”?

对于宪法确立补偿法律制度基本原则意义上的公平合理补偿原则而言,衡平补偿之所以必须赋予制度蕴含的独特价值,就在于其兜底性地弥合了前述特别牺牲补偿的周延不足。特别牺牲补偿的周延不足主要表现在两方面:一是起因于公共利益需要的公权力非违法侵害行为或国家可归责性事实,直接或间接导致社会不利益承受者陷入

① 翁岳生编:《行政法》(下册),中国法制出版社 2009 年版,第 1738 页。

“弱势不利”状态，但尚未构成特别牺牲；二是对起因于公共利益需要的公权力非违法侵害行为或国家可归责性事实引发之损害，虽已获得了特别牺牲补偿，但仍不足以让社会不利益承受者摆脱“弱势不利性”状态的严重生活危机。

问题在于，如何界定“弱势不利性”的内涵？从世界各国的制度实践看，宪法权利保障条款均或多或少有所涉及。例如，《德国基本法》第1条第1款规定的“人之尊严不可侵犯”、第19条第2款规定的“基本权利之实质内容绝不能受侵害”，都构成了给予承受社会不利益之“弱势不利”者衡平补偿的规范基础。基于一般法理，《德国基本法》规定的“人之尊严”，又称“人性尊严”，在所有“绝不能受侵害”的基本权利体系中处于最高权利位阶，其要求的“绝不能受侵害”，无疑已经包含了不容起因于公共利益需要的非违法公权力行为或国家可归责性事实侵害。又如，我国《宪法》第38条明确规定：“公民的人格尊严不受侵犯。”学界普遍认为，“人格尊严不受侵犯”的规范意涵，事实上已经融入了“人性尊严”受绝对保障的基础性价值。[①] 此外，如前所述，我国《宪法》第1条规定的“社会主义原则”、第33条第2、3款规定的“平等保障原则”和“人权保障原则”等宪法基本原则，已经天然地意涵了社会国原则秉持的“实质平等”[②]精神，进而为衡平补偿补偿标准的确立奠定了宪法规范基础。

综上可知，必须保障“人的尊严”不受侵犯，进而对国家责任的履行提出了两方面严格限定，一是要求起因于公共利益需要的任何公权力行为对“人的尊严”防护区不可越雷池半步，二是要求对国家担责的突发事件、风险损害等做到防微杜渐。在这两大前提下，显而易见，只要起因于公共利益需要的公权力行为或国家可归责性事实导致社会不利益承受者陷入“弱势不利性”状态，即构成了对“人的尊严”的违

---

① 参见林来梵：《人的尊严与人格尊严——兼论中国宪法第38条的解释方案》，载《浙江社会科学》2008年第3期。

② 参见李祎恒：《不动产财产权征收之衡平补偿研究》，南京大学2013年博士学位论文，第1～2页。

反,进而必须引发补偿的救济性举措。也就是说,消除“弱势不利性”的程度标准,应当以社会不利益承受者的“人的尊严”得到充分、平等保障为核心道德依据。因此,衡平补偿秉持的消除“弱势不利性”补偿标准,就是足以达到充分、平等保障社会不利益承受者“人的尊严”的程度标准。进一步具体展开看,引发衡平补偿的“弱势不利性”,其秉持的补偿标准构成应当包括两方面的基本意涵:一是对于未达到特别牺牲程度的“弱势不利性”予以补偿,其遵循逻辑是,国家在促进“有尊严的人类生活为目标的社会平衡”①过程中,给以社会不利益承受者前述“生存照顾”义务的促进性保障,因而,应当秉持的补偿标准,是足以消除实质不平等而充分保障陷入“弱势不利性”的社会不利益承受者能够有尊严地生活;二是对于已获得了特别牺牲补偿但仍然面临“弱势不利性”的情形,给以补偿的遵循逻辑,是国家在充分保障公民个体“基本权利的平等权”②过程中,基于“社会平衡理念”③和社会公平正义的促进需要,给予结果不平等“社会共同体”成员以“国家策动担保义务”④的补偿,进而,补偿标准的构成,同样是足以消除实质不平等而充分保障陷入“弱势不利性”的社会不利益承受者能够有尊严地生活。也就是说,衡平补偿秉持的消除“弱势不利性”标准,无论基于何种原因都有着共同的价值基础,即足以消除实质不平等而充分保障陷入“弱势不利”的社会不利益承受者能够有尊严地生活。正如有的学者指出的,“人的尊严”构成了人们对人权“最低限度的伦理共识”⑤,是公民个体容忍权利侵害和权益丧失的极限。

与“人的尊严”的国家绝对保障义务相对,因违反“人的尊严”引发的衡平补偿,应当秉持的补偿标准,就是前文已反复论证的“有尊严

---

① 参见张翔:《“共同富裕”作为宪法社会主义原则的规范内涵》,载《法律科学》2021年第6期。

② 参见娄宇:《论社会补偿权》,载《法学》2021年第2期。

③ Vgl. Rüfner, Einführung in das Sozialrecht, München: C. H. Beck, 1991, S. 119ff.

④ Vgl. Eichenhofer, Sozialrecht, Tübingen: Mohr Siebeck, 2003, Rz. 418ff.

⑤ 参见齐延平:《“人的尊严”是〈世界人权宣言〉的基础规范》,载《现代法学》2018年第5期。

的体面生活”。这样一来,“有尊严的体面生活”事实上构成了衡量是否存在“弱势不利性”以及消除“弱势不利性”的内在根据。然而,“有尊严的体面生活”作为概括性的价值标准,必须与具体的法律权利相结合,才具有付诸实施的制度价值。那么,衡平补偿指向的“有尊严的体面生活”应当体现何种权利实现标准?

现代人权理论认为,“人的尊严”是最低限度的人权。所谓“最低限度的人权”,不仅为“最低程度的生存保障线”,[①]而且包括足以维持体面生活(基本生活)的生存与发展权。[②] 也就是说,“有尊严的体面生活”是人权体系内实现生存权与发展权所共同遵循的底线要求。

从生存权的实现立场看,学界较为一致的共识是,主要体现为“第二代人权”的意涵[③],并且特别要求对承受不利益主体“可能失去或已

---

① 参见夏勇:《人权的推定与推行——米尔恩人权观点评述》,载《中国法学》1992 年第 1 期。

② 参见陈云良、寻健:《构建公共服务法律体系的理论逻辑及现实展开》,载《法学研究》2019 年第 3 期。

③ 按人权理论通说,《世界人权宣言》及以此为基础的《公民权利和政治权利国际公约》《经济、社会和文化权利国际公约》《维也纳宣言和行动纲领》整体构成了国际人权宪章,并在历史演进中逐步确立了第一代人权、第二代人权和第三代人权[叶敏、袁旭阳:《“第三代人权”理论特质浅析》,载《中山大学学报(社会科学版)》1999 年第 4 期]。第一代人权以自由权为核心,是资产阶级自由思想的产物,崇尚形式平等和自由权本位(徐显明:《人权的体系与分类》,载《中国社会科学》2000 年第 6 期),因而缺乏基于实质平等原则的衡平补偿制度。第二代人权以生存权为核心,其涵盖的“社会保障和社会保险权”“家庭、母亲、儿童和少年受广泛保护和协助权”“获得相当的生活水准权”“达到最高的体质和心理健康的标准权”“受教育权”“科学进步及其应用受益权”等各种经济、社会、文化权利,都高度体现了生存权本位理念[贺鉴:《论中国宪法与国际人权法对三代人权的保护》,载《法律科学(西北政法大学学报)》2010 年第 2 期;徐显明:《人权的体系与分类》,载《中国社会科学》2000 年第 6 期]。第三代人权以发展权为核心,20 世纪中叶以来,在社会主义意识形态和社会福利思想推动下得到了长足发展,提出了集体人权理念,普遍认为,发展权是个体人权与集体人权的结合(戴菁:《坚持以发展促进人权事业进步》,载《学习时报》2017 年 7 月 26 日,A2 版)。随着人权思想的不断演绎,发展权也被确认为一项不可剥夺的人权,其“不可剥夺”性主要体现在两方面,即均等地获得发展机会和平等地享有发展成果(常健:《在更高水平上保障人权促进发展》,载《人民日报》2015 年 10 月 23 日,第 7 版)。发展机会与发展成果体现的权利内容,国际人权法作了明确。第三代人权不仅要求国家保障每个人平等获取各种社会资源及参与社会发展的机会,而且要求国家必须积极履行矫正不公的作为义务。总体上看,在个体人权保障的立场上,无论是生存权还是发展权的实现,都要求基于实质平等原则而积极为国家给付,并且二者在给付要求上各有侧重。

经失去的自由与平等"[①]予以重点保障，致力于促进社会的实质平等。[②] 对此，国际人权法作出了明确要求。《世界人权宣言》第 25 条第 1 款规定："人人有权享受为维持他本人和家属的健康和福利所需的生活水准，包括食物、衣着、住房、医疗和必要的社会服务；在遭到失业、疾病、残废、守寡、衰老或在其他不能控制的情况下丧失谋生能力时，有权享受保障。"条文中"维持……健康和福利所需的生活水准"，置放到现代社会场域尤其是新时代"追求美好生活"或者"共同富裕"的考量立场，不仅包括机理维生之基本生存条件给付，而且更多体现为"社会共同体成员"的一般生存条件给付。前者的"机理维生之基本生存条件"，是维护"人的尊严"的最低限度要求，一旦面临实现风险即为绝对"弱势不利性"，国家承担给付条件和消除风险的绝对保障义务；后者的"社会共同体成员的一般生存条件"，同样涵盖在维护"人的尊严"的国家保障义务领域内，但建立在与"社会共同体成员"一般生活水平的比较基础上，主要体现为因公共利益需要的非违法公权力或国家可归责性事实造成不利益侵害后，不利益承受者与其他未受损失"共同体成员"的差距，属于相对"弱势不利性"，此际，如若属于立法明确规定的权利，则国家也应当履行补偿义务。投射到法律权利的实现层面，绝对"弱势不利性"与相对"弱势不利性"触及的生存权保障内容，主要包括"住房、医疗、教育、食物、休闲、卫生设备和工作安全等各种条件"[③]。这些生存条件尤其是最低层级的基本生存条件，由其机体维持的紧迫性决定，在实现满足上具有获得"更充分地实现"[④]之给付要求。因为，"对于人类总体来说，如果没有已经获得满

---

① 周少华：《法律之道：在确定性与灵活性之间》，载《法律科学（西北政法大学学报）》2011 年第 4 期。

② 周永坤：《市场经济呼唤立法平等》，载《中国法学》1993 年第 4 期。

③ ［印度］阿马蒂亚·森：《生活水准》，徐大建译，上海财经大学出版社 2007 年版，第 17 页。

④ David Bilchitz, *Towards a Reasonable Approach to the Minimum Core: Laying the Foundations for Future Socioeconomic Rights Jurisprudence*, 19 S. AFR. J. HUM. RTS. 1. 2003, p. 13.

足的低级本性做基础,人的高级本性就是不可想象的"[①]。因此,平等保障人人足以有尊严的生存,是国家责任的题中之义,任何对"人的尊严"的违反,都会滋生"生存保障"或权利平等保障之"瑕疵",都会基于实质平等原则的"衡平性"及"合目的性"要求而引发衡平补偿。

从发展权的实现立场看,共有发展机会与共享发展成果,是人人实现发展权不可或缺的基本要求,一旦丧失,则同样构成了"人的尊严"违反。正如联合国官员森古塔所言:"发展权,……是满足个人社会和经济权利的一个必要的前提条件。"[②]与生存权相对,在发展权保障上构成对"人的尊严"和"实质平等原则"的违反,同样会引发衡平补偿。发展待遇不平等而导致机会成本损失是引发衡平补偿的核心依据,具体来讲,因为社会个体的发展权未获得平等保障而陷入"弱势不利"状态,国家应当予以公平合理的补偿。对于发展权平等保障的标准,通常认为,由于人的发展永无止境,发展权的"最优标准"事实上很难捉摸,法定化的发展待遇补偿,需要明晰的是人人实现发展不可或缺的"下限标准"。[③] 从发展权的结构体系看,平等拥有发展机会、共同分享发展成果、实现人的全面发展是其基本要素形态。平等拥有发展机会,是发展权的起点目标诉求[④],强调人人"享有均等地参与社会经济和政治文化生活的机会"[⑤];共同分享发展成果,是实现发展权的秩序目标诉求,意指人人共同分享社会发展的成果,突出强调社会不利群体的共享;实现人的全面发展,意指全面参与社会政治、经济、文化的发展过程,达到充分实现各项人权的终极目标诉求。上述三要素中,平等拥有发展机会和共同分享发展成果属于"下限标准",实现

---

① David Bilchitz, *Towards a Reasonable Approach to the Minimum Core: Laying the Foundations for Future Socioeconomic Rights Jurisprudence*,19 S. AFR. J. HUM. RTS. 1. 2003,p. 13.

② Arjun Sengupta, On the Theory and Practice of the Right to Development, Human Rights Quarterly 2002.

③ 参见汪习根、王琪璟:《论发展权法律指标体系之构建》,载《武汉大学学报(哲学社会科学版)》2009 年第 6 期。

④ 参见汪习根:《着力提升中国发展权话语体系的国际影响力》,载《红旗文稿》2016 年第 12 期。

⑤ 张永和:《发展权是人类社会的永恒权利》,载《人民日报》2016 年 12 月 20 日,第 11 版。

人的全面发展属于“最优标准”。[①] 所以,发展待遇不平等的补偿,特指基于“下限标准”的起码发展待遇不平等时给予补偿。具体来讲,就是平等拥有发展机会和共同分享发展成果遭遇不平等保障情形下给予不利益承受者的公平正义补偿。

至于“平等拥有发展机会”和“共同分享发展成果”的具体内涵,2016 年联合国《变革我们的世界:2030 年可持续发展议程》规定了 17 项指标,其中的获取资源[②]、接受教育[③]、健康生活[④]、消除贫困(包括粮食、住房等基本物质资料的满足)[⑤]、体面工作[⑥]、参与社会[⑦]等机会或能力,都是人之为人实现发展必不可少的起码待遇,国家应当予以平等保障,任何缺损或歧视对待,都会构成对“人的尊严”的违反,进而引发衡平补偿。

值得注意的是,发展权实现意义上的机会均等和共享成果,旨在

---

① 中华人民共和国国务院新闻办公室:《发展权:中国的理念、实践与贡献》,载《人民日报》2016 年 12 月 2 日,第 10 版。

② 《变革我们的世界:2030 年可持续发展议程》可持续发展目标 1.4 明确规定:“到 2030 年,确保所有男女,特别是穷人和弱势群体,享有平等获取经济资源的权利,享有基本服务,获得对土地和其他形式财产的所有权和控制权,继承遗产,获取自然资源、适当的新技术和包括小额信贷在内的金融服务。”

③ 《变革我们的世界:2030 年可持续发展议程》可持续发展目标 4 明确规定:“确保包容和公平的优质教育,让全民终身享有学习机会。”

④ 《变革我们的世界:2030 年可持续发展议程》目标 3 规定:“确保健康的生活方式,促进各年龄段人群的福祉。”3.7 具体要求为“到 2030 年,确保普及性健康和生殖健康保健服务,包括计划生育、信息获取和教育,将生殖健康纳入国家战略和方案”;3.8 要求为“实现全民健康保障,包括提供金融风险保护,人人享有优质的基本保健服务,人人获得安全、有效、优质和负担得起的基本药品和疫苗……”

⑤ 《变革我们的世界:2030 年可持续发展议程》目标 1 规定:“在全世界消除一切形式的贫困。”具体标准为:“1.1 到 2030 年,在全球所有人口中消除极端贫困,极端贫困目前的衡量标准是每人每日生活费不足 1.25 美元;1.2 到 2030 年,按各国标准界定的陷入各种形式贫困的各年龄段男女和儿童至少减半;1.3 执行适合本国国情的全民社会保障制度和措施,包括最低标准,到 2030 年在较大程度上覆盖穷人和弱势群体……”

⑥ 《变革我们的世界:2030 年可持续发展议程》可持续发展目标 8 明确规定:“促进持久、包容和可持续经济增长,促进充分的生产性就业和人人获得体面工作。”

⑦ 《变革我们的世界:2030 年可持续发展议程》目标 10.2 规定:“到 2030 年,增强所有人的权能,促进他们融入社会、经济和政治生活,而不论其年龄、性别、残疾与否、种族、族裔、出身、宗教信仰、经济地位或其他任何区别。”

通过自主发展达到实质正义。国家针对社会不利益承受者的起码发展待遇补偿,除了必需的物质资料给付外,应更多注重发展机会的倾斜和发展能力的建设①,这也是确立起码发展待遇补偿的特殊价值所在。从这个意义出发,发展待遇补偿法律制度的本质,就是国家基于实质平等原则而面向遭遇发展权实现不平等主体给予的物质资料支付、发展机会增加和发展能力提升。在物质资料给付上,由于“生存权与自由权的充分实现是实现个人发展权的基础保障”②,并且,“发展权作为第三代人权并不意味着它可以代替第一、二代人权,而是……更有效地促进第一、二代人权的实现”③,这意味着,发展权实现不平等补偿必不可少的物质资料给付,完全可以参照前述生存权实现不平等补偿的给付标准;在发展机会增加和发展能力提升上,除了物质资料支持外,更多依赖于制度机会、公共服务等非物质资料的供给,由于发展机会增加和发展能力提升并非生存条件补偿涵盖范围,只能确立发展待遇不平等补偿的自身标准。这个意义上,对于起码发展待遇不平等补偿的标准遵循而言,有明确立法的执行法定标准,未立法的,与生存条件不平等补偿相对,同样应当遵循维护“有尊严的体面生活”标准。因此,对于国家给付责任的履行而言,起码发展待遇不平等补偿包含了基本生存条件但大大超越了基本生存条件范畴,如果剔除基本生存条件涵盖部分,纯粹意义上的起码发展待遇不平等补偿,毋庸置疑,应当秉持相对“弱势不利性”的补偿标准。易言之,起码发展待遇不平等补偿的标准构成是,相对“社会共同体成员”的一般发展机会和发展成果为国家给付。具体展开看,相对“社会共同体成员”的一般发展机会和共享发展成果,根据《发展权利宣言》第 8 条④的规定,主要

---

① 参见汪习根:《论发展权的本质》,载《社会科学战线》1998 年第 2 期。

② 夏清瑕:《个人发展权探究》,载《政法论坛》2004 年第 6 期。

③ Carl Wellman, Solidarity, the Individual and Human Rights, Human Rights Quarterly 2000.

④ 联合国《发展权利宣言》第 8 条规定:“各国应在国家一级采取一切必要措施实现发展权利,并确保除其他事项外所有人在获得基本资源、教育、保健服务、粮食、住房、就业、收入公平分配等方面机会均等。……应进行适当的经济和社会改革以根除所有的社会不公正现象。各国应鼓励民众在各个领域的参与,这是发展和充分实现所有人权的重要因素。”

包括资源获取、教育、保健服务、粮食、住房、就业、收入分配等方面平等的发展机会和共享发展结果。这些法定化的权利内容，与衡平补偿的“生存照顾”及“基本权利实质平等保障”要求高度吻合，构成了起码发展待遇补偿的国际人权法基础。

上述分析足以推导出，无论基本生存条件不平等的补偿还是起码发展待遇不平等的补偿，国家给付都需要遵循共同的核心价值立场，即保障人人能够获得“有尊严的体面生活”。在权利实现标准上，“有尊严的体面生活”就是充分保障“基本生存条件”和“起码发展待遇”的补偿给付。其中，对于“基本生存条件”的补偿，涵盖了从“最低生活保障”到“社会共同体成员一般生活保障”的全部内容；而针对“起码发展待遇”的补偿，则主要指“平等拥有发展机会”和“共同分享发展成果”遭遇不平等保障情形下给予不利益承受者的补偿。值得注意的是，衡平补偿的独特价值，就是针对特别牺牲补偿和传统社会保障的“漏洞”予以“兜底性”弥合，往往是在穷尽特别牺牲补偿和“所有的社会保障给付后”[①]再为补偿给付。然而，“兜底给付”并不等于“垫底给付”，德国联邦宪法法院曾在裁决中明确要求，对于承受不利益而陷入“弱势不利性”的社会群体，扶助其过上“有尊严的体面生活”是国家的绝对义务。[②] 与此同时，学者们还提出，鉴于“有尊严的体面生活”不存在一成不变的严格标准，是不同历史阶段和特定现实社会背景下基于“社会共同体成员”已有“一般生活（权利）水平”比较衡量来确定的，因而，“社会共同体成员的平均医疗保险待遇水平”和承受不利益而陷入“弱势不利性”者“受损前的生活和就业能力”等都是重要“参照”[③]标准。

在人权法上，保障人人“有尊严的体面生活”的权利，源于《世界人权宣言》第23条规定的人人享有“符合人的尊严的生活条件”，学理

---

① 娄宇：《论社会补偿权》，载《法学》2021年第2期。

② Vgl. BVerfGE 30, 173 (194); 88, 203 (251 f.).

③ Vgl. Reinhard, Neuregelung des Sozialen Entschädigungsrechts im SGB XIV in ZRP 2019, S. 220f.

上通常概称为“生活权”。[①] 关于生活权的具体内涵,前述《世界人权宣言》第25条、《发展权利宣言》第8条均作了明确规定。普遍认为,生活权主要体现为“社会保障权、社会福利权以及最低限度的健康而文明的生活水准权”。由此,对于国际人权法意义的“生活权”,赋予其国内法的基本权利制度规范,是推进“基本生存条件”和“起码发展待遇”补偿付诸法制实践的核心议程。

在日本,理论界将生活权补偿定性为生活重建补偿[②],其最大特点是,基于权利人整体生活而非单纯被征财产的市场价值标准设计补偿。[③] 在日本学者看来,单纯被征财产的市场价值标准补偿,无法使权利人生活水平恢复至被征前,因此生活权补偿具有“抽象性宪法根据”而有必要成为一项独立的请求权。[④] 对于其中的宪法根据,有学者作了进一步阐释,认为《日本国宪法》第25条规定的“健康的、有文化的最低生活保障”、第29条规定的“财产权保障”、第13条规定的“倡导尊重个人”、第14条规定的“人人平等”等内容,都是生活权补偿的宪法规范基础。[⑤] 至于生活权的补偿标准构成,是在一般补偿标准不足以实现生活重建目标的情形下,再施以“生活建值补偿、生活补助金、更生资金、薪炭生产补偿、大惠物补偿、鸟兽草木采取之副业补偿等项目”以及“政府提供的职业介绍、指导与训练、环境整备、融资以及对补偿金的税赋减免等补偿措施”。[⑥] 总体上看,日本实定法更倾向于将生活权补偿的标准界定为,足以充分弥合不利性的生活重建标准。

---

① 参见杜钢建:《析生活权与生存权》,载《法学探索(贵州省政法管理干部学院学报)》1996年第2期。

② 参见[日]宇贺克也:《国家补偿法》,肖军译,中国政法大学出版社2014年版,第404页。

③ 参见房绍坤、王洪平:《论民事损害赔偿与征收损失补偿之合流——以征收损失补偿的原则为核心》,载《烟台大学学报(哲学社会科学版)》2010年第2期。

④ 参见[日]盐野宏:《行政救济法》,杨建顺译,北京大学出版社2008年版,第255~256页。

⑤ 参见[日]宇贺克也:《国家补偿法》,肖军译,中国政法大学出版社2014年版,第418页。

⑥ 参见李祎恒:《不动产财产权征收之衡平补偿研究》,南京大学2013年博士学位论文,第113页。

在我国，理论界尚未就生活权补偿的概念达成共识。但是，类似生活重建补偿的立法同样存在。《大中型水利水电工程建设征地补偿和移民安置条例》(2017)第3条、第4条第1项分别规定，“使移民生活达到或者超过原有水平”，“以人为本，保障移民的合法权益，满足移民生存与发展的需求”。《民法典》第243条规定：“征收……房屋及其他不动产……保障被征地农民的生活……保障被征收人的居住条件”。《土地管理法》第48条第1～4款规定：“征收土地应当给予公平、合理的补偿，保障被征地农民原有生活水平不降低、长远生计有保障……并安排被征地农民的社会保障费用……对其中的农村村民住宅，应当按照先补偿后搬迁、居住条件有改善的原则……保障农村村民居住的权利。”这些规定，都或多或少地蕴涵了生活权补偿的理念。值得注意的是，我国实定法更突出强调了受害人“原有”的权利状态，如《大中型水利水电工程建设征地补偿和移民安置条例》规定的“使移民生活达到或者超过原有水平”、《土地管理法》规定的“保障被征地农民原有生活水平不降低”等。因此，从我国整体补偿制度阐发出的概括性理念看，衡平补偿旨在实现的“社会平衡性生存照顾”“社会正义性基本权利实质平等”法理要求，其秉持的标准立场是，足以消除不利益承受者“弱势不利性”的权利实现障碍。

综上所述，衡平补偿标准的概括性立场是消除不利益承受者的“弱势不利性”，即消除公民个体“有尊严的体面生活”所遭遇的实现障碍。而“有尊严的体面生活”具体化到权利构成界面，即为最大限度地平等地保障公民个体的生存权和发展权，操作性的标准构成是，国家为消除不利益承受者“弱势不利性”而必须积极给付的基本生存条件和起码发展待遇。关键在于，“必须积极给付的基本生存条件和起码发展待遇”如何付诸具体化可操作标准？

2. 具体化标准：以“不利益承受者原有水平”为上限、“社会共同体成员平均水平”为主要参照的“一般生活保障标准”

针对承受社会不利益的“弱势不利性”处境者给予补偿，其前提就是起因于公共利益需要的公权力非违法行为或国家可归责性事实导致了实质不平等。如前所述,消除不利益承受者的“弱势不利性”,就是积极给付前述“有尊严的体面生活”不可或缺的基本生存条件和起码发展待遇。因此,对于“基本生存条件和起码发展待遇”付诸具体化的可操作标准而言,需要围绕着“弱势不利性”得以产生和消除的客观机理展开。

从“弱势不利性”群体的构成形态来看,既有先天能力不足而自然滋生之“不利性”,也有外在作用的被迫承受之“不利性”,根据联合国的定义,前者称为“天然性不利群体”,后者称为“社会性不利群体”。天然性不利群体属于不变的不利性群体,“弱势不利性”形成于出生之始或自身缺陷,并永久难以改变,如残疾人、精神病患者、智力低下者等;社会性不利群体属于可变的不利性群体,“弱势不利性”之因,主要源自社会环境和经济状况的恶劣,随着社会结构关系优化及经济能力提升而改变,如产业转型导致的大龄失业者、城市化进程导致的农民工及其随迁子女、社会管理导致的流浪儿童、困难移民、“失独”家庭等。客观上看,天然性不利群体基于其绝对不利性和提升发展能力的有限性,通常以供给无条件的“生存照顾”为主,适宜纳入高权性的国家保障范畴,如社会救助、社会保险等。而社会性不利群体则不同,其“弱势不利性”并非源于自身,无论是自然事件、社会事件之“灾害损失”,还是社会发展、国家改革、制度实施以及公共权力行使等导致的“不利益牺牲”,归根结底都直接或间接地源于过多承担了社会公共成本,因而其不利性消除,并非面向绝对贫困群体的“极困救助”或“最基本社会保险”所能及,而是需要对不利益承受者过多承担公共成本的不利性损失予以矫正性弥合,往往很难被社会救助、社会保险等传统社会保障制度及时、全面覆盖。

值得注意的是,我国全面建成小康社会后,“弱有所扶”将依序扩展到涵盖相对贫困群体的精准扶弱。① 相对贫困群体中的“相对贫

① 参见林闽钢:《新时期我国社会救助立法的主要问题研究》,载《中国行政管理》2018年第6期。

困",按照英国学者彼得·汤森德的观点,其核心意涵是"一个社会性的人在社会参与中的能力不足"①。世界银行也给出了类似的定义,认为"相对贫困"是"缺乏教育、健康、抵御风险能力、对自身需求的表达力和对社会的影响力等"②。总体上看,所谓相对贫困群体,主要表征的是"能力的欠缺"③,即由于先天因素或社会因素处于弱势地位,依靠自身力量无法摆脱不利处境的依赖群体。由此不难得出,"相对贫困"之"贫困",并非以"绝对贫困"所秉持的"最低生活保障线"为判断标准,而是指没有充分成就自我生存与发展能力的必备支持要素。从上述"相对贫困"的内涵界定出发,转换到可操作的权利保障层面,则完全可以将之具体化为,基于生存权与发展权实现保障而"有尊严的体面生活"的供给条件不足。其中,有"尊严",以及"应得的和值得的"④,被称为是"最低限度的人权"和"一切基本权利的根源"⑤。根据《联合国宪章》和《世界人权宣言》的规定,保障"人的尊严",作为生存与发展的底线条件,是全人类必须共同遵循的"普遍价值"以及"根本法律原则",国家负有不折不扣的履行义务。⑥ 所以,聚焦到真正的"人"身上,"相对贫困"则客观反映为尚未达到"应得的和值得的"生存条件和发展待遇,需要国家针对既已出现的不利性落差积极为矫正义务。置于全面建成小康社会后实现"美好生活"的客观需要看,无论是"绝对贫困"还是"相对贫困"意义上的"弱势不利性"处境群体,国家都负有保障其过上"有尊严的体面生活"的义务。

---

① P. Townsend, *The Concept of Poverty: Working Papers on Methods of Investigation and Life-styles of the Poor in Different Countries*, London, Heinemann Educational, 1984.

② 世界银行:《2000/2001 年世界发展报告:与贫苦作斗争》,本报告翻译组译,中国财政经济出版社 2001 年版。

③ 谢勇才、丁建定:《从生存型救助到发展型救助:我国社会救助制度的发展困境与完善路径》,载《中国软科学》2015 年第 11 期。

④ Jack Mahoney, *The Challenge of Human Rights: Origin, Development, and Significance*, Malden, Blackwell Publishing Ltd., 2007, p. 146.

⑤ 王晖:《人之尊严的理念与制度化》,载《中国法学》2014 年第 4 期。

⑥ 参见陈昧秋等编:《联合国人权公约和刑事司法文献汇编》,中国法制出版社 2000 年版,第 81 页。

如前所述,对于承受不利益"弱势不利性"群体的国家扶助义务,凡社会救助、社会保险等传统社会保障制度覆盖领域均先行"应保尽保"。然而,传统的社会救助、社会保险很难及时、全面地覆盖承受不利益"弱势不利性"群体的保障射程,此际,需要启用"衡平补偿"予以"兜底性"保障(前文已反复论证)。换言之,对于需要"生存照顾"或"基本权利实质平等"保障的"弱势不利性"群体,凡遭遇社会救助、社会保险等传统保障的"制度真空"情形[1],均应纳入"衡平补偿"的"兜底性"保障范畴。

显然,消解不利益承担者"弱势不利性"的制度逻辑,如前所述,衡平补偿发挥的角色是,穷尽其他权利保障手段后的兜底性补漏功能。在这一前提下,衡平补偿还一定程度彰显出社会保障手段的辅助性特征。由此,受资源总量的有限性制约[2],在推进公共利益过程中或国家可归责性事实发生后不得不造成私人利益损害之际,应致力于在最大限度地恢复不利益承受者原有利益损失与不造成过度财政负担而免于损害其他人利益之间达成双向妥协[3],构建衡平补偿消解"弱势不利性"状态的最佳境界。

那么,"最大限度地恢复不利益承受者原有利益损失"中的"最大限度"如何具体化?消除"弱势不利性"作为衡平补偿的概括性标准立场,其法理依据是构成了对实质平等原则的违反。根据学界共识,起因于公共利益需要的公权力非违法行为或国家可归责性事实,直接或间接地导致了不利益承受者的"弱势不利性",是否必然引发衡平补偿以及补偿标准,建立在相对"社会共同体成员"一般权利状态的比较基础上,[4]即主要看不利益承受者是否丧失了其他同类正常人所维持

---

① Carbonetti, Benjamin, *Human Rights Quarterly* 33.3(Aug. 2011), 922 - 923.

② See Joseph W. Singer, *Entitlement: The Paradoxes of Property*, Yale University Press, 2000, p. 134 - 143.

③ See Laura S. Underkuffler, *Property: A Special Right*, Notre Dame Law Review, Vol. 71, 1996.

④ 参见司坡森:《论补偿》,中国政法大学2004年博士学位论文,第142页。

的生活水准，从结果平等意义上追求“公正客观的可能性”①，最终目标是相较其他未遭受利益损害的“社会共同体成员”不会“产生不公平的感觉”。② 何为公平？柏拉图较早地从个人、国家与社会三个层面揭示了公平的内涵，认为个人公平是互不干涉地“自己做自己的事”，国家公平是“统治者”不能“只顾自己利益”而“不顾百姓利益”，社会公平是给“低等级”社会精英升迁为“护国者”的发展机会。③ 现代西方学者罗尔斯则进一步强调，“给最少受惠者最大利益”就是公平。上述公平思想，大致勾勒了“公平”的构成形态和实现通道，将之投射到衡平补偿之“弱势不利性”消解立场，即可发现，充分实现前述“弱势不利性”群体的基本生存条件和起码发展待遇，其中的“充分实现”，通常是指既已获得了结果平等的对待。由此，倘若违背了结果意义上的实质平等原则，即意味着国家应当给予衡平补偿，实现从“不平等”到“平等”之达成，此乃“最大限度”保障不利益承受者得以消除“弱势不利性”的程度标准。

进一步引发的问题是，针对不利益承受者消除“弱势不利性”的补偿标准如何避免“反向歧视”？“反向歧视”源于美国学者回应“平权行动”政策的理论反思，同时实践层面也遭受 2012 年“费雪诉得克萨斯大学奥斯丁分校案”的巨大影响，旨在诘问美国大学在招生录取中向少数民族倾斜的照顾政策引起了白人新不平等。甚至有学者指出，《美国宪法修正案》第 14 条规定的“平等保护原则”，作为“平权行动”的合法性依据，事实上与 1964 年《公民权利法案》第 6 条规定的“任何美国公民都不得因其种族、肤色、民族出身……受到歧视”等“反歧

① Otto Kimminich, Eigentum, Enteignung, Enteignung, Entschadigung: eine Kommentierung des Art. 14GG, 3 Auflage, Heitmann, 1976, S. 284.

② Vgl. Wolfgang Rufner, Die Berucksichtigung der Interessen der Allgemeinheit bei der Bemessung der Enteignung, in: Ulrich Scheuner und Horst Ehmke, Festschrift fur Ulrich Scheuner zum 70. Geburtstag, Duncker & Humblot, 1973, S. 514.

③ 参见[古希腊]柏拉图：《理想国》，郭斌和、张竹明译，商务印书馆 1986 年版，第 58 页。

视”内容构成了紧张对抗关系。[①] 足见，消除“弱势不利性”群体的补偿标准设计，必须加持免于“反向歧视”的防护墙。

关键在于，免于“反向歧视”的防护墙如何能形成？衡平补偿之“公平正义”目标达成，基于不同利益取向和时空条件，得出的结论千差万别。正如恩格斯所说，公平诉求“因时因地而变”“因人而异”。[②] 希克斯、萨缪尔森等认为，公平是“增加每个人福利”的同时也“不减少任何其他人福利”，最终形成经济学上的“帕累托最优状态”。[③] 也就是说，社会公平突出强调利益平衡，要求国家对增加整体经济福利水平而不得不减少部分社会成员福利的“不利益承受者”予以公平合理补偿，借以实现“弱势不利性”群体的结果公平。此外，衡平补偿取向的公平判断，还可以从其他立场得出不同结论。不过，无论在何种利益关系和时空框架下，衡平补偿之消除“弱势不利性”目标的达成，都始终不会偏离一个共性前提，就是必须有赖于国家针对不利益承受者倾斜性保障的积极给付，此乃有效实现“弱势不利性”群体实质平等的核心支柱。与此同时，公平正义还强调利益关系的无差别性，即不偏不倚地以确定的标准同等对待人和事，否则就会造成前述的“反向歧视”。对此，马克思强调，公平正义不能脱离具体的“物质生产实践”，[④]其实现条件是，“由社会全体成员组成的共同联合体来共同地和有计划地利用生产力，把生产发展到满足所有人的规模，结束牺牲一些人利益来满足另一些人的需求的状况……所有人共同享受大家创造出来的福利，通过城乡的融合，使社会全体成员的才能得到全面发展……”[⑤]上述论断，从历史唯物主义的立场，权威回答了达成弱势

① 参见吕亚萍：《反向歧视的平等意蕴——对巴基案的省思》，载《北大法律评论》2012 年第 2 期。

② 参见《马克思恩格斯全集》（第 19 卷），人民出版社 1963 年版，第 310 页。

③ 参见周志成：《“平等幻觉”与“勒鲁平等”的当代意义滤析》，载《复旦学报（社会科学版）》2004 年第 2 期。

④ 参见李楠、潘学良：《维护社会公平正义：理论基础、现实困境与路径选择》，载《马克思主义研究》2016 年第 10 期。

⑤ 马克思、恩格斯：《马克思恩格斯全集》，中共中央马克思恩格斯列宁斯大林著作编译局译，人民出版社 1972 年版，第 223 ~ 224 页。

不利群体“实质平等”的社会经济基础及具体运行路径。首先,旗帜鲜明地主张,高度发达的社会生产力和高水平的福利保障体系,是消除弱势不利性并最终实现公平正义的物质前提,进而推导出,国家基于公共利益需要倾尽全力和资源提升整体福利水平的必要性和正当性;其次,进一步强调,因公共利益所需而不得不承受社会不利益的“弱势不利性”群体,应当将不利益负担交由代表共同体利益掌控者的国家通过国库补偿分摊至社会公众。在这一过程中,国家执行国库补偿的程度标准是否构成“反向歧视”,主要考察基点是,所谓的“不利益承受者”是否“因祸得福”地从国库补偿中获取不当利益。因此,针对“弱势不利性”群体的衡平补偿,应当限缩在不利益承受者的原有权利(生活)水平。易言之,衡平补偿的实现标准,必须以有效的“参照物”为判断基础。同时,为了避免“因祸得福”而造成新不平等的“逆向歧视”[①],更需要在充分保障“弱势不利者”恢复至原有权利水平和避免新不平等的双向考量中找到平衡点。因此,对于衡平补偿的具体化补偿标准确立而言,应当秉持不利益承受者“原有权利(生活)水平”为上限、“社会共同体成员一般权利(生活)标准”为基本参照的立场。

综上所述,衡平补偿标准的概括立场是,消除公权力非违法行为或国家可归责性事实导致的社会不利益承受者之“弱势不利性”。而消除社会不利益承受者“弱势不利性”的具体补偿标准,则是以“社会不利益承受者原有权利(生活)水平”为上限、以“社会共同体成员平均权利(生活)水平”为主要参照的“一般生活保障标准”。

第三节　本章小结

在宪法层面确立补偿法律制度基本原则意义的公平合理补偿原则,旨在为推动补偿法律制度的体系化建设提供权威统领依据和兜底

---

① BVerfGE 12,354(367).

规制条款。然而,公平合理补偿原则发挥“统领依据功能”和“兜底条款效用”的先决条件是,赋予该原则足以发挥宪法权威指引和规制辐射效力的明确规范意涵,即必须彻底回答宪法统领依据意义的公平合理补偿原则“是什么”的问题。换言之,将正在显现出整体补偿法律制度“最大公约数”特质的公平合理补偿原则,上升至宪法统领依据意义的补偿法律制度基本原则,只有赋予该原则匹配一致的明确规范意涵,才能促使其宪法权威统领依据功能和兜底条款效用的真正发挥。

从语义结构看,公平合理补偿原则兼有“公平补偿原则”与“合理补偿原则”之双重构成意涵,其中,公平补偿原则秉持市场价值标准,而合理补偿原则秉持“多因素综合权衡标准”。在公平合理补偿原则的总体框架下,公平补偿原则与合理补偿原则之间的内在结构关系,是穷尽公平补偿原则基础上再辅之以兜底性的合理补偿原则。

在宪法层面确立补偿法律制度基本原则意义上的公平合理补偿原则,其统领功能和兜底效用的发挥,除了明晰该原则在利益平衡过程中的立场外,还必须赋予其补偿范围及补偿标准两大核心支柱可操作的具体构成要素。从补偿范围看,应坚持“特别牺牲补偿 + 衡平补偿”的统一;从补偿标准看,应坚持“财产权补偿标准 + 人身权补偿标准 + 衡平补偿标准”的统一。

CHAPTER 05
第五章

结　语

在实现人民美好生活的新时代背景下，每个人的基本生存风险与发展障碍，都应当得到法律的最大化排除。我国的补偿法律制度建设尚待完善，整体的制度供给体系有些凌乱，甚至潜伏着相互矛盾的风险，影响公民个体生存权与发展权的充分实现。种种迹象表明，推进补偿法律制度的体系化建设，已经是一项刻不容缓的艰巨任务。

从中国补偿法律制度的演绎实践看，由于历史上长期受"秩序"导向的工具主义立法思维影响，尚未形成具有统一价值逻辑的独立性统领原则，进而导致不同立法在"补偿条款"中各自为政地确立了依法补偿原则、适当补偿原则、相应补偿原则、合理补偿原则、按损害程度补偿原则、按现值补偿原则、公平补偿原则、公平合理补偿原则等众多具体补偿原则，彼此间并未建立贯通协调的价值引领和规范支持基础，所以实践中表现出了"不太协调和不太统一"的凌乱困局。对此，应当清醒地看到，随着新时代"以人为本"立法理念的全面贯彻，我国迫切需要通过补偿法律制度基本原则的确立与统领，逐渐消除现行补偿立法的"碎片化"弊端，最大化遏制补偿不公和补偿遗漏的滋生蔓延。从现代立宪主义国家的共性经验看，在宪法层面确立价值明晰、内容完整的补偿法律制度基本原则，是塑造补偿立法统领依据进而推动整体补偿法律制度体系化建设的最佳选择路径。由此，我国应当立足自身社会主义现代化建设的伟大成功经验和举世瞩目成就，充分、全面吸纳一切有益的法治文明成果，在致力于补偿法律制度的体系化发展方面积极贡献“中国智慧”。

目前，我国《宪法》第10条第3款、第13条第3款规定的“可以依照法律规定……给予补偿”，仅仅足以体现“应当补偿”的规范指引，并未明确“如何补偿”的规范内容，导致宪法权威规范层面的补偿法律制度基本原则意涵没有得到完整确立。借此，本书以《宪法》第10条第3款、第13条第3款规定的“应当补偿”意涵为立论基础，进一步致力于“如何补偿”内容的完善性探讨，试图本土化塑造宪法统领依据意义上的补偿法律制度基本原则，并最终形成如下结论：

第一，确立宪法规范意义上的补偿法律制度基本原则，其价值归旨，旨在针对起因于公共利益需要的公权力非违法侵害而遭受特别牺牲者或国家可归责性事实陷入“弱势不利性”者，提供财产权损害补偿和人身权损害补偿的宪法规范依据。首先，宪法规范意义上的补偿法律制度基本原则条款，是现代财产权和人身权宪法保障制度不可或缺的重要组成内容；其次，补偿法律制度基本原则的核心价值在于推动补偿法律制度的体系化建设，达成对公民个体补偿权利的充分有效保障，全面实现足以维护“人的尊严”的生存权和发展权，即通过完善补偿制度促使国家全面履行给付义务以最大限度地保障人必不可少的基本生存条件和起码发展待遇。

第二，宪法确立的补偿法律制度基本原则，是国家整体补偿制度建设的宪法统领依据，需要形成价值明晰、内容完整的补偿法律制度基本原则规范，继而为补偿法律制度的体系化完善提供权威统领指引。由此，适宜以《宪法》第10条第3款、第13条第3款规定的“应当补偿”意涵为立论基础，进一步致力于“如何补偿”内容的创造性探索。

第三,在宪法层面确立权威统领依据意义上的补偿法律制度基本原则,其核心任务是为整体补偿法律制度建设提供核心的价值指导原则,最终有效推动补偿法律制度的体系化建设。宪法确立补偿法律制度基本原则的实施路径,应当立足于中国特色社会主义的法治实践,将淬炼于具体补偿法律制度经验且具有"最大公约数"特质的公平合理补偿原则,上升至宪法层面的补偿法律制度基本原则,借以形成补偿法律制度体系化建设的"权威统领依据"和"兜底规制条款"。

第四,公平合理补偿原则作为宪法层面确立的补偿法律制度基本原则,兼有"公平补偿原则"与"合理补偿原则"的双重规范意涵。其中,公平补偿原则秉持市场价值标准,而合理补偿原则秉持多因素综合权衡标准。在公平合理补偿原则的总体框架下,公平补偿原则与合理补偿原则之间的内在结构关系是在穷尽"公平补偿"基础上再辅之以兜底性的"合理补偿"。

第五,在宪法层面确立具有权威统领功能和兜底规制效用的公平合理补偿原则,必须对其蕴含的"补偿范围"和"补偿标准"赋予具体化规范意涵。其中,公平合理补偿原则蕴含的补偿范围,适宜从特别牺牲补偿和衡平补偿的"二分"类型化路径展开,将起因于公共利益需要的一切非违法公权力侵害行为或国家可归责性事实均兜底涵盖其中;而公平合理补偿原则蕴含的补偿标准,与"特别牺牲补偿+衡平补偿"的补偿范围相对应,需坚持"财产权补偿标准+人身权补偿标准+衡平补偿标准"的统一。

最后必须说明的是,尽管笔者对"补偿法律制度基本原则"已关注多年,但囿于本人的认知局限,加之相关资料较为稀少,随着研究的深入推进,渐感力不从心,尤其是如下之不足还需后续再深化:

第一,在宪法层面确立补偿法律制度基本原则意义上的公平合理补偿原则,作为补偿法律制度建设的统领依据,必须有明确的宪法规范体系,那么,补偿法律制度基本原则的宪法规范体系如何设计?

第二,在宪法层面确立补偿法律制度基本原则意义上的公平合理补偿原则,尚未通过宪法修改程序完成的情况下,基于具体补偿立法"根据宪法,制定本法"的宪法依据供给需要,应当通过宪法解释推导出具有统领依据功能和兜底条款效用的补偿法律制度基本原则规范。那么,借此制度目标展开宪法解释的运行机理及合法性依据是什么?